Klaus Bußmann

Burgund

Kunst, Geschichte, Landschaft

Burgen, Klöster und Kathedralen im Herzen Frankreichs:
Das Land um Dijon, Auxerre, Nevers, Autun und Tournus

DuMont Buchverlag Köln

Für Brigitte, Valérie, Marc-Daniel und Frédéric

Umschlagvorderseite: Autun, Saint-Lazare, ›Eva‹ des Meisters Gislebertus, ehem. Nordportal
Umschlagrückseite: Beaune, Kapitelsaal von Notre-Dame, Wandteppich (Detail) von Pierre Spicre, 1474
Hintere Umschlaginnenklappe: Meister von Moulins, ›Geburt Christi‹, um 1480. Autun, Musée Rolin
Frontispiz S. 2: Abtei Cluny, 1839

9. Auflage 1987

Satz und Druck: Rasch, Bramsche
Buchbinderische Verarbeitung: Bramscher Buchbinder Betriebe

Printed in Germany ISBN 3-7701-0846-9

Inhalt

Geschichtlicher Überblick

Das vorliegende Buch beschäftigt sich mit der Kunst der französischen Bourgogne, jenem Teil des historischen burgundischen Reiches, das allein in seinem Namen noch, wie die Lombardei und Andalusien, die Erinnerung an die germanischen Stämme der Völkerwanderung festhält. Das Gebiet, in das die Burgunder, aus Bornholm und Hinterpommern kommend, nach dem katastrophalen Ende ihres Reiches am Rhein (Nibelungensage) zogen, war hochkultiviertes, von römischer Zivilisation geprägtes Land, das auf eine lange, bis in die Vorgeschichte zurückreichende Tradition menschlicher Siedlung zurückblicken konnte. Wie die Funde am Felsen von *Solutré* (Abb. 26), der einer ganzen vorgeschichtlichen Epoche seinen Namen gegeben hat, beweisen, war die Gegend um Mâcon schon um 15 000 v. Chr. dicht besiedelt, denn die Ausgräber stießen dort nicht nur auf die Skelette von mehr als 100 000 Pferden, die aus kultischen Gründen oder vielleicht auch zum Nahrungserwerb von dem steilabfallenden Kalksteinfelsen gejagt worden waren, sie fanden auch große Mengen von Werkzeugen der Steinzeitmenschen, in der untersten Schicht sogar Zeugnisse der Aurignac-Menschen, in oberen Schichten Werkzeuge aus dem Neolithikum und der Bronzezeit, – Beweise für eine kontinuierliche Besiedlung des Gebietes an Saône und Rhône, in dem Gebiet, das den Norden Europas am leichtesten mit dem Süden verband. Das hohe Niveau der Kultur in keltischer Zeit brachten die Funde von *Vix* am Fuß des Mont Lassois (im Museum von Châtillon-sur-Seine) zutage, wo die Grabbeigaben für eine keltische Fürstin des 6. Jahrhunderts v. Chr. die internationalen Verflechtungen dieses Landes mit dem Süden Europas verdeutlichen. Bei der Eroberung Galliens durch die Römer spielte Burgund eine entscheidende Rolle: Hier schlug Caesar die Helvetier bei Bibracte (Autun), der Hauptstadt der Äduer, hier zwang er bei Alesia die keltischen Heere unter Vercingetorix zur Kapitulation (52 v. Chr.). Die Expansion des römischen Reiches vollzog sich von Süden, aus der schon länger eroberten Provincia Narbonnensis (Provence) durch das Rhône- und Saônetal nach Norden und Westen, durch die Täler der Flüsse, die von Burgund aus Frankreich durchfließen: Loire, Yonne, Seine, Marne. Ziel Caesars in den gallischen Kriegen war die Sicherung der Burgundischen Pforte, dem Einfallstor der Germanen nach Süden. Die Begründung der Provinz *Colonia Lugdunensis*/Lyon 43 v. Chr. und der Stadt *Augustodunum*/Autun sind der Beginn der Urbanisierung und der Kolonisierung des keltischen Gallien. Ein ausgezeichnetes Straßensystem schuf die Verbindung nach Italien über die Alpenpässe hinweg. Das Paßstraßensystem wurde die Grundlage des späteren Staatengebildes Burgund.

Die Christianisierung drang von der Provence und über die Alpenpässe schon im 4. Jahrhundert nach Burgund vor, fast gleichzeitig mit der Christianisierung des gesamten Römischen Reiches. Es war noch die römische Verwaltung, die den germanischen Burgunderstämmen Siedlungsgebiete zuwies, am linken Rheinufer, dann in der Militärzone der Sapaudia (Savoyen), die die Alpenpässe an der oberen Rhône kontrollierte. Von der Sapaudia aus (d. h. dem heutigen Genfer See) dehnten die Burgunder ihren Herrschaftsbereich nach Westen und Süden aus, in jene Landschaft, der sie später ihren Namen geben sollten.

»Als Zentralland der Nord-Südachse und der sich allseits verzweigenden Wasser- und Landwege fungierte dieser Raum von jeher als Brücke zwischen den beiden europäischen Großlandschaften nördlich und südlich der Alpen und gleichzeitig zwischen West- und Mitteleuropa. Burgund blieb allerdings gerade dadurch der Fliehkraft seiner Natur- und Kulturstraßen und der Gefährdung durch Machtzugriffe von außen ausgesetzt. Als geschichtliche Konsequenz daraus wird der burgundische Raum seit seiner ersten staatlichen Organisation durch die Burgundionen stets nur als dynamische Größe faßbar, weder geographisch noch politisch in seinen äußeren Umrissen eindeutig definierbar. Denn abgesehen von Mittelmeer, Alpen und Cevennen, jeweils im burgundischen Gebiet passierbar oder umgehbar, fehlen ihm natürliche Außengrenzen, während er nach innen eine außergewöhnliche Heterogenität aufweist: mit dem komplexen Rhônedelta, Rhône-Saône-Senke, Jura und Doubsgebiet, Westalpenvorland, mittlere ostfranzösische Berglandschaft von Côte d'Or, Morvan und Plateau de Langres bis zur Yonne-Niederung am Südrand des Seinebeckens« (Boehm S. 39/40). In diesem ›Brückenland‹ zwischen den europäischen Großlandschaften begründeten im 5. Jahrhundert die Burgunder ihr Königreich. Der Name *Burgundia* taucht zum ersten Mal auf in einem Brief des Ostgotenkönig Theoderich an den burgundischen König Gundobad 507. *Genf* und *Lyon* waren die Königsresidenzen. Geistliches Zentrum wurde das von König Sigismund gegründete Kloster *Agaunum* (St. Maurice d'Agaune im Rhônetal bei Martigny) – doch schon 534 wurde Burgund dem fränkischen Reich einverleibt; es wurde Teilreich mit wechselnden Hauptstädten, *Chalons* (König Gunthram), *Autun* (Königin Brunhilde), der Begriff Burgund weitete sich aus auf die vorher westgotische Provence. Doch im Zuge der karolingischen Neuorganisation des fränkischen Reiches wurde die bisher respektierte Einheit Burgunds zerschlagen. Es wurde aufgeteilt in vier Bezirke, die »erneut zu Keimzellen herrschaftsbildender Kräfte« werden sollten: die Provence mit der Grafschaft Arles, die Dukate von Lyon und Vienne, das Juragebiet zwischen Besançon und St. Maurice, die Herrschaftsbereiche um Chalon, Mâcon und Autun. Entscheidend wurde für das Gebiet, das wir heute noch als Burgund bezeichnen, der Vertrag von Verdun 843, der das karolingische Erbe teilte. Burgund wurde gespalten, und zwar entlang der Saône, in einen westlichen Teil, die

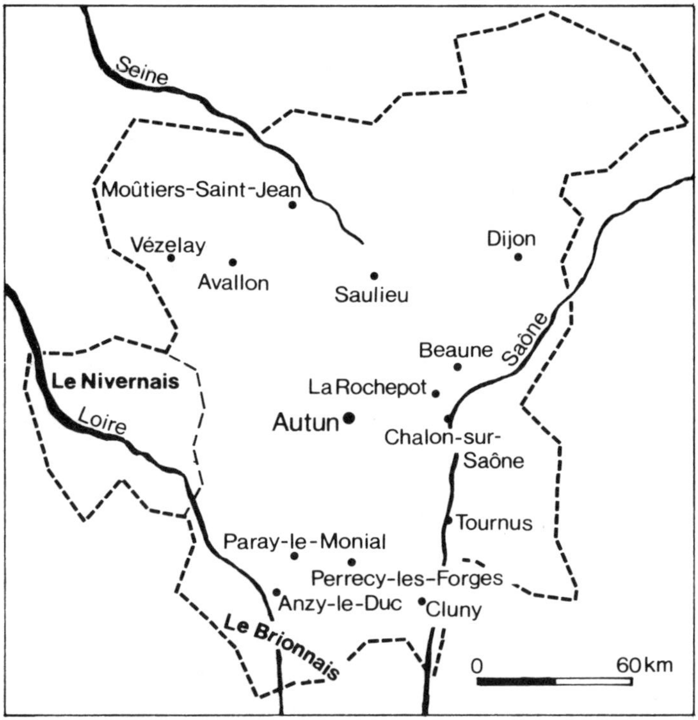

Das Herzogtum Burgund im 12. Jahrhundert

heutige *Bourgogne,* der ausschließlich dieses Buch sich zuwendet, und einen östlichen Teil, das Juragebiet, das Grundlage des Königreiches Hochburgund und später der Freigrafschaft Burgund innerhalb des deutschen Reichsverbandes bis ins 17. Jahrhundert wurde. Nach weiteren Reichsteilungen des Lotharinger Zwischenreiches entstand in der Provence das Königreich Niederburgund und das sogenannte Arelat, das gemeinsam mit Hochburgund zusammen mit Deutschland und Italien die Trias des Hl. Römischen Reiches Deutscher Nation bildete, und dessen Lösung aus dem deutschen Reichsverband eines der großen Themen der mittelalterlichen Geschichte ist.

Entscheidend für die Geschichte des burgundischen Raumes war die Teilung des karolingischen Reiches 843 im Vertrag von Verdun, mit dem der Dualismus zwischen Frankreich und Deutschland, und auch der zwischen dem französischen und dem mit dem Deutschen Reich verbundenem Burgund begründet wurde. Als Westgrenze zwischen dem Zwischenreich Lothars und Frankreich wurde die Saône festgelegt. Im westlich von der Saône gelegenen Gebiet entstand um 900 unter der Führung der Grafen von Autun der ducatus Burgundiae, das französische Lehnsherzogtum, das seit 1031, nach längeren Kriegen zwischen dem König und den Erben des letzten Herzogs Henri le Vénérable an Robert, den zweiten Sohn König Roberts II. von Frankreich, als Erbherzogtum für die Nebenlinie der Kapetinger vergeben wurde, die das Land bis 1361, bis zum plötzlichen Tode des letzten Kapetingers, Philippe de Rouvres, innehatten. 1363 vergab König Johann der Gute das Herzogtum wiederum als Apanage an seinen Sohn Philipp den Kühnen, so daß Burgund erneut von einer Nebenlinie des französischen Königshauses, diesmal der Valois, beherrscht wurde.

Die Regierungszeit der vier Herzöge aus dem Hause Valois, der Grands Ducs d'Occident, *Philippe le Hardi* (Philipp der Kühne 1364–1404), *Jeans sans Peur* (Johann ohne Furcht 1404–1419), *Philippe le Bon* (Philipp der Gute 1419–1467), *Charles le Téméraire* (Karl der Kühne 1467–1477), wurde die Glanzzeit des weltlichen Burgund. »Das Erstaunliche an diesem Großherzogtum Burgund war – in gewisser Paradoxie zur königstreuen Loyalität der früheren Kapetingischen Lehensherzöge – sein Individualismus bis zur offenen Rivalität mit dem französischen Königstum sowie sein räumlich-rechtliches Hineinwachsen in Lehensbezirke des Reiches« (L. Boehm, S. 20). Durch Heiratspolitik, Kriege und diplomatisches Geschick dehnten die Herzöge ihr Reich über die Franche-Comté, zeitweilig Lothringen und Teile des Elsaß nach Norden aus auf Luxemburg, Limburg, Hennegau und Brabant, die Picardie, Flandern, Seeland und Friesland. Die niederländisch-burgundische Symbiose erzeugte eine zivilisatorische und kulturelle Blüte, die im späten Mittelalter einzigartig in Europa ist (vgl. Huizinga, Herbst des Mittelalters). »Den vier Valois-Herzögen waren bei aller Verschiedenheit der Charaktere gemeinsam ein Bedürfnis nach pathetischer Repräsentation und luxuriösem höfischen Lebensstil, eine ausgeprägte Vorliebe für das Spiel mit der Macht aus der Kombination stolzen politischen Ehrgeizes mit hartem herrscherlichem Pragmatismus, persönlicher Unerschrockenheit und großer Aufgeschlossenheit für geistig-künstlerische Daseinsgestaltung« (L. Boehm, S. 168).

Die Bindung an die wirtschaftlich stärkeren Niederlande und die damit bedingte Rücksichtnahme auf Flanderns wichtigsten Handelspartner England führten zu einer stärkeren Distanzierung von Frankreich, die das Königreich an den Rand der Spaltung und der Selbstzerfleischung brachte (Krieg zwischen den ›bourgignons‹ und den ›armagnacs‹, Ermordung Ludwigs von Orléans 1407, Mord an Johann Ohnefurcht 1419 auf der Yonne-Brücke bei Monterau nach der Begegnung zwischen dem Herzog und dem Dauphin, die der Versöhnung dienen sollte).

Unter Karl dem Kühnen erreicht Burgund zugleich seine größte Ausdehnung und sein plötzliches Ende als europäische Großmacht. Von maßlosem Ehrgeiz getrieben, bringt Karl die europäischen Nachbarstaaten gegen sich zusammen, den französischen König Ludwig XI., den deutschen Kaiser, René von Lothringen und vor allem die Eidgenossen, die ihm entscheidende Niederlagen beibringen. Am 5. Januar 1477 findet er vor Nancy den Tod in einer Schlacht gegen die unter René vereinigten Heere. Ludwig XI. läßt sofort die französischen Gebiete des burgundischen Reiches besetzen. Die unter der Lehenshoheit des Deutschen Reiches stehenden Gebiete und Teile des französischen Flanderns kommen durch die Heirat von Karls Tochter Maria mit Maximilian von Österreich an das Haus Habsburg und bleiben, mit unterschiedlicher

Entwicklung, noch für Jahrhunderte mit der Geschichte des Reiches verbunden. Das alte Herzogtum Burgund wird französische Provinz, kann jedoch für sich einen gewissen Eigenstatus gewinnen durch die Einsetzung eines Parlamentes, die Übertragung gewisser Rechte an die Drei Stände, die regelmäßig in Dijon zusammenkommen, und einer eigenen regionalen Gerichtsbarkeit. Das Amt des Gouverneurs der Provinz Burgund bleibt bis zum Ende des Ancien Régime, bis zur Revolution, die in Burgund äußerst deutliche Spuren hinterlassen hat, in den Händen der Familie Condé.

Als politischer Begriff hat Burgund mit der Revolution aufgehört zu existieren. In der neuen Verwaltungsaufteilung Frankreichs entsprechen dem alten Herzogtum im großen und ganzen die Departements *Côte d'Or, Saône et Loire* und *Yonne;* angliedern kann man diesem Kernbereich die frühere Grafschaft *Nevers* (Dep. Nièvre). Das Departement *Ain,* die Bresse, das häufig zu Burgund gerechnet wird, ist altes Herrschaftsgebiet von Savoyen und erst 1601 der Provinz Burgund zugeschlagen worden. Kulturell und lange Zeit auch politisch muß zu Burgund gerechnet werden das *Plateau von Langres* im Departement Haute-Marne, denn das Bistum von Langres umfaßte bis ins 18. Jahrhundert große Teile Nordburgunds.

Geographische Abgrenzung

Burgund ist keine geographisch genau bestimmte Landschaft mit natürlichen Grenzen, sondern ein sehr heterogenes Gebilde aus ganz unterschiedlichen Formationen und divergierenden Bezugsbereichen. Im Westen öffnet es sich in das Pariser Becken, bei Joigny, im Norden geht es mit dem Plateau von Langres unmerklich in die Champagne über, im Süden ebenso unmerklich mit den Hügeln des Charollais zu den Bergen des Beaujolais, nur der Osten ist seit der karolingischen Reichsteilung deutlich markiert durch die Saône, deren breite Niederung die alte Freigrafschaft und das Herzogtum Burgund sich teilen. Das durchweg hügelige Land weist nur eine wirkliche Gebirgsgegend auf, den Morvan (Abb. 100), ein rauhes, wenig besiedeltes Waldgebiet im Herzen Burgunds, das mit dem Mont Beuvray 821 m und dem Bois du Roi 902 m Höhe erreicht. Quer durch Burgund verläuft die Wasserscheide, die Nord und Süd trennt. Die dichte Folge von Flußtälern macht den Reiz der Landschaft aus. Nach Nordwesten fließen aus Burgund die Marne, Aube, Ource, Seine, Ozerain, Armançon, Serein, Cure, Yonne und die Loire mit verschiedenen, z. T. nach Süden fließenden Nebenflüssen wie Arconce, Bourbince, Arroux, Nièvre; nach Süden fließt die Sâone mit ihren nach Norden fließenden Nebenflüssen Ouche, Dheune, Grosne.

Mit 30% Waldfläche liegt Burgund weit über dem französischen Durchschnitt. Die holzverarbeitende Industrie hat in Burgund eine Tradition, die auf die Arbeit der Zisterzienser im 12. Jahrhundert zurückgeht. Ebenfalls seit dem Mittelalter bilden die zahlreichen Steinbrüche, die nicht nur das Material für die Kirchen und Schlösser des Landes geliefert haben, sondern deren Steine exportiert wurden, einen der Reich-

Die Lage Burgunds

tümer des Landes, deren wichtigster jedoch, neben dem Wein, die Viehzucht ist, vor allem der Charollais-Rinder, die mit ihrem kräftigen Körperbau und dem falben Ton ihres Fells zu den auffälligsten Merkmalen der grünen sanfthügeligen Landschaft gehören.

Trotz der frühen, von den Klöstern ausgehenden Ansätze zur Industrialisierung und der Rolle, die das Steinkohlegebiet um Montceaux mit dem Industrieempire de Wendel-Schneider-Creusot in der Frühzeit des französischen Kapitalismus gespielt hat, ist Burgund nur wenig industrialisiert. Erst in den letzten Jahren haben sich in den Städten Industrieunternehmen angesiedelt. So hat sich in Dijon, das traditionell im Nahrungsmittelsektor mit der Herstellung des Cassis, einem Likör aus schwarzen Johannisbeeren, dem pain d'épice (Gewürzkuchen) und dem Senf eine führende Stellung in Frankreich einnahm, ein wichtiger Komplex an metallverarbeitender, chemischer und Elektro-Industrie gebildet.

Die guten nationalen und internationalen Verbindungen, die erst in den vergangenen Jahren durch die Autobahn Paris – Burgund – Provence vervollständigt wurden, vor allem aber die Fülle und die hohe Qualität des Kunstbesitzes haben Burgund zu einer der wichtigsten touristischen Attraktionen Frankreichs gemacht, ohne daß der Tourismus, bis heute jedenfalls, das Land verdorben hätte.

Der Wein in Burgund – die Côte-d'Or

Ist Burgund berühmt als eine der wichtigsten alten Kunstlandschaften Europas, so ist sein Ruhm als Weinland weltweit, nicht wegen der Menge des produzierten Weines, die mit ca. 1,3 Millionen hl pro Jahr weit hinter der der Provence, des Rhônetals oder auch der Gegend von Bordeaux zurückbleibt, sondern wegen der absoluten Spitzenqualität vieler seiner Lagen, deren Namen meist zur ›High Society‹ des europäischen Weines gehören. Die berühmtesten Namen finden wir an der Côte d'Or – eine Fahrt von Dijon an der Côte entlang, auf halber Höhe zwischen Weinhängen, durch die reizen-

Blick auf das berühmte Weingut Clos de Vougeot

den Winzerdörfchen, vorbei an den parkartig gepflegten, mit einer Mauer umschlossenen Spitzenlagen, in deren Mitte häufig das herrschaftliche Haus des Gutsbesitzers die Felder überwacht, gehört zu den großen Erlebnissen einer Burgundreise.

Nirgendwo wird Tradition und Prestige des Burgunderweins sinnfälliger als im *Clos de Vougeot* (Abb. 180), jenem großen Weingut der Äbte von Cîteaux, von dem Stendhal erzählt, daß der Colonel Bisson, auf der Rückkehr vom Italienfeldzug, auf dem Durchzug durch Burgund seine Soldaten das Gewehr präsentieren ließ in Ehrfurcht vor dem noblen Wein. Ein mächtiger schloßartiger Gutshof in der Art von Ancy-le Franc beherrscht die weiten Weinfelder, die einen der berühmtesten Weine der Côte de Nuits tragen. Seit 1944 ist das Schloß von Vougeot Sitz der Confrérerie des Chevaliers du Tastevin (benannt nach dem tastevin, jener flachen silbernen Schale, in der die burgundischen Weinbauern Farbe und Qualität ihres Weines prüfen), die es sich zur Aufgabe gemacht hat, die Qualität des burgundischen Weines und der burgundischen Küche zu verteidigen. Fast jeder andere Ort an diesem ›Goldenen Hang‹ trägt jedoch den Namen eines weltberühmten Weines: *Gevrey-Chambertin, Morey-St.-Denis, Chambolle-Musigny* (Farbt. 22), *Vougeot, Vosne-Romanée, Nuits-St.-Georges, Aloxe-Corton* an der Côte de Nuits, die bei Aloxe übergeht in die Côte de Beaune mit *Savigny-lès-Beaune, Beaune, Pommard, Meursault, Puligny-Montrachet, Santenay,* durchweg schwere Rotweine aus der alten burgundischen Rebe des pinot noir, mit Ausnahme des *Montrachet* und *Meursault,* deren Chardonnay-Reben einen erstklassigen, ziemlich trockenen Weißwein geben.

An die Côte schließt sich das Weingebiet von Mercurey an mit den Weißweinen *Montagny* und *Rully,* ebenfalls aus der Rebe des Chardonnais, die weiter südlich bei Mâcon die berühmten Pouilly-Weine hervorbringt: *Pouilly-Fuissé, Pouilly-Loché, Pouilly-Vinzelles, St. Vérand. Mercurey* selbst produziert, ebenso wie Givry, einen ausgezeichneten Rotwein.

Dem Weltruhm der Weine der Côte und der Pouilly stehen die übrigen Weine Burgunds ein wenig nach, doch sind die leichteren, sehr trockenen Weißweine von *Chablis* (Abb. 141) und der leichte Rosé von *Irancy* bei Auxerre, die sehr kalt getrunken werden, beliebte Tafelweine, während der einfachere *Aligoté,* der dort angepflanzt wird, wo der Boden für Chardonnay und Pinot noir nicht gut genug ist, als Bestandteil eines typisch burgundischen Cocktails berühmt geworden ist, des *Kir,* eine Mischung aus Cassis und Weißwein, benannt nach dem früheren Bürgermeister von Dijon, dem Kanonikus Kir, einem der letzten Originale der IV. französischen Republik.

Eine Reihe von caves entlang der Côte bieten ›dégustations‹ (Weinproben) und Besichtigungen ihrer teilweise recht ausgedehnten und oft mittelalterlichen Weinkeller an. Wer sich jedoch eingehender mit der Geschichte des burgundischen Weines, seiner Herstellung und seiner Folklore beschäftigen will, sollte nicht versäumen, das burgundische *Weinmuseum* zu besuchen, das höchst einfallsreich im ehemaligen Logis der Herzöge in Beaune eingerichtet worden ist (Abb. 178).

Saint-Bénigne in Dijon – die frühromanische Architektur

Raoul Glaber, Mönch von Saint-Bénigne in Dijon, schreibt um 1050: »Ein wenig nach dem Jahr 1000 geschah es, daß die Kirchen der ganzen Welt neu gebaut wurden, vor allem in Italien und Gallien; und obwohl die meisten noch brauchbar waren und es eigentlich nicht nötig hatten, setzte jedes christliche Volk seinen Ehrgeiz darein, das andere durch den Glanz der Neubauten zu übertreffen. Man hätte sagen können, daß die Welt, indem sie ihre alten Kleider abschüttelte, sich mit einem weißen Gewand von Kirchen überzog.«

In dieser ungeheuren Baubegeisterung der Jahrtausendwende spielt Burgund aufgrund seiner besonderen Lage und seiner dynastischen Beziehungen eine höchst bedeu-

Dijon, Saint-Bénigne: Die frühromanische Abteikirche aus der Vogelschau. Rekonstruktion: J. K. Conant, 1966

tende Rolle der Vermittlung zwischen den aktiven Bauschulen des Loiretals im westlichen Frankreich, der über Saône und Rhône vermittelten lombardischen und provençalischen Frühromanik und der über die Freigrafschaft eindringenden ottonischen Architektur des Deutschen Reiches. Die wiederholten Hunneneinfälle und ihre Zerstörungen hatten schon seit der Mitte des 10. Jahrhunderts die Notwendigkeit von Neubauten geschaffen und, in Frankreich vor allem, das Interesse auf die technischen Probleme einer feuerfesten Wölbung der Kirchen, die die bis dahin üblichen hölzernen Dachstühle ersetzen konnte, gelenkt.

Es war Glabers Lehrer, Wilhelm von Volpiano, der als Abt von *Saint-Bénigne* mit dem Neubau der Kirche in Dijon zwischen 1001 und 1018 die Summe der baukünstlerischen und technischen Überlegungen seiner Zeit gezogen hatte. Wilhelm, 987 durch Abt Mayeul von Cluny aus Italien berufen zur Reformierung des alten Klosters von Saint-Bénigne nach cluniazensischen Regeln, ist eine der brillantesten Gestalten des europäischen Geisteslebens um 1000, zugleich die Verkörperung burgundischer Mittlerrolle. Sächsisch-italienischer Herkunft aus dem Hause der Herzöge von Ivrea, Patenkind der Kaiserin Adelheid, der Gattin zuerst Lothars III., dann Ottos des Großen, mit verwandtschaftlichen Beziehungen von der Normandie bis Lothringen, schuf Wilhelm von Volpiano durch straffe Organisation und mit Hilfe einer Reihe ausgewählter Mönche aus Cluny eines der blühendsten Klöster der Zeit.

Entwurf und Planung der Kirche scheinen auf Wilhelm selbst zurückzugehen. Zur Ausführung des Riesenbaues holte er Maurer und vielleicht auch Steinmetzen aus seiner lombardischen Heimat und führte damit die spezielle Bauweise Norditaliens, die als sogenannter Lombardischer Stil die Frühromanik Südeuropas geprägt hat, in Burgund ein.

Dem Neubau Wilhelms waren, an gleicher Stelle, mehrere Kirchen vorausgegangen. Schon 535 hatte der Bischof von Langres, zu dessen Diözese Dijon gehörte, über dem Grab des Hl. Benignus, dem Märtyrer und Stadtpatron Dijons, eine Kirche bauen lassen, an die sich westlich ein Marienheiligtum anschloß. Um 870 hatte Bischof Isaac mit der Unterstützung Karls des Kahlen nicht nur das Vorhandene restauriert, sondern zwischen Kirche und Marienkapelle ein kreisrundes Oratorium eingefügt, so daß eine recht disparate Baugruppe entstand. Aus diesen Voraussetzungen schuf nun Abt Wilhelm eine Bauanlage, die zu den interessantesten der Zeit um 1000 in Europa gehörte: an eine fünfschiffige Basilika schloß sich im Osten nahtlos eine kreisrunde Kapelle an, die sich weiter östlich um eine rechteckige Kapelle verlängerte. Ist der Bau der Kirche selbst – mit vorgelegtem Atrium, Emporen über den Seitenschiffen, mächtigem Vierungsturm und flankierenden Türmen an den Querschiffen – von einem architektonischen Aufwand und einer malerischen Gruppierung der Baumassen, die noch an die karolingische Hochblüte erinnert und im gleichzeitigen Frankreich keine Parallele hat, so ist die sich anschließende Rotunde und ihre Anbindung an die Kirche vollends unge-

1 AUXERRE Kathedrale, Fenster, 13. Jh. ▷

2 AUXERRE Kathedrale St. Etienne und Abtei St. Germain von der Yonne aus

4 SENS Kathedrale, südliches Querhaus ▷

5 AVALLON Tour de l'Horloge ▷

3 AUXERRE Fenster in der Kathedrale

7 VÉZELAY Kapitell

◁ 6 AVALLON Saint-Lazare, Westportal

8 VÉZELAY Sainte-Madeleine, Langhaus nach Osten, 1120–1140

9 VÉZELAY Vorhalle, südliches Seitenportal ▷

10 Blick auf VÉZELAY

11 VÉZELAY Sainte-Madeleine, Ansicht von Osten

12 SEMUR-EN-AUXOIS mit Armançon ▷

14 DIJON Blick auf Notre-Dame

◁ 13 Schloß COMMARIN

15 DIJON Hôtel Aubriot, 40, Rue des Forges

Sanctissimi Ecclesiæ Doctoris Gregorii Papæ
ad Leandrum Episcopum Hispalensem Epistola
in expositionem libri Job.
REVE
RENTIS
SIMO
ET SCTISSIMO
FRI LEANDRO
COEPO
GREGORI
SERVUS
SERVORU DI;

17 Melchior Broederlam, Flucht nach Ägypten. Musée des Beaux Arts, Dijon

◁ 16 Handschrift aus Cîteaux. Bibliothèque municipale, Dijon

19 Roger van der Weyden, Engel vom Weltgerichtsaltar. Hôtel-Dieu, Beaune

◁ 18 BEAUNE Hôtel-Dieu, Innenhof

20 Die Ritterburg
LA
ROCHEPOT

21 Weinbau bei Beaune

22 Das Weindorf CHAMBOLLE-MUSIGNY

23, 24 AUTUN Blick über die Stadt und malerischer Winkel

25 TOURNUS Blick auf Saint-Philibert und die Saône ▷

DIJON

26 CLUNY Aquarellierte Zeichnung der Abteikirche vor dem Abriß, 1800

27 Blick auf CLUNY

30, 31 CHARLIEU Haus des Priors (15. Jh.) und Kreuzgang der Abtei ▷

28 CLUNY Abtei und Pfarrkirche Notre-Dame

29 CLUNY Tour de l'Eau bénite

30

31

wöhnlich: einen inneren Zylinder, der nach oben offen ist, umstehen auf drei Etagen je acht monolithische Säulen in rundbogigen Arkadenstellungen. Um diesen inneren, von der Krypta bis zum Dach durchgehend offenen Kern sind auf allen drei Ebenen zwei ringförmige Schiffe gelegt. Zwei runde Treppentürme auf der Nord- und Südseite verbinden die drei Etagen untereinander, während auf der Westseite die Säulenstellungen der Rotunde sich öffnen zu den Säulenstellungen der Chorpartie der Kirche. Hier entsteht ein regelrechter Säulenwald, von dem man sich heute noch eine Vorstellung machen kann in dem einzigen Teil des Baues, der die Zerstörungen der Zeit überstanden hat: der östliche Teil der Krypta und das Untergeschoß der Rotunde, durch Grabungen in der Mitte des letzten Jahrhunderts wieder freigelegt (Abb. 5). Ursprünglich war der größte Teil der Kirche unterbaut, die Krypta setzte schon im vierten westlichen Joch ein und ging als zusammenhängender Raum bis unter die Marienkapelle, die sich östlich an die Rotunde anschloß. Im Chor, unter dem Hauptaltar, befand sich das Grab des hl. Benignus, das die Grabungen ebenfalls wieder aufgedeckt haben.

Form und Aussehen der Kirche sind mit letzter Sicherheit nicht mehr zu rekonstruieren. Nach mehreren Beschädigungen und einer Einsturzkatastrophe 1272 wurde sie ab 1280 durch den heutigen gotischen Neubau ersetzt (Abb. 1). Die Rotunde allerdings fiel erst 1792, trotz der Proteste der Akademie, der revolutionären Zerstörungswut zum Opfer. Von der schweren Massigkeit des Kirchenbaues, besonders in den Seitenschiffen, die ebenso wie das Hauptschiff durchgehend gewölbt waren, vermag am ehesten der ›Saal der Mönche‹ eine Vorstellung zu geben, Teil der von Wilhelms Nachfolger Abt Halinard ab 1026 ausgeführten Klostergebäude, über dem sich heute das sehr schöne Dormitorium des Neubaus aus dem 13. Jahrhundert befindet, und das Teil des ›Musée Archéologique‹ geworden ist, mit hervorragend präsentierten Zeugnissen aus Burgunds gallo-römischer Vergangenheit: Die kurzen, schweren Rundpfeiler aus sauber gemauerten kleinformatigen Bruchsteinen in dicken Mörtellagen gehen über in Gratgewölbe, die mit ihren Ansätzen den Pfeiler durchdringen, so daß statt Kapitellen die breiten spitz zulaufenden Gewölbeansätze den Übergang markieren. Auf Dekoration wird dabei ganz verzichtet, die Architektur lebt aus der Massigkeit ihrer Bauteile.

Das Untergeschoß der Rotunde allerdings bot mit seinen monolithischen, nicht gemauerten Säulen Gelegenheit zu skulpturalem Schmuck (Abb. 5). Hier, am Übergang von Krypta zur Rotunde, finden sich einige merkwürdige frühe Kapitelle der burgundischen Kunst, ein menschlicher Kopf zwischen zwei erhobenen Armen, menschliche Gestalten im Zugriff von Monstren, rätselhafte, bisher noch nicht entzifferte Bildzeichen in archaischer Formulierung, die dem Betrachter den weiten Weg bewußt werden lassen, den die Skulptur Burgunds innerhalb eines Jahrhunderts bis zu den hochzivilisierten Schöpfungen Clunys gehen sollte. Man hat für die vermeintliche Primitivität der Kapitelle oft die fremden, von weither gekommenen Steinmetzen verantwortlich

◁ 32 PARAY-LE-MONIAL Blick auf die Basilika von der Bourbince aus

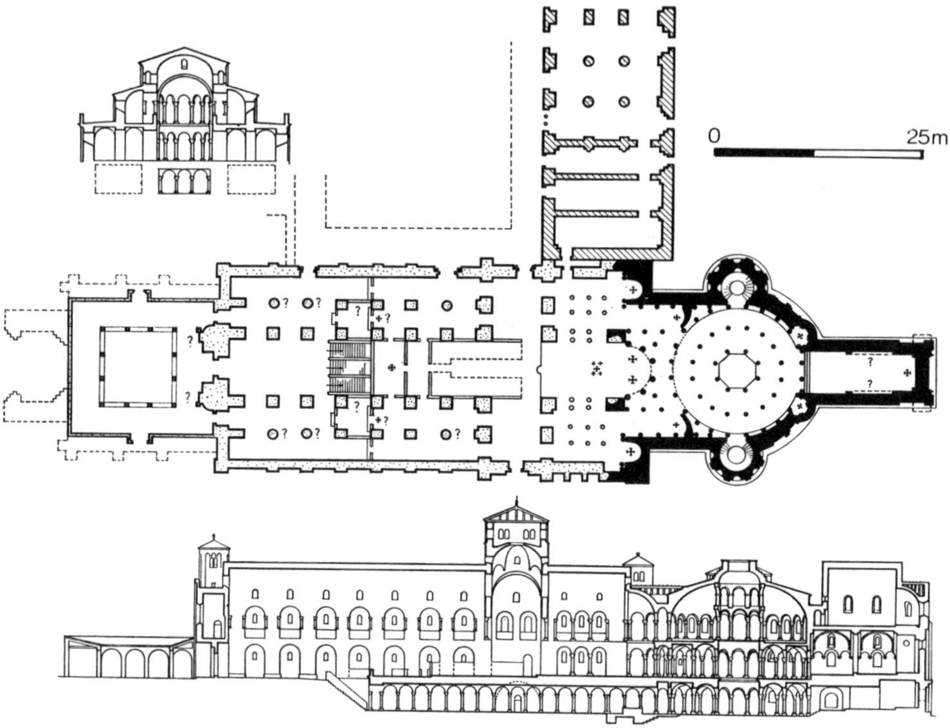

Dijon, Saint-Bénigne, 1001–18. Rekonstruktionsplan (nach A. S. Wethey, K. J. C.), Grundriß, Quer- und Längsschnitt

machen wollen, sogar auf orientalische, letzten Endes auf sumerische Vorbilder zurückgehende Einflüsse aufmerksam gemacht, die die barbarischen (germanischen) Künstler vermittelt hätten. Sicher ist, daß nicht nur für die Bau-Skulptur, sondern für die Gesamtanlage der Kreis der Anregungen und Vorbilder sehr weit gezogen werden muß. Urmodell solcher Rotunden ist die Grabeskirche in Jerusalem, vermittelt hat den Typus möglicherweise die Rundkirche von St. Peter in Genf, doch wurden, mit einigem Recht, Parallelen gezogen zu St. Johann in Konstantinopel.

Stellen die Kapitelle der Rotunde von Saint-Bénigne »den frühesten Versuch auf dem Weg, der zur romanischen Kapitellform führt, dar« (Rupprecht, S. 75) mit ihren Tierköpfen, menschlichen Fratzen, dem derben Ornament in Kerbschnittechnik, so erlaubt ein Besuch im benachbarten ›Musée Archéologique‹ einen der Endpunkte der Entwicklung romanischer Skulptur in Burgund kennenzulernen in den Kapitellen und Tympana, die aus der Neubauphase um 1150 stammen und heute in dem sehr schönen dreischiffigen ehemaligen Dormitorium des Klosters aufgestellt sind (Abb. 2, 3).

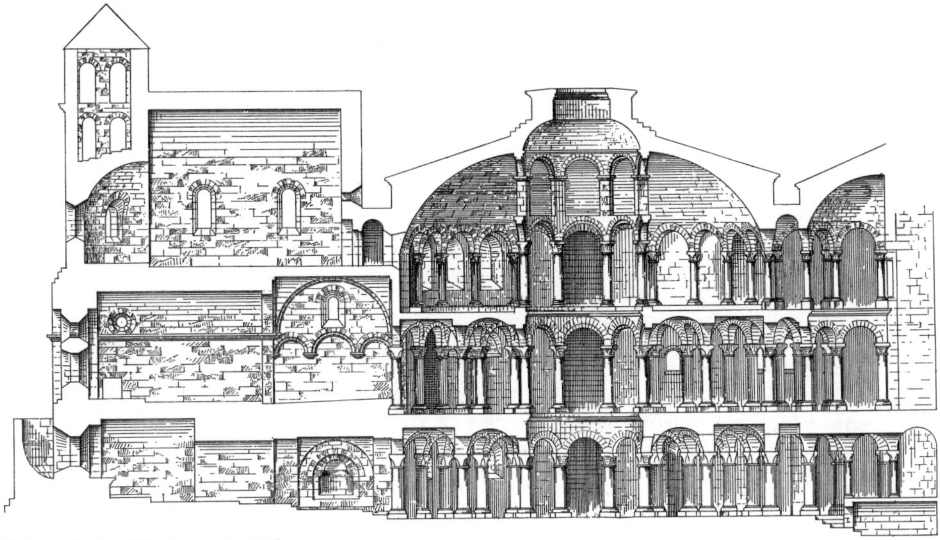

Dijon, Saint-Bénigne, Aufriß

Das romanische Westportal war nach 1280 in den gotischen Neubau der Kirche mitübernommen worden. Erst nach der Revolution 1794 wurde es zerschlagen, und seine Reste, vor allem das Nebentympanon mit dem Abendmahl, ins Museum gebracht. Dieses Portal, mit der Trumeaufigur des hl. Bénigne, von dem der Kopf erhalten ist (Abb. 3), war von wesentlicher Bedeutung für die Ausbildung der Stufenportale mit Säulenheiligen, eine Entwicklung, die von den Wechselbeziehungen zwischen dem romanischen Burgund und der beginnenden Gotik der Ile-de-France, vor allem Saint-Denis und Chartres, bestimmt wurde. Die Verbindung zur Ile-de-France wird auch spürbar in der schon sehr klassischen Komposition des Abendmahlreliefs (Abb. 2) mit der strengen Reihung der Apostelfiguren, der idealisierenden Durchformung der Gesichter, die schon an die Gestalten des Portail Royal in Chartres erinnern. Die reifste Stufe burgundisch-romanischer Skulptur erreicht das zweite Tympanon, das sehr wahrscheinlich vom Verbindungsportal zwischen Kirche und Kloster stammt, mit Christus in der Mandorla zwischen Symbolen der vier Evangelisten. Die außerordentlich lebendige plastische Durchformung der Gestalten, vor allem der Evangelistensymbole, innerhalb einer harmonisch-ausgewogenen, fast klassischen Komposition dieses Themas, das eines der Leitmotive burgundischer Skulptur des 12. Jahrhunderts gewesen war, bezeichnet eine der Endstufen innerhalb der Möglichkeiten, deren andere mit dem fast gleichzeitigen Tympanon von Charlieu gegeben ist.

Die Abtei Saint-Philibert in Tournus

Hat man in Dijon einige Mühe, im Dunkel der kaum beleuchteten Krypta und im Säulenwald der Rotunde, mit Hilfe von Rekonstruktionszeichnungen eine anschauliche Vorstellung von Größe und Gestalt der alten Abtei zu gewinnen, so wird man im weiter südlich gelegenen Tournus mehr als entschädigt durch den verwandten und fast ganz erhaltenen Bau der Abtei von *Saint-Philibert,* deren Kirche und Konventsbauten sich gegen den kleinen Ort an der Saône durch massive Festungstürme und hohe Mauern schützen (Farbtafel 25, Abb. 10). Der Blick von der Saône-Brücke erlaubt eine Gesamtaufnahme der Anlage (Abb. 7), die zu den besterhaltenen der frühen Zeit in Burgund und zu den merkwürdigsten, zugleich bedeutendsten Zeugnissen der frühen Romanik in Europa gehört. Diese Inkunabel der abendländischen Architektur besitzt nicht nur den ältesten erhaltenen Chor mit Radialkapellen (Abb. 6), sondern auch das älteste Beispiel einer Zweiturmfassade, die in straffer Formulierung von Lisenen und

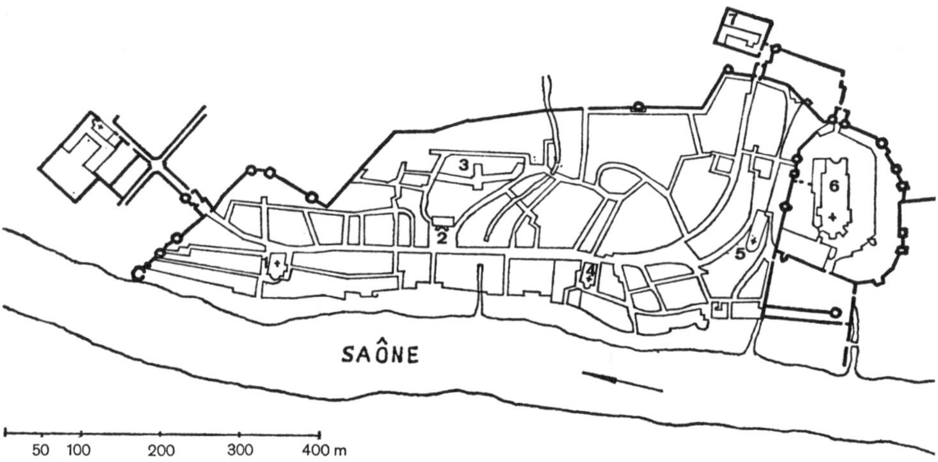

Tournus, Kloster und Stadt *1 La Madeleine* *2 Rathaus* *3 Krankenhaus* *4 St. André* *5 St. Valérien* *6 St. Philibert* *7 Charité*

Blendarkaturen, gemauert aus den schmalen länglichen Bruchsteinen in dicker Mörtelschicht, die schon in Dijon begegnete, dem von Westen durch zwei mächtige Halbrundtürme der Befestigung sich Nähernden entgegentritt.

Dieses Mauerwerk, das seine eigenen Dekorationsmöglichkeiten bedingt – Lisenen, Blendarkaden, Würfelfriese etc. – bei Verzicht auf skulpturale Gestaltung, hat lange als Merkmal lombardischer Maurerkunst gegolten. Tatsächlich hat man die Künstler, die in Dijon tätig waren, auch in Tournus vermutet, doch sind ausdrücklich ›gallische Maurer‹ für den Bau bezeugt. Der auf den ersten Blick bis auf Nordturm und Vierungsturm einheitlich wirkende Bau lebt aus dieser diskreten und strengen Gliederung der Mauerflächen, die die Konsistenz der Wand nicht in Frage stellt und die Massigkeit der Baukörper und ihr Verhältnis zueinander voll wirksam werden läßt. Freilich ist der Bau nicht aus einem Guß entstanden. Seine Baugeschichte ist nicht nur äußerst kompliziert, sondern bis heute letztlich nicht geklärt und Gegenstand jahrzehntealten Streites unter den Forschern.

Schon in merowingischer Zeit befand sich hier ein Kloster über dem Grabe des hl. Valerian, der um 177 in Tournus den Märtyrertod erlitten hatte. Dieses Kloster war 875 von Kaiser Karl dem Kahlen den Mönchen von Noirmoûtier überwiesen worden, die ihr Heimatkloster auf einer Insel an der Atlantikküste nach den Überfällen der Normannen hatten verlassen müssen und nach fast vierzigjähriger Wanderung durch ganz Frankreich endlich in Burgund Zuflucht zu finden hofften für die Gebeine des Gründers ihres Klosters, St. Philibert, auf den auch die Gründung von Jumièges in der Normandie zurückgeht. Der Neubau des Klosters, dem ein königliches Privileg das Recht auf eigene Abtwahl zugestand, wurde 937 von den einfallenden Ungarn zerstört, vor denen die Mönche bis in die Auvergne in das Kloster St. Pourçain-sur-Sioule flüchteten. Dem nach 950 begonnenen Neubau kamen Kenntnisse, die die Mönche bei der im Bau befindlichen Kathedrale von Clermont-Ferrand erwerben konnten, für die Grundrißdisposition zugute. Um die dreischiffige Krypta wurde ein Umgang mit drei radial angeführten Kapellen gelegt, eine Anordnung, die als die entscheidende Neuerung in der Chorgestaltung für die gesamte romanische Architektur von allergrößter Bedeutung werden sollte, und dessen erste Formulierung wohl auf die Pilgerkirche St. Martin in Tours zurückgeht. Die Krypta, die unter Abt Etiènne 979 geweiht wurde, bestimmt auch die Gesamtanlage des Chores, der zwar nach einem Brand von 1007 erst im späten 11. Jahrhundert wieder aufgebaut wurde, die alte Disposition aber beibehielt. Tournus weist damit das älteste erhaltene Beispiel dieses Typus von Chor mit Umgang und Radialkapellen auf. Der Brand von 1007 machte einen Neubau notwendig, der nur wenig vom verbliebenen Mauerwerk verwenden konnte. Man begann im Westen mit Narthex und Oberkirche, die Einwölbung des Langhauses erfolgte nach 1066, Chor mit Vierung waren erst um 1120 fertiggestellt; im Laufe des 12. Jahrhunderts folgten noch der Vierungsturm und der nördliche Turm der Westfront. Das Kloster, das schon von König Boso von Burgund reich mit Ländereien und abhängigen Prioraten und Klöstern beschenkt worden war, erlebte

Tournus, Saint-Philibert, Aufriß von Chor und Krypta

im 11. Jahrhundert einen wirtschaftlichen Aufschwung durch eigenes Münzrecht und Fischereirechte, vor allem aber wegen seiner günstigen Lage an der Saône, die ihm die Kontrolle des Salzweges von Salins in den Süden und Westen erlaubte, endlich aber auch durch ein Gebot des Provinzialkonzils von 946, das allen Familienvätern der Diözesen von Autun, Besançon, Chalon und Mâcon eine Wallfahrt pro Jahr nach Tournus vorschrieb.

Doch schon gegen Ende des 13. Jahrhunderts setzt der Niedergang ein. Zwar wurde unter Abt Bérard (geb. 1245) noch ein neuer Kapitelsaal gebaut, unter Jean de Toulon (geb. 1498) das Abtshaus hinter dem Chor der Kirche, doch wurde Tournus 1500 Kommende und 1627 säkularisiert und in ein Kanonikerstift umgewandelt, was möglicherweise Kirche und Kloster vor den Zerstörungen der Revolution gerettet hat.

St. Philibert hat von jeher die Bauforscher fasziniert als Musterbeispiel für die Probleme des frühen Wölbungsbaues. Fast alle Arten der Wölbung sind in dieser experimentierfreudigen Anfangszeit, als man die Holzdecken durch feste gemauerte

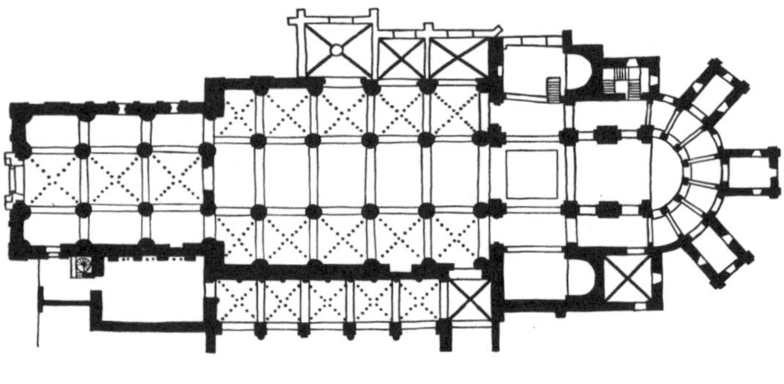

Tournus, Saint-Philibert, Grundriß

Tournus, Saint-Philibert, Innenansicht

Gewölbe zu ersetzen begann, versucht worden. Nur wenige mittelalterliche Bauten bieten eine solche Vielfalt der Formen wie Tournus.

Die Kirche empfängt den Besucher mit einer düsteren, fast krypta-ähnlichen Vorhalle mit gedrungenen, rund gemauerten Pfeilern, die im Mittelteil Gratgewölbe, in den Seitenschiffen über flachen Gurtbögen Quertonnen tragen. Die Vorhalle ist zugleich Narthex, Durchgangsraum in das Hauptschiff der Kirche und massiver Unterbau für eine Vorkirche, die Michaelskapelle, die, Relikt der karolingischen Westwerkidee, der eigentlichen Kirche vorgelagert ist, ein wenig schmaler als der Hauptbau, aber in gleicher Höhe. Diese Kapelle gehört mit ihrem hohen schmalen Mittelschiff, das in ganzer Länge eine Tonne überwölbt, den kurzen Stämmen der Rundpfeiler, dem rohen unverputzten Mauerwerk zu den eindrucksvollsten Räumen aus der Zeit um 1000. Ihre Seitenschiffe haben Vierteltonnen, die den Druck der Mittelschiffhochwände abfangen und an die kompakten, nur mit Lisenen und Rundbogenfries dekorierten Außenmauern weitergeben.

Die Kapelle öffnet sich zum Hauptschiff der Kirche in einer Bogenstellung, in der der Name des Mannes genannt wird, den viele Forscher für den Architekten des Baues halten: Gerlanus (Abb. 9). Zwei skulptierte Blöcke sind über den Kapitellen in den

Bogen eingefügt, die an die Kapitelle der Krypta von St. Bénigne erinnern. Mit den Kapitellen von Saint-Bénigne in Dijon gehören diese Arbeiten, Kapitelle und Kämpfersteine, zu den Anfängen der romanischen Skulptur in Burgund und in Frankreich ganz allgemein, wenn auch ihre Beziehungen zu den primitiven Arbeiten des 1. Jahrtausends stärker sind als ihre Verbindung zur Blüte romanischer Skulptur im 12. Jahrhundert. In der Gestalt des stehenden Mannes mit Beil hat man den Architekten Gerlanus sehen wollen, ohne freilich sagen zu können, ob der Bogen in seiner jetzigen Gestalt überhaupt ursprünglich ist, so daß alle Hinweise auf die inhaltliche Bedeutung des Bogens und seiner Gestalten Spekulation bleiben. In einfachster Gestalt tritt hier jedoch ein bauliches Motiv auf, das in den kommenden Jahrhunderten eines der zentralen künstlerischen Anliegen Burgunds werden wird: das Säulenportal. Die lapidare Formulierung der skulpturalen Einzelheiten erscheint uns Heutigen im übrigen verwandt mit bestimmten Tendenzen der modernen Skulptur, erinnert die seltsame Faszination des bärtigen Männerkopfes doch an die bewußte Primitivität eines Matisse.

Tritt man aus der dunklen, dumpfen Vorhalle in das Langhaus der Kirche (Abb. 8), ist man zuerst überrascht von der Helligkeit des Raumes, in dem der warme Ockerton des Steins mit dem Weiß des verputzten Gewölbes zusammengeht. Der Raumeindruck selbst ist in seiner Ungewöhnlichkeit auf den ersten Blick verwirrend: enorme Rundpfeiler von einer Höhe, die in gewissem Widerspruch zu ihrer Gewichtigkeit steht, tragen über kleinen Halbsäulen eine Reihe von Schwippbögen, die wie kleine Brücken die Hochwände des Langhauses verbinden und auf denen Quertonnengewölbe aufliegen. Diese Quertonnen machen den Ruhm von St. Philibert aus. Sie erlauben, da sie die Außenwand nicht belasten, relativ große Fensteröffnungen im Obergaden, die zur Helligkeit des Raumes beitragen und jedem einzelnen Joch sein Eigenlicht geben. Sehr stark freilich tragen auch die großen Öffnungen in den hohen Seitenschiffen zur Ausleuchtung des Raumes bei. Es scheint, daß das Langhaus ursprünglich flachgedeckt war und erst nach einer Planänderung nach 1066 die Quertonnen eingefügt wurden – eine architektonische Lösung, die die Schwierigkeit bei der Überwölbung von großen Räumen in dieser frühen Zeit deutlich macht, freilich ohne wirkliche Nachfolge geblieben ist. Die Zukunft gehört dem Gratgewölbe, das meisterlich schon in den Seitenschiffen vorgeführt wird. Die ungeheure Kraftanstrengung, mit der hier Bau- und Raumprobleme angegangen werden, die noch Jahrhunderte beschäftigen werden – so neben der Wölbungsfrage auch potentiell das der Hallenkirche, das mit den hohen Seitenschiffen und den freien, ›autonomen‹ Pfeilern angesprochen wird –, bleibt bewundernswert, gerade weil der Widerspruch in der Verbindung verschiedener Systeme offen vorgetragen wird. Der Chor mit Umgang und freistehenden Säulen in der Apsis steht in der Nachfolge von Cluny, wovon später die Rede sein wird, doch entspricht er in seiner Disposition der sehr viel älteren Krypta, auch scheinen die Chorkapellen aus dieser früheren Zeit zu stammen, so daß sich zumindest in der Außenansicht der Eindruck der archaischen Form des 10. Jahrhunderts mit rechteckigen, sich stark verselbständigenden Radialkapellen und dem additiven Charakter des Zusammenfügens der Bauteile ergibt. Die Krypta selbst, mit schlanken Säulen und eleganten Kapitellen, die teilweise wohl antiker Herkunft sind, gehört mit der Krypta von Saint-Bénigne in Dijon und der der Kathedrale in Auxerre zu den Inkunablen der frühromanischen Architektur in Frankreich. Ihr halbkreisförmiger Umgang, gewölbt durch eine Tonne mit Stichkappen, führt zu den drei Apsiskapellen, von denen die mittlere den Reliquien des hl. Valerian geweiht ist. Vom Kloster selbst hat sich aus dieser frühen Zeit nur der Nordflügel des Kreuzganges erhalten, der nach 1020, im Anschluß an die erste Baukampagne nach dem großen Brand von 1007 entstanden sein muß. Die sorgfältige Restaurierung der letzten Jahre hat die außerordentliche Solidität des Mauerwerks, die Beschränkung auf die nur wenig bearbeiteten Bruchsteine, die in einzelnen Lagen durch großformatige Quadern aus weißem Stein verstärkt wurden, offengelegt.

Auch in diesem Kreuzgang zeigt sich die Spannung, in der die burgundische Architektur des 11. Jahrhunderts noch lebt: die zwischen der Auffassung von Architektur als Masse und Architektur als Struktur. Die massiven, aus der Konsistenz der Wand lebenden Teile der Mauer, Pfeiler und Gewölbe werden begleitet von strukturalen Elementen, vorgestellten Säulen, Gurten etc. Burgund hat lange geschwankt zwischen dieser, in Mitteleuropa vorherrschenden Einstellung zur Architektur als von Mauern umschlossenen Raumkörpern, und der in Westeuropa entwickelten Idee der plastischen Durchformung der Wand, die Scheidung zwischen konstruktiven und dekorativen Elementen, die auf den Skelettbau der Gotik zielt. Der plastische Gestaltungswille, der in Burgund unter dem Einfluß vor allem Mittelfrankreichs überhand gewinnt, prägt die Form der beiden Türme (Abb. 7), die erst im 12. Jahrhundert dem alten Bau aufgesetzt wurden: weitgehende Auflösung der Wand zu Arkaturen, Bogenfeldern, Säulen in reichstem Dekor, Säulenheilige, die Verwandtschaft mit denen von La Charité und Avallon haben, Gesimse und Konsolen, Pilaster und Rundbögen, aus denen Hufeisenformen ausgestanzt sind, Zeugnis des mozarabischen Einflusses, den der andauernde Kontakt Burgunds zur spanischen Rekonquista mit sich brachte.

Die Offenheit des Landes für Einflüsse von außen belegt ein anderes Detail, die Gestaltung der Vierungskuppel im Inneren der Kirche, die ebenfalls dem 12. Jahrhundert verdankt wird: es ist nicht eine einfache Kuppel über Trompen, sondern eine Rundkuppel, die auf Bögen und Rippen aufliegt, welche von einer Unzahl kleiner Säulchen getragen werden, ein Gebilde, das letztlich auch über spanische auf arabische Erfindungen zurückgeht. Die Kathedrale von Le Puy, die unter starken mozarabischen Einflüssen entstanden ist, könnte die Anregungen vermittelt haben. Nicht ausgeschlossen ist allerdings, daß direkte Erfahrungen in Spanien selbst eine Rolle gespielt haben, denn Pierre I., der Abt, der diese Bauarbeiten veranlaßt hat, hatte einige Zeit zuvor am Kreuzzug gegen die Mauren teilgenommen, nachdem er die Heiratsverhandlung zwischen Constance, der Witwe des Grafen von Châlon, und Alphons II. von Kastilien geführt hatte.

Kirchen und Burgen des Mâconnais

Zu den schönsten Teilen einer Reise durch Burgund gehört die Fahrt von Tournus nach Cluny durch das nördliche *Mâconnais,* ein Gebirgsland zwischen Sâone und Grosne, dessen nicht sehr hohe, meist bewaldete Berge immer wieder überraschende Aussichten in die Weite der Flußtäler gestatten. Keine Gegend Burgunds ist so reich an frühen Kirchen, vor allem des 11. Jahrhunderts, wobei das künstlerische Spannungsfeld Tournus-Cluny sich auch in den stilistischen Eigentümlichkeiten der Bauten ausdrückt.

Die kleinen Kirchen von *Farges* und *Uchizy* stehen noch ganz unter dem Einfluß von Tournus, mit allen Merkmalen des sogenannten lombardischen Stils, dem Mauerwerk aus kleinem Bruchstein in dicken Mörtellagen, den Lisenen und Blendarkaturen, dem spärlichen Baudekor, der ganz aus dem Material entwickelt wird. Auffallend die hohen Glockentürme über der Vierung oder, bei bescheideneren Bauten, über dem Joch vor dem Chor. Sie setzen die eigentlichen Akzente in der Landschaft, ihr Volumen steht in keinem Verhältnis zu den winzigen Kirchenbauten, über denen sie sich erheben. Wie lange der Einfluß von Tournus die Struktur der Bauten bestimmt hat, zeigt die Kirche Saint-Pierre von *Brancion* aus dem 12. Jahrhundert, hart über dem Steilhang des Bergrückens gelegen, auf dem zwischen Kirche und Burg sich eines der malerischen alten Dörfer des Mâconnais befindet. Ganz aus ockerfarbenen Bruchsteinen erbaut – selbst die Dächer und die Spitze des Vierungsturms sind aus Steinlagen in demselben warmen Ton –, wirkt die Kirche mit ihren drei Schiffen, Querhaus mit Vierungsturm, Chor mit Apsis und Nebenchören wie das Idealmodell einer romanischen Kirche, freilich mit den Eigentümlichkeiten, die die frühen burgundischen Kirchen auszeichnen, so dem ›nef obscur‹ (dem ›dunklen Schiff‹), dem Mittelschiff mit Längstonne ohne Obergadenfenster, mit hohen Seitenschiffen, die oft mit dem Mittelschiff unter einem Dach vereinigt werden, oder sich nur in einer Stufung vom Mittelschiff absetzen, wie hier in Brancion. Von der Plattform vor der Kirche aus übersieht man das weite kultivierte Land mit seinen unzähligen romanischen Kirchen inmitten alter Friedhöfe, umgeben von Dörfern, die die moderne Zeit noch nicht verwandelt hat (Abb. 13).

Die Burg von Brancion gehört mit ihrem quadratischen Donjon ebenfalls in diese frühe Zeit, wenn auch die burgundischen Herzöge, die die Burg übernahmen, nachdem sich die Herren von Brancion im Kreuzzug ruiniert hatten, vor allem seit der Regierungszeit Philipps des Kühnen eine Reihe von Erweiterungen hinzugefügt haben, die im 16. Jahrhundert wieder den Kriegen der Liga zum Opfer fielen.

Schönstes Beispiel der frühromanischen Architektur ist, unweit von Brancion, die Prioratskirche St. Martin in *Chapaize* (Abb. 12), mit einer eindrucksvollen Steigerung der Baumassen in den Ostpartien bis hin zum mächtigen, sich nach oben leicht verjüngenden Glockenturm, dessen obere zwei Etagen durch kleine Doppelfenster geöffnet sind, während der Unterbau von langen Lisenenfeldern gegliedert wird. Die Raumwirkung des fünfjochigen Langhauses gleicht der der Michaelskapelle von St. Philibert, doch verweisen die mächtigen Rundpfeiler mit ihren Dreieckskapitellen auf die Nähe zum ›Saal der Mönche‹ bei Saint-Bénigne in Dijon. Die dreieckigen Gebilde, die eigentlich keine Kapitelle sind, tragen halbrund aus der Masse der Wand heraustretende Pfeilervorlagen. Unter dem Gewölbe sind kleine, heute blinde Fenster in die Dicke der Wand eingeschnitten. Die Vierung ist ausgespart wie bei den meisten Kirchen dieser frühen Zeit in Burgund – Chapaize muß um 1050 entstanden sein –, der Turm erhebt sich über einem kuppeligen Gewölbe auf Trompen. Die Chorapsis, wohl erst aus dem 12. Jh., schließt mit ihrer niedrigen Rundung den Raum ab. Die kürzliche Restaurierung hat vorzüglich die Frische des ursprünglichen Konzepts wieder herausgearbeitet, ohne die Patina der alten Steine zu zerstören, auch ohne störende Eingriffe in den etwas verblichenen Charme des Kirchplatzes mit seinen Gräbern, den alten Ahornbäumen und den halbverfallenen Bauernhäusern, deren alte Gemäuer noch einen mittelalterlichen Gutshof ahnen lassen. Der Reiz dieser alten Kirche liegt eben, neben ihrem unbestreitbarem kunsthistorischen Rang, in der Schönheit des Steines, der von Ort zu Ort verschieden ist, aber sich auch immer in den umgebenden Häusern findet, in der Unberührtheit ihrer Lage inmitten von alten Friedhöfen, in der sympathischen Nachlässigkeit, mit der man Blumen und Gras auch auf den Dächern und an den Türmen wachsen läßt, solange sie den Bau nicht gefährden, in der Unbesorgtheit, mit der man auch zuläßt, daß jeder Besucher über die schmalen gemauerten Treppen in die Glockentürme steigen kann, von denen er einen Blick auf das fruchtbare grüne Land ringsum werfen kann.

Den Kirchen auf dem Wege nach Cluny – *Ougy* (Abb. 14), *Malay* (Abb. 15), *Ameugny*, *Taizé* – lassen sich bei Abstechern von der Hauptstraße Dutzende von Kirchen aus dieser Zeit hinzufügen, die, jede für sich, eine höchst eigenartige Gestalt haben.

Cluny – das geistliche Zentrum des Mittelalters

Klosteranlage, Kirchenbau, Beginn der romanischen Monumentalskulptur

Wer heute nach Cluny kommt durch das Tal der Grosne, mit den tiefen Eindrücken, die seit dem Besuch von St. Philibert in Tournus über Brancion, Chapaize und die unzähligen mittelalterlichen Bauten sich dem Gedächtnis eingeprägt haben als unberührte authentische Zeugnisse der frühen Zeit, der wird ein wenig enttäuscht sein von dem Wenigen, was vom Zentrum der mittelalterlichen Christenheit übriggeblieben ist. Zwar sind noch die Reste imposant genug, doch ist es ohne Rekonstruktionspläne und Modelle unmöglich, überhaupt eine Vorstellung davon zu bekommen, was, nach den Worten von Emil Mâle, »das Größte war, was das Mittelalter geschaffen hat«.

Die überragende Stellung, die Cluny einnahm, hatte schon zu seiner Blütezeit den Widerspruch des hl. Bernhard hervorgerufen; das mittelalterliche Kloster war im 18. Jahrhundert im Zeichen der Aufklärung durch einen zweckmäßigen Neubau ersetzt worden. Gegen die gigantische Kirche richtete sich in der Revolution 1790 der Zerstörungsdrang der Bürger, deren Haß selbst Napoléon zu dem Ausruf veranlaßte: »Allez, vous êtes des vandales«. Von 1806 bis 1823 war die Kirche als Steinbruch verpachtet. Als man den Vandalismus stoppte, war alles bis auf den Südteil des Querschiffes verschwunden, der freilich mit seinem Glockenturm und seiner schwindelerregenden inneren Höhe noch ein großartiges Fragment dieses ›merveille de l'occident‹ darstellt. Erst jahrzehntelange Grabungen und Forschungen des amerikanischen Architekten Conant haben uns ein einigermaßen zuverlässiges Bild von Planung und Aussehen der Abtei gegeben, wobei allerdings viele Einzelheiten noch offengeblieben sind und vor allem die einzelnen Planstufen, Zwischenzustände und Konzeptionen der einzelnen Bauherren einer eingehenden Untersuchung bedürfen. Diese Untersuchung wird dadurch erschwert, daß in Cluny durch mehrere Jahrhunderte hindurch unentwegt geplant, gebaut und abgerissen wurde, so daß das, was die Kunstgeschichte als Cluny II und Cluny III bezeichnet, mehr oder weniger hypothetische Rekonstruktionen sind, die auf zwei Planstufen verkürzen, was sicherlich in sehr viel langsameren Schritten entwickelt wurde. So bleibt, nach einem Wort von Wolfgang Braunfels, Cluny ›eine Fata morgana‹ (S. 108). Braunfels hat eine ausführliche Darlegung und Beschreibung der Klosteranlage gegeben, auf die hier verwiesen werden muß. In diesem

Zusammenhang wollen wir uns darauf beschränken, die Rekonstruktion soweit zu erläutern, als sie zum Verständnis des Vorhandenen unentbehrlich sind. »Unter den Klöstern des 10. und 11. Jahrhunderts ragte eines über alle anderen hinaus und erhob sich zielstrebig zur Hauptstadt eines Klosterreiches: das burgundische Cluny. Dieses größte Kloster, das je im Abendland erbaut worden ist, beherrschte im 12. Jahrhundert rund 1500 Abteien und Priorate in allen Teilen Europas. Unter der Führung von Cluny trat an die Stelle vieler und mächtiger Einzelgebiete ein zentralisierter Mönchsstaat. Seine Äbte, unter ihnen vier große, weise, ja geniale Mönchsführer, stiegen zu Mönchsfürsten auf. Mit Königen verglichen ihre Gegner sie spöttisch; Groß-Äbte möchte man sie nennen. Vor ihnen, nicht vor dem eigenen Abt, legten die Brüder zahlreicher Klöster ihre Gelübde ab; Ratgeber und Richter waren sie nicht nur in den Klöstern, die sich ihren Reformen angeschlossen hatten, sondern ebenso im weltlichen Bereich. Kaiser, Päpste, Könige kamen um ihren Schiedsspruch ein.

Drei Umständen verdankt Cluny seinen Aufstieg und seine Sonderstellung: erstens der Lage in einem ›Leerraum von Herrschaft‹ (Walasch), einem Gebiet, das weder zum Reich gehörte noch dem französischen Königtum untertan war; zweitens der Dynastie jener vier großen, jeweils rund ein halbes Jahrhundert regierender Äbte; drittens einer neuen monastischen Geistigkeit, aus der auch Wesenszüge der neuen burgundischen Romanik erwachsen sind, jener mittelalterliche Klassizismus, dessen schönste Zeugnisse die Kapitelle mit den Darstellungen der acht Töne über den Säulen des Chors der dritten Kirche sind, nach Inhalt und Form gleich ausdrucksmächtige Definitionen dessen, was Cluny angestrebt hat.

Diese Geistigkeit war Teil einer umfassenden Bewegung, die im letzten Drittel des 11. Jahrhunderts die Geschichte Europas bestimmen sollte. Die Stände trennen sich; Papst und Kaiser besinnen sich auf ihre gegensätzlichen Aufgabenbereiche, die Grafen werden weltlicher und die Bischöfe kirchlicher, die Bürger bürgerlicher und die Mönche geistlicher. Große übergeordnete Ziele erfaßten die Völker, und bald erwies sich, daß Cluny zu ihnen allen nicht nur Stellung beziehen mußte, vielmehr zu ihrer Verwirklichung die Führung zu übernehmen hatte. Aus den Ratgebern und Förderern der ottonischen und salischen Kaiser wurden Verteidiger einer neuen Papstmacht. Das Kloster, das sich von allen weltlichen Geschäften freihalten wollte, wurde zum wichtigen Träger des Kreuzzugsgedankens im Osten und der Reconquista in Spanien. Gleichzeitig, sich wechselseitig fördernd, wuchs seine geistige und seine weltliche Macht. Es wurde unermeßlich reich und einflußreich.« (Braunfels, S. 66, 67.)

Am 11.9.910 hatte Herzog Wilhelm von Aquitanien einen alten fränkischen Gutshof, der im Besitz der Familie Karls des Großen gewesen war, dem Abt Berno von Baume für ein neues reformiertes Kloster gestiftet. In der Charta von Bourges, das damals kirchlicher Hauptort Aquitaniens war, wurde festgelegt, daß das Kloster direkt dem Papst unterstehen solle. Diesem Privileg der ›Exemption‹ fügte Kaiser Heinrich I. ein weiteres hinzu, das den Regeln des Benediktinerordens widersprach: Cluny durfte sich andere Klöster unterstellen. Es schuf seit der Regierungszeit von Abt Odo ein straff organisiertes Kongregationssystem, das den Abt von Cluny zum alleinigen ›Vater‹

sämtlicher mit Cluny verbundenen Klöster machte. Dank der Filiationen breitete sich die Reform von Cluny rasch in Europa aus. Der außerordentliche Glücksfall der Langlebigkeit seiner ersten Äbte trug wesentlich zur Blüte des Klosters bei.

Äbte:

Berno	910– 927 (926?)
Odo	927– 942
Aymard	942– ca. 963
Mayeul	963– 994
Odilo	994–1048/49
Hugo	1049–1109
Pons de Megueil	1109–1122
Petrus Venerabilis	1122–1156

Abt Berno hatte schon eine bescheidene Kirche errichten lassen, die 927 geweiht werden konnte. Unter Abt Aymard wurde 950 mit dem Bau einer neuen Kirche begonnen, die, 981 geweiht, als Cluny II in der Kunstgeschichte kategorisiert, von allergrößter Bedeutung nicht nur für die Architektur Burgunds (Chapaize) wurde, sondern als Modell auf ganz Europa ausstrahlte (Kloster Hirsau in Deutschland, Farva in Italien). Diese Kirche, mit Staffelchor, Doppelturmfassade über einem Narthex und Vierungsturm, wurde um 1010 eingewölbt, wobei Conant annimmt, daß nicht nur Feuersicherheit, sondern vor allem die bessere Akustik die Mönche zu dieser Neuerung veranlaßte, was die außerordentliche Bedeutung, die die Musik in der Liturgie des Klosters spielte, unterstreichen würde. Der Bau der ausgedehnten Klosteranlagen, des Kreuzgangs mit Marmorsäulen, schloß sich unter Abt Odilo an. Um 1040 war ein erster Abschluß der Bauarbeiten erreicht. Ein römischer Kleriker, der 1063 in Begleitung des Kardinals Petrus Damianus Cluny besuchte, hat unter dem Eindruck der Größe und Schönheit des Klosters eine ausführliche Beschreibung der Anlage gegeben, die präzisiert wird durch das wichtigste Dokument der frühen Zeit, der Beschreibung eines cluniazensischen Musterklosters in den ›Disciplina Farvensis‹, den Vorschriften des Klosters Farva bei Rom, die sich mit größter Wahrscheinlichkeit auf Cluny II beziehen und auf die Conant seine Rekonstruktion stützt. Hatte Abt Odo, ein Mönch aus Tours, »ein Dichter, Komponist und Musiklehrer«, die cluniazensische Tradition der Musikpflege begründet, so schuf der Hl. Hugo von Semur durch eine straff zentralistische Politik die Grundlage für die weltpolitische Rolle Clunys. Seine überragende politische Bedeutung beweist seine Teilnahme bei Kaiser Heinrichs IV., seines Patenkindes, Gang nach Canossa 1077, aber auch die Führungsrolle, die Cluny in der Zurückeroberung Spaniens von arabischer Herrschaft, der ›Reconquista‹, gespielt hat. Ein Besuch Hugos in der eben neuerrichteten Abtei Monte Cassino, dem Mutterkloster aller Benediktiner, hat vielleicht Neubaupläne angeregt. Möglicherweise hat auch die Übersendung von 10000 Talenten Gold aus der Araberbeute nach der Eroberung Toledos 1085 durch den kastilischen König Alfons VI. den Anstoß gegeben,

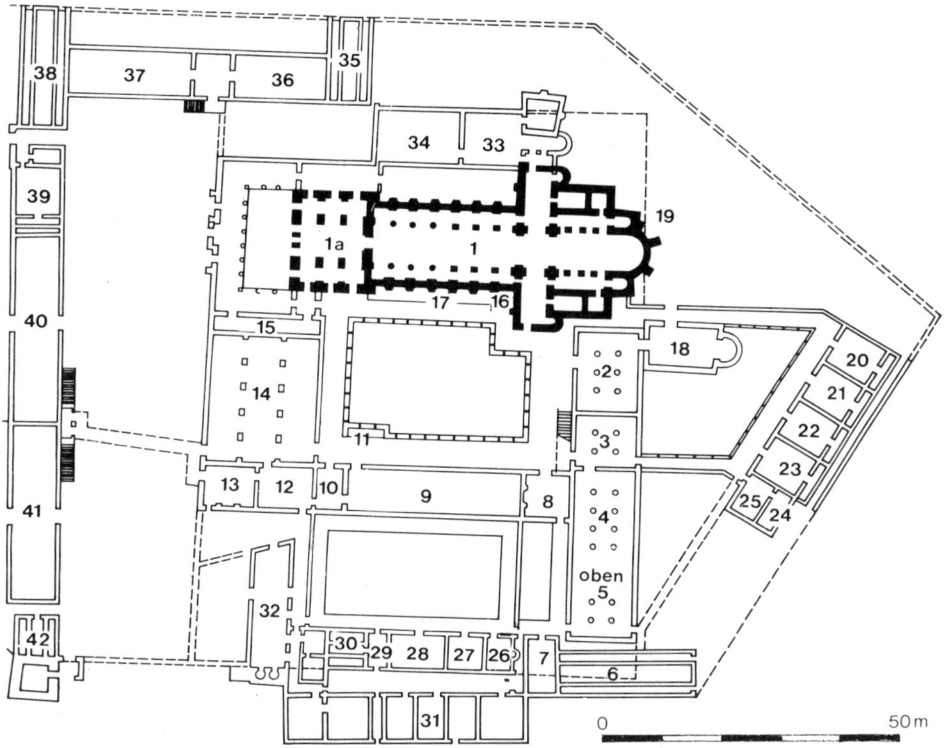

Cluny II, um 1043, Umzeichnung nach K. J. Conant

1 Klosterkirche
1a Galilaea
2 Kapitelsaal
3 Sprechraum
4 Mönchsaal
5 darüber Dormitorium
6 Latrinen
7 Bäder
8 Wärmeraum
9 Refektorium
10 Anrichte
11 Brunnenhaus
12 Küche der Mönche
13 Küche der Laien
14 Vorratshaus
15 Raum des Armenpflegers
16 Bücherei
17 Arbeitsplätze der Schreiber
18 Marienkapelle
19 Friedhof
20–23 Krankenstuben
24 Waschraum (?)
25 Ärzteraum
26–30 Noviziat
31 Werkstätten
32 Bäckerei
33 Sakristei
34 Werkstatt für Schneider und Schuster
35 Latrinen für Frauen (?)
36 Gästehaus für Frauen
37, 38 Gästehaus und Latrinen für Männer
39 Armenherberge
40–41 Stallgebäude und Haus der Konversen
42 Latrinen der Konversen

außerhalb des Klosters, nördlich der Kirche, »jenen gewaltigen Klosterdom zu errichten, der zugleich zum Spiegel ihrer Wirtschaftsmacht wie zum Ausdruck ihrer Geistigkeit, ihres Idealsinns und ihres Kunstwollens wurde« (Braunfels S. 79). Am 30. September 1088 wurde für den Neubau von Cluny III der Grundstein gelegt, schon 1130 konnte Papst Innozenz II. die Schlußweihe vornehmen. Bei einer Unterredung in Burgos zu Ostern 1090 sicherte König Alfons dem Abte Hugo eine jährliche Zahlung von 200 Unzen Gold zu als Dank für die Rückgewinnung Spaniens, außerdem versprachen König Heinrich I. von England und der deutsche Kaiser Unterstützung für den Neubau. 1095 kann Papst Urban II., selber Mönch aus Cluny, auf dem Weg nach Le Puy und Clermont-Ferrand, um den Ersten Kreuzzug zu predigen, schon fünf Altäre in der neuen Kirche weihen, um 1100 sind die beiden Querhäuser vollendet, 1115 die Westfront vor dem Langhaus, das 1121 eingewölbt ist. Im gleichen Jahr wird das Langhaus der alten Klosterkirche abgerissen. Dem Neubau der Kirche waren schon ab 1075 Umbauten, Abrisse und Neubauten im Klosterbereich vorangegangen: Krankenhaus, Refektorium, Krankenkapelle. An den Neubau der Kirche, die an Raumvolumen die Vorgängerkirche um das Zehnfache übertraf, schlossen sich im Laufe des 12. Jahrhunderts neue Gebäude für den Abt, für Gäste und ihr Gefolge an, im 15. Jahrhundert wurden Kapitelsaal und Dormitorium erneuert.

Der Narthex der Kirche selbst, der schon 1122 begonnen worden war, wurde erst hundert Jahre später, 1220–25, ausgeführt, die beiden westlichen Türme erst im 14. Jahrhundert vollendet. Abt Petrus Venerabilis, der letzte der großen Äbte von Cluny, Freund und Gegner Bernhards von Clairvaux, hatte bis 1130 den Kirchenbau zu Ende geführt und dabei einige wesentliche Neuerungen in das System der romanischen Architektur eingebracht. Nach einem Teileinsturz der Gewölbe im Langhaus 1125 ließ er die Hochwände der Kirche mit Strebewerk versehen, nach 1132 führte er beim Bau der beiden östlichen Joche des Narthex Rippengewölbe mit Strebebögen ein, erste Anzeichen der aufkommenden Gotik, die in dieser bodenständig burgundischen Formulierung von größter Bedeutung für die weitere Entwicklung der Architektur sein sollte.

Man muß sich die Rekonstruktionszeichnungen und die Modelle Conants (Abb. 17, 18) im Klostermuseum und im Musée Ogier ansehen, um eine Vorstellung von der Kirche Hugos zu erhalten: ein fünfschiffiges Langhaus, mit einer Folge von sechzehn Pfeilern, an die sich in der Chorapsis acht schlanke, mit reichskulptierten Kapitellen versehene Säulen anschlossen. Zwei Querschiffe weiteten in der Ostpartie den Bau aus, ein ausladendes westliches mit je zwei Apsiden, von dem der südliche Teil, der sich dem Kreuzgang und dem Rest der alten Abteikirche anschloß, mit seinem Turm erhalten ist, ein kleineres östliches, das den Auftakt bildete zum reich instrumentierten Chor der Kirche (Farbt. 26). Sowohl die innere Gestalt dieses Chores mit den schlanken Säulen, fünf Radialkapellen am Chorumgang und einem Fresko mit Christus

1 DIJON Blick von der Tour Philippe le Hardi auf die Kathedrale Saint-Bénigne und die Côte-d'Or ▷

2 DIJON Tympanon mit Abendmahlsdarstellung aus Saint-Bénigne, um 1170. Musée Archéologique

5 DIJON Saint-Bénigne, Krypta, Anfang 11. Jh. ▷

3 DIJON Kopf des Hl. Benignus. Musée Archéologique

4 DIJON Kapitell aus Saint-Bénigne. Musée Archéologique

6 TOURNUS Saint-Philibert, Chor mit Apsis und Vierungsturm

7 TOURNUS Saint-Philibert, 10.–12. Jh., Ansicht von der Saône

8 TOURNUS Saint-Philibert, Blick ins Langhaus

9 TOURNUS St.-Philibert, Michaelskapelle, Maske

12 CHAPAIZE Chor und Glockenturm der Kirche

◁ 11 CHALON-SUR-SAÔNE

◁◁ 10 TOURNUS Saint-Philibert und Festungstürme

13 CHAPELLE-SOUS-BRANCION

16 CLUNY Blick auf den Clocher de l'Eau Bénite ▷

14 OUGY Kirche und Friedhof

15 MALAY Ansicht der Kirche von Nordosten

17, 18 CLUNY Abteikirche, Rekonstruktionsmodelle der Chorpartie und der Westfassade

19 Der erste Ton der Musik

20 Der zweite Ton der Musik

19–22 CLUNY Chorkapitelle im Musée du Farinier

21 Der vierte Ton der Musik

22 Die Jahreszeiten

23 CLUNY Blick in das südliche Querschiff

24 BERZÉ-LA-VILLE Apsisfresko ▷

26 Fels von SOLUTRÉ

◁ 25 BERZÉ-LE-CHÂTEL Gesamtansicht der Burg, 13.–16. Jh.

27 LA CLAYETTE Wasserburg, 14. Jh.

als Weltenrichter in der Apsis-Kalotte, als auch der Außenbau haben von jeher höchste Bewunderung erregt. »Wer also von Osten her die Kirche betrachtete, hatte eine in sorgfältiger Steigerung sich entfaltende Komposition vor Augen: von dem Kapellenkranz als niedrigste Stufe über dem Umgang, die Hauptapsis und das Dach des Chores erhob sich der Bau bis zu dem östlichen Vierungsturm, um endlich mit dem Hauptvierungsturm den höchsten Gipfel zu erreichen. Es war eine Gruppierung von einem Reichtum und einer polyphonischen Rhythmik, wie sie die christliche Baukunst der früheren Jahrhunderte nie hätte ersinnen können, und wie die Griechen sie verabscheut hätten. Zweifellos war Cluny der Ausdruck jenes stolzesten Augenblicks der mittelalterlichen Christenheit, da die monastische Reformbewegung den Stuhl Petri erobert, da die päpstliche Tiara den Sieg über die Kaiserkrone errungen hatte, und da zum ersten Mal die Ritterschaft Europas sich versammelte, um im Kreuzzug das Heilige Land zu befreien« (Pevsner S. 110).

Cluny III war die turmreichste Kirche westlich des Rheins. Neben den beiden Vierungstürmen über den Querschiffen, einem achteckigen über dem östlichen, einem quadratischen über dem westlichen, der ›tour des lampes‹, besaß das größere Querschiff noch zwei weitere achteckige Türme, die ›tour des Bisans‹ nördlich und die ›tour de l'Eau bénite‹ südlich (erhalten, Farbt. 28, 29; Abb. 16), außerdem Treppentürme und im Westen, vor dem Narthex, zwei mächtige quadratische Türme, die ›Barabans‹, von denen der untere Teil sich rechts und links der Straße befindet, die heute an der Stelle des Langhauses verläuft. Die Vertikaltendenz der Türme geht zusammen mit der ungewöhnlichen Steilheit der inneren Maßverhältnisse, die mit denen klassischer gotischer Kathedralen wie Reims vergleichbar war. So hatte das Mittelschiff bei einer Breite von nicht ganz 12 Metern eine Höhe von fast 30 Metern, bei einer Länge von 125 Metern. Einschließlich des Narthex maß die Kirche eine Gesamtlänge von 187 Metern und war damit die größte Kirche der Christenheit, die erst vom neuen Petersdom in Rom in diesem Rang abgelöst wurde. Gedeckt war dieser Riesenbau mit einer durchlaufenden, in ihrem Scheitel gebrochenen Tonne über einem massiven, nur mit kleinen Fenstern versehenen Obergaden, so daß der Innenraum fortwährend in Halbdunkel gehüllt war. Eine straffe Gliederung des Raumes, ein System von durchlaufenden Innenfassaden – Pfeiler mit Rundbogenvorlage und korinthischen Kapitellen, spitzbogige Arkaden, die sich zum inneren Seitenschiff öffneten, darüber eine Triforienzone mit drei schmalen Arkaden und kannelierten Pilastern, ein Obergaden mit einer Dreiergruppe von Fenstern –, das schulbildend wurde für eine ganze Gruppe von Kirchenbauten, die mit Cluny verbunden waren, faßte den Raumschacht von Langhaus und Querhäusern zu monumentaler Einheitlichkeit zusammen. Zwar scheut man sich, von einer Cluny-Schule zu sprechen, vor allem auch davor, Cluny für den Inbegriff burgundischer Romanik zu halten, doch ist nicht zu übersehen, daß eine beträchtliche Anzahl der wichtigsten Kirchen Burgunds in wesentlichen Strukturmerk-

◁ 28 CHÂTEAUNEUF-EN-BRIONNAIS

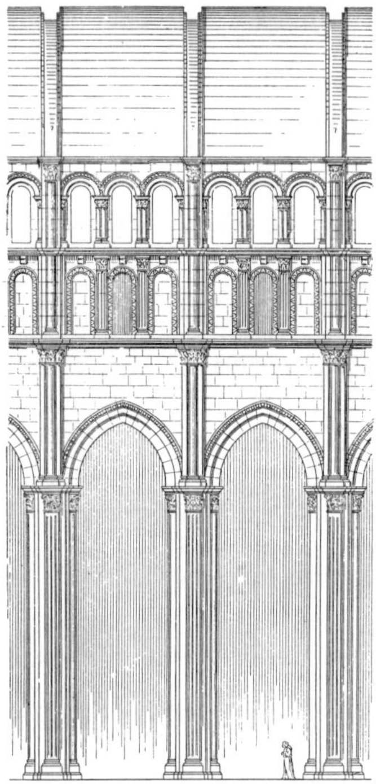

Cluny, Aufriß der Hochschiffwand (Rekonstruktion)

malen Cluny III verpflichtet ist, daß außerdem die internationale Ausstrahlung von Cluny III, ebenso wie schon vorher von Cluny II, sehr groß gewesen ist.

Schlink hat in einer Dissertation über die Kathedrale von Langres die wichtigsten Momente des Systems von Cluny III aufgezählt, die für die Nachfolgebauten verbindlich blieben:

»Die allgemeinsten, in allen Nachfolgebauten unverändert übernommenen Momente des Systems von Cluny III bestimmen auch in Langres (bis auf die wölbungsbedingten Veränderungen in Lichtgaden und Vorlagengliederung) die Struktur von Grundriß und Aufriß:

1. die Aneinanderreihung kurzer, ›ungebundener‹, queroblonger Travéen in allen hohen Teilen,
2. schmale, ungefähr quadratische Seitenschiffkompartimente,
3. kurze Querhausflügel,
4. ein der Langhaustravée gleichgebildetes Chorjoch,
5. der dreigeschossige Aufriß mit starker Horizontal- und Vertikalverriegelung,
6. der kurzarmige Kreuzpfeiler mit Vorlagen,
7. gespitzte Arkaden und Gurtbögen; rundbogige Blendbögen und Fenster,

8. ein in allen hohen Teilen umlaufendes Blendtriforium mit drei Rundbögen zwischen Pilastervorlagen,
9. Kannelierung der Pilastervorlagen.« (Schlink, S. 80)

In allen Schiffen befanden sich, zum ersten Mal in Europa, Spitzbögen, vermittelt vielleicht über Monte Cassino aus der orientalischen Architektur. Solche Baudetails wie auch die Maßverhältnisse veranlassen Conant, Cluny als einen »authentic forerunner of gothic Architecture« zu bezeichnen. Als Architekten von Cluny nennt man Gunzo oder Gauzon, einen ehemaligen Abt des Klosters Baume, der sich als alter kranker Mann nach Cluny zurückgezogen hatte. Gunzo war Musikkenner (die Quellen nennen ihn psalmista praecipuus), sein Bauplan, den der Mathematiker Hézelon von Lüttich durcharbeitete, basierte auf strengen modularen Regeln, beeinflußt von der Theorie des römischen Architekten Vitruv, dessen ›De Architectura‹ in der Klosterbibliothek vorhanden war, und auf höchst komplizierten Theorien der ›perfekten Zahl‹, die auf antike Philosophen zurückgingen. Wenn auch bis heute dieses System der Symmetrien und Proportionen, das die Harmonie der Architektur bewirkte, nicht ganz entschlüsselt ist, so ist doch sicher, daß ihm Spekulationen über den Zusammenhang zwischen Mathematik, Baukunst und Musik zugrunde lagen als Gleichnis göttlicher Harmonie.

»Ein Zufall hat uns aus allen Baudetails gerade jene Werke erhalten, die diese Geistigkeit genauestens versinnbildlichen: die Kapitelle vom Chor der dritten Klosterkirche mit den Darstellungen der acht Töne (Abb. 19–21). Man kennt nichts vergleichbares. Die Kluniazenser, die dem opus Dei, der liturgischen Feier, alle anderen Aufgaben des Mönchstandes geopfert haben, die lectio divina wie das opus manuum, stellten im Sanktuarium ihrer neuen Kirche in Stein ein musikalisches System dar . . . Sie zeigen Undarstellbares, veranschaulichen die Töne, ein Sinnlich-übersinnliches, in dem das Diesseits dem Jenseits ohne Bruch verbunden war.« (Braunfels, S. 108)

Die Skulpturen von Cluny

Für die um 1100 einsetzende Entwicklung der Monumentalskulptur in Frankreich ist die Bedeutung von Cluny nicht hoch genug anzusetzen. Die Tatsache, daß die Hauptkirche des Klosterverbandes mit einer Reihe skulptierter Kapitelle an prominenter Stelle, nämlich in der Chorapsis, ausgestaltet wurde, und daß die Westfassade mit Stufenportal, Tympanon und dekorativem Schmuck versehen wurde, hat schulbildenden Charakter. Die großartigen Tympana und die Folge von Figurenkapitellen der ersten Hälfte des 12. Jahrhunderts in Frankreich, die den Höhepunkt romanischer Skulptur überhaupt bedeuten – Moissac, Conques, Autun, Vézelay –, sind ohne den Anstoß von Cluny nicht denkbar. Für Burgund selbst werden in Cluny, in einem gewaltigen Schöpfungsakt, die Grundlagen der außerordentlichen Blüte bildhauerischer Kunst gelegt, die für alle Zeiten seinen Ruhm ausmachen.

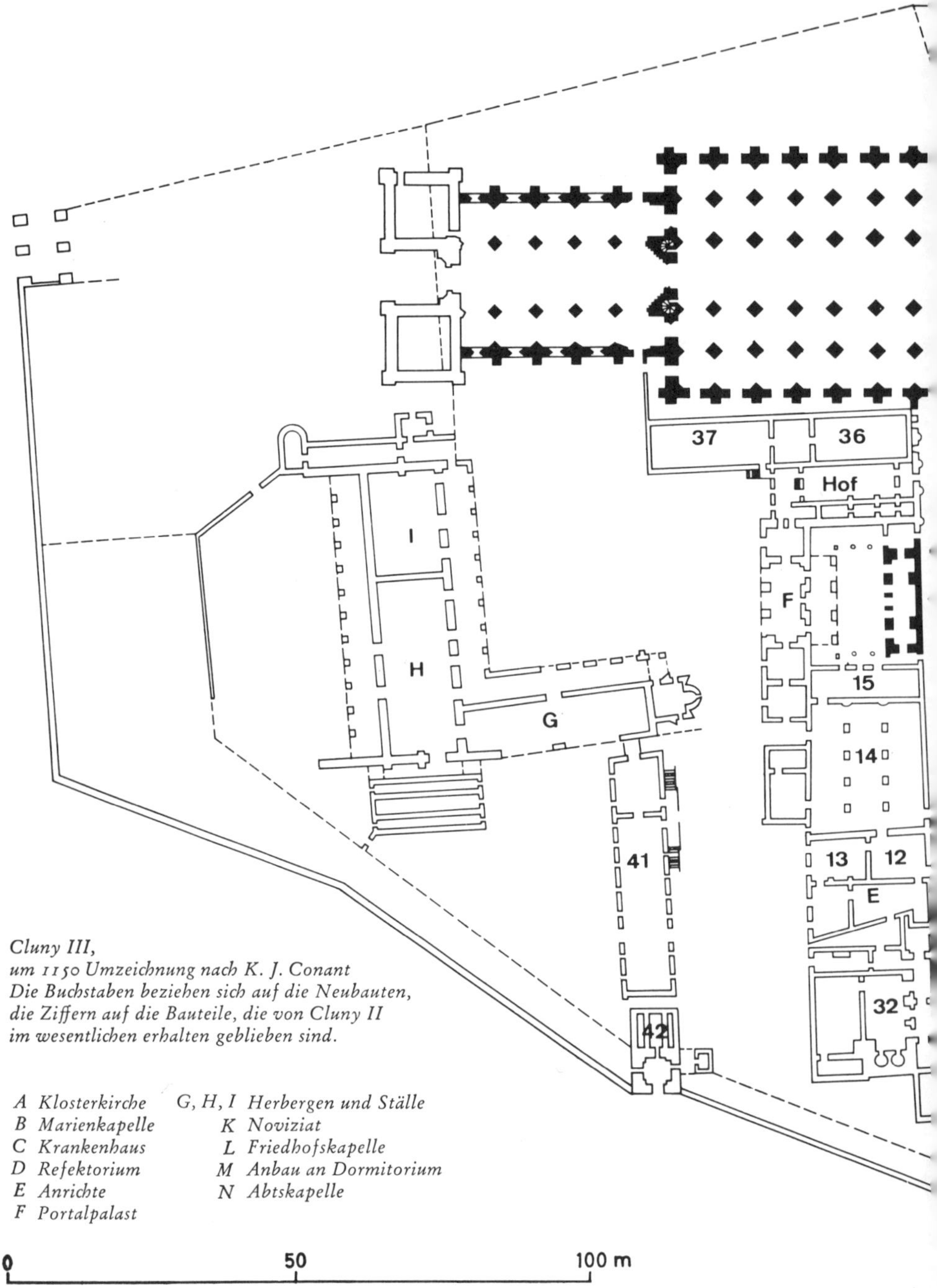

Cluny III,
um 1150 Umzeichnung nach K. J. Conant
Die Buchstaben beziehen sich auf die Neubauten, die Ziffern auf die Bauteile, die von Cluny II im wesentlichen erhalten geblieben sind.

A Klosterkirche
B Marienkapelle
C Krankenhaus
D Refektorium
E Anrichte
F Portalpalast
G, H, I Herbergen und Ställe
K Noviziat
L Friedhofskapelle
M Anbau an Dormitorium
N Abtskapelle

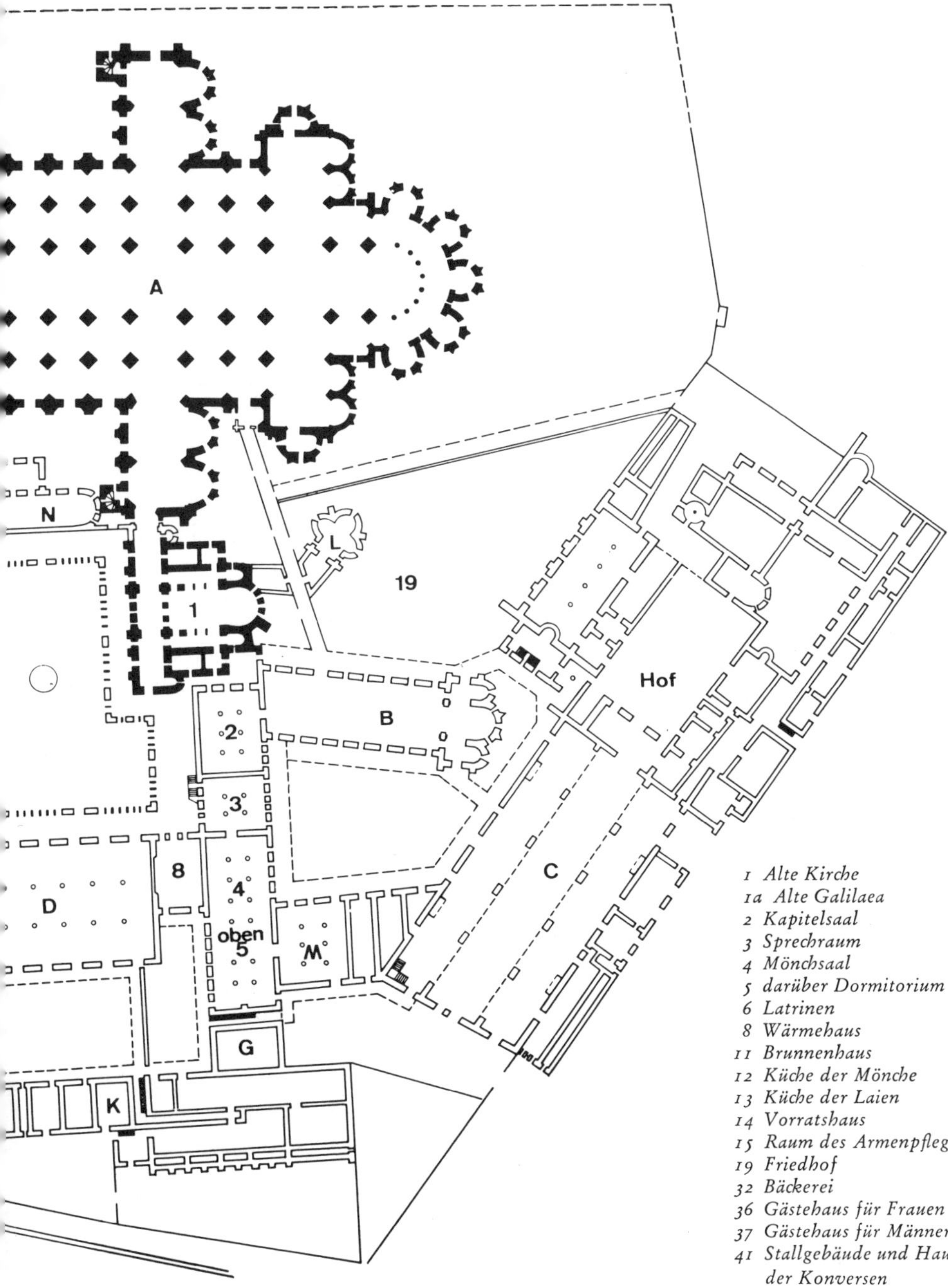

1 Alte Kirche
1a Alte Galilaea
2 Kapitelsaal
3 Sprechraum
4 Mönchsaal
5 darüber Dormitorium
6 Latrinen
8 Wärmehaus
11 Brunnenhaus
12 Küche der Mönche
13 Küche der Laien
14 Vorratshaus
15 Raum des Armenpflegers
19 Friedhof
32 Bäckerei
36 Gästehaus für Frauen
37 Gästehaus für Männer
41 Stallgebäude und Haus der Konversen
42 Latrinen

Die Voraussetzungen für die Skulptur von Cluny sind ungeklärt: auf primitiver Stufe stehende Steinmetzarbeiten wie die Kapitelle von Tournus und Dijon scheiden für die Betrachtung aus, und auch die Arbeiten in Charlieu, die der cluniazenser Skulptur vorausgehen und von denen weiter unten die Rede sein wird, sind nur bedingt zum Vergleich heranzuziehen. Scheinbar aus dem Nichts schafft der Meister von Cluny, den man unter die ganz großen Künstler des Mittelalters rechnen muß, einen Stil, der die Kunst Burgunds für mehr als ein halbes Jahrhundert prägt.

Von der wesentlichen Arbeit dieses Meisters, dem Westportal der Kirche, sind nur Fragmente erhalten. Die Sprengung der westlichen Teile der Kirche bei Anlage einer Straße 1810 zerstörte auch das Tympanon, von dem nur Rekonstruktionsversuche eine Vorstellung geben. Das Musée Ogier im ehemaligen Abtlogis des Jean de Bourbon, nördlich des zerstörten Portales, verwahrt diese Fragmente wie Reliquien.

Das Tympanon selber zeigte Christus in der Mandorla, auf einem Thron sitzend als Pantokrator, als ›Beweger des Alls‹. Engel halten die Mandorla, eine Licht-Feueraura, die Christus umgibt, und die, wie man hat nachweisen können, von Gelb und Gold zu Feuerrot überging in ihrer farbigen Fassung, wie überhaupt die Farbgebung zur Verdeutlichung des Reliefs erheblich beitrug. Die ›Majestas Domini‹, eine auf apokalyptische Texte zurückgehende Form der Darstellung Christi in der Glorie, umgeben von Engeln und den Symbolen der Evangelisten – oben Matthäus als Mensch, Johannes als Adler, unten Lukas als Stier und Markus als Löwe –, wird ein Leitmotiv für die von Burgund aus ganz Europa beeinflussende Gestalt des Tympanons. Das Tympanon selbst, das mit fünf Metern Breite und zweieinhalb Metern Höhe außerordentliche Maße besaß, war umgeben von fünf Archivolten, in denen figürliche und pflanzliche Motivreihen alternierten. Es wurde getragen von einem mächtigen Linteau, einem mit Szenen der Auferstehung geschmückten Querbalken, von dem die meisten der erhaltenen Fragmente stammen. – Ist die Datierung des Westportals in die Zeit zwischen 1110 und 1115, dem Jahr der Weihe, ziemlich unumstritten, so hat sich die Wissenschaft noch nicht auf eine Datierung der Kapitelle des Chorumgangs einigen können. Wenn tatsächlich schon 1095, bei der Weihe des Chores durch Papst Urban II. die Kapitelle gearbeitet gewesen wären, ständen sie tatsächlich ganz überraschend am Beginn einer Entwicklung, die sie in vielen Dingen vorausnähmen. Aus stilistischen Gründen neigen viele Forscher dazu, sie später anzusetzen, nach 1115, nach dem Westportal, und vor den ersten Arbeiten an der Langhausfassade von Vézelay.

Die erhaltenen Kapitelle, die acht der Vollsäulen des Chorumgangs und drei Halbsäulen-Kapitelle, sind seit 1949 im Musée du Farinier aufgestellt, dem ehemaligen Getreidehaus des Klosters aus dem 13. Jahrhundert, an das sich noch der alte quadratische Mühlenturm anschließt. Die Aufstellung entspricht der Anordnung der Säulen im Chorumgang, ohne daß mit letzter Sicherheit die inhaltliche Zuordnung der Kapitelle zueinander bestimmt werden könnte. 1823, bei der Sprengung des Chores, erwarb die Stadt Cluny das Recht, aus den Trümmern die Stücke auszuwählen, die ihr erhaltenswert erschienen. Die Beschädigungen der Kapitelle erklären sich aus dem

Sturz von den hohen Marmorsäulen im Augenblick der Sprengung. Auf der Grundform eines klassischen korinthischen Kapitells entwickelt sich, mehr oder weniger diese Grundform respektierend, das szenische Relief der inhaltlichen Aussage. Ob dem Gesamtprogramm ein einheitliches theologisches oder ikonographisches Konzept zugrunde lag, ist bisher noch nicht geklärt. Die Reihe beginnt in naiver Erzählfreude mit der Darstellung des Sündenfalls: als zentrale Gestalt Gottvater, vor dem sich links Adam und Eva im Baum verstecken, während sie rechts noch den Apfel vom Baum der Versuchung essen. Dieses Kapitell, das nach Conant vom nordöstlichen Chorpfeiler stammt, zeigt schon ein wesentliches Merkmal des burgundischen Kapitellstils, die Respektierung des architektonischen Zusammenhangs (die Grundform des korinthischen Kapitells bleibt erkennbar), die dazu führt, daß die verschiedenen Seiten des Kapitellblocks dialektisch zueinander in Beziehung gesetzt werden. Das Kapitell lebt aus der Spannung von Figur und Grund, die Tendenz zu plastischer Durchgestaltung bleibt noch in die Schichtung des Reliefs eingebunden. Besonders schön ist der Kopf der Eva, der eng verwandt ist dem Engelskopf vom Westportal im Musée Ogier mit dem »gesträhnten langen Haar, kantig zusammengeführten Gesichtsflächen, großen mandelförmigen Augen« (Rupprecht, S. 102), eine Vorwegnahme der ›Eva‹ von Autun.

Es folgt die erste freistehende Säule mit einem klassischen korinthischen Kapitell, ohne bildliche Darstellung, das in höchster skulpturaler Vollendung wie ein antikes Zitat wirkt und daran erinnert, wieviel die Kunst Clunys, und damit Burgunds, der römischen Antike verdankt. Nicht nur waren die Pfeilerkapitelle des Langhauses der Klosterkirche durchweg korinthisch, auch die Pilaster des Zwischengeschosses waren nach antiken Muster kanneliert, wie es noch die Nachfolgekirchen Clunys von Paray-le-Monial über Autun bis nach Langres zeigen.

Die zweite Säule trägt ein sehr beschädigtes Kapitell mit der Darstellung von Athleten, Symbolen für den Glaubenskampf der Mönche. Auf dem folgenden Kapitell ist nur noch eine Figur erhalten, die von einigen Forschern als Bienenzüchter gedeutet wird, von anderen als Symbol für einen der vier Winde.

Die beiden anschließenden Kapitelle, aus der Tiefe des Chorumgangs gegenüber dem Hauptaltar, haben dem ornamentierten Kapitellblock ovale oder sechseckige Medaillons angeheftet, in die die Personifizierungen der Tugenden und der Jahreszeiten (Abb. 22) eingesetzt sind. Die Absetzung der Figuren vor dem neutralen Grund erlaubt eine Verselbständigung der plastischen Gestalt, die Figuren entziehen sich der Integration in einen übergeordneten ornamentalen Zusammenhang. Die Linien der Gewandfalten beginnen die Körperlichkeit der Figur zu beschreiben, allerdings nicht im Sinne von Naturalismus, sondern, und das bleibt ein Charakteristikum der burgundischen Romanik, als Ausdruck von Vergeistigung.

Das siebte Kapitell erinnert in seinem Aufbau an das Kapitell der Versuchung Adams und Evas, in der Verflechtung von Figur und pflanzlichem Ornament, die sich als zusammenhängende Reliefschicht vor den Steinblock legen. Es zeigt die vier Paradiesflüsse, Symbol der Universalität des christlichen Glaubens.

Die beiden letzten Kapitelle des Chorumgangs sind den acht Tönen der Musik gewidmet (Abb. 19–21), einmalig in dieser Thematik, ein Hinweis auf die außerordentliche Rolle, die der gregorianische Gesang in der Liturgie der Cluniazenser spielte. Die Personifikationen der Töne sind mit verschiedenen Musikinstrumenten ausgestattet, sie agieren, in der Schalenform der Mandorla, frei wie auf einer Bühne, lebhaft bewegt, in einer Präzision der Meißelkunst, der ihren Gesichtern zwar nicht individuellen Ausdruck verleiht, aber den Ausdruck von Wachheit und Offenheit, der die burgundische Skulptur bestimmt.

Die außerordentliche Feinheit der Gewandbehandlung, die das Fließen, Gleiten, Wehen der Gewänder wiedergibt und den materiellen Charakter des Steines vergessen macht, steigert die Ausdrucksgebärde jeder Figur, besonders eindrucksvoll in der sitzenden Gestalt des jungen Mannes, der den ersten Ton der Musik darstellt (Abb. 19), oder der Tänzerin mit Cymbeln, dem Symbol des zweiten Tones (Abb. 20). »Ihr wahrhaft tänzerisches Sein erfüllt sich in einer Gebärde der Hingebung, in dem der ganze Körper, dem Kopf folgend, nach links geworfen wird. Es sieht aus, als hätte der Wind sie so an ihre Stelle geweht und als wäre sie nun nichts anderes als das Nachzittern des großen Schwunges!« (Gosebruch, S. 18)

Sind vom bildhauerischen Schmuck der Kirche mit den Kapitellen des Chores und den Fragmenten des Westportales einige wesentliche künstlerische Aussagen gerettet worden, so ist die malerische Ausstattung vollkommen verlorengegangen. Man weiß, daß Abt Hugo schon gegen Ende des 11. Jahrhunderts das Refektorium, das er neu errichten ließ, mit einem Zyklus von Fresken mit Szenen aus dem Leben Jesu ausstattete, und daß er den Chor der Kirche um 1105 mit der monumentalen Darstellung von Christus in der Glorie ausschmücken ließ. Ein Abglanz dieser Malerei, die von den Zeitgenossen gerühmt wurde, findet sich heute noch in einer kleinen Kapelle, die zur Priorei *Berzé-la-Ville* gehörte, dem bevorzugten Sommersitz des hl. Hugo in seinen Altersjahren bis zu seinem Tode 1109. Berzé-la-Ville, ein etwas heruntergekommener Gutshof in der Nähe von *Berzé-le-Châtel* (Abb. 25), der gewaltigen, mit dreifachen Befestigungsanlagen umgebenen Burg, die im Mittelalter den südlichen Zugang nach Cluny von der Saône in das Tal der Grosne schützte und heute noch eine der eindrucksvollsten Anlagen der Feudalzeit in Burgund darstellt, hat nur unter Abt Hugo die Rolle gespielt, die die Existenz des Freskenzyklus in seiner bescheidenen Kapelle erklären könnte. Zwar ist die Datierung der Fresken immer noch umstritten, doch sind sich die meisten Forscher darin einig, daß die Fresken, die zu den wichtigsten und zugleich ungewöhnlichsten der romanischen Kunst in Frankreich zählen, in direktem Zusammenhang mit der Malerei in Cluny III zu sehen sind und vielleicht durch eine Stiftung, die der hl. Hugo in seinem Testament festgesetzt hatte, ermöglicht worden waren. Das Thema der Fresken, die erst 1887 unter weißer Tünche wiederentdeckt worden sind, ist cluniazensisch: In der Apsiskalotte sieht man Christus in der Mandorla (Abb. 24), der dem hl. Petrus ein Spruchband überreicht, Sinnbild für die Übertragung der Gesetze auf Petrus und seine Kirche, die von Paulus und den Aposteln rechts und links von Christus repräsentiert wird. Der Gründung der Kirche, die in dieser Darstellung symbolisiert wird, wohnen die Heiligen Vincentius und Blasius bei sowie seitlich der beiden Martyrien-Nischen zwei Äbte von Cluny, der Gründer St. Berno und der Erbauer der Kapelle, der hl. Hugo. Die enge Verbindung Clunys mit dem Papst in Rom spricht sich in der Thematik des Freskos ebenso aus wie in der Weihe des gesamten Ordens an den hl. Petrus und Paulus. Auch die Fresken in den Wandfeldern des Chores sind römischen Märtyrern gewidmet, dem hl. Vincenz (oder Laurentius, dessen ikonographische Darstellung dem des hl. Vincenz eng verwandt ist) und dem hl. Blasius. In der Reihe der Heiligenfiguren, die in Zwickeln und in der Sockelzone der Apsis die Szene begleiten, finden sich auffallend viele Heilige der Ostkirche. Man hat versucht, auch den Stil der Fresken, der für Frankreich um 1110 ganz ungewöhnlich ist, direkt von Byzanz abzuleiten. Tatsächlich sind die Einflüsse der byzantinischen Kunst spätestens seit der Hochzeit Kaiser Ottos II. mit der griechischen Kaisertochter Theophanu 972 in Westeuropa unübersehbar, und auch in Cluny bei seiner engen Verbindung zum deutschen Kaiserhaus wirksam geworden, doch scheint es, daß neben den allgemeinen byzantinischen Stilelementen, die sich sowohl in der Komposition finden wie in der eigentümlichen Stilisierung der Gewänder, und neben Einflüssen, die aus dem byzantinisch beeinflußten Italien abzuleiten sind, selbst karolingische und ottonische Elemente die Eigenart der Fresken von Berzé-la-Ville bestimmt haben, vermittelt wahrscheinlich durch die Buchmalerei: in den wenigen erhaltenen Zeugnissen der Miniaturmalerei Clunys um 1100 finden sich die nächsten Parallelen.

Paray-le-Monial

Der großartige Anblick, der sich dem Besucher bietet, der, von Charolles kommend, durch eine Allee mit riesigen Platanen sich der Basilika von *Paray* (Farbt. 32, Abb. 29) nähert, mag eine Ahnung vermitteln von dem überwältigenden Eindruck, den einst Cluny gemacht haben muß. Wenn man den kleinen malerischen Ort durchfährt, um von der Brücke der Bourbince aus einen Blick auf die Westseite der Kirche zu werfen und die Gestalt des Baues zu erfassen, der sich mit seinen beiden Fassadentürmen und einem mächtigen Vierungsturm im Wasser des Flusses spiegelt, fühlt man sich in einen mittelalterlichen Pilgerort versetzt. Tatsächlich ist Paray auch heute noch eine der großen Pilgerstätten Frankreichs, die jedes Jahr Tausende von Gläubigen anzieht. Allerdings hängt die Pilgerfahrt nach Paray nicht mit den großen Pilgerbewegungen des Mittelalters zusammen, denen die Kirchen von Autun, Vézelay und Nevers ihre Entstehung verdanken, sondern mit der Verehrung des Heiligen Herzens Jesu, die hier in Paray ihren Ursprung hat in den Visionen der Marguerite-Marie Alacoque, die zwischen 1671 und 1689 im Kloster der Heimsuchung (couvent de la Visitation) ein Leben in mystischer Versenkung führte. Ihre Berichte von den Erscheinungen Christi, der auf sein Herz deutete als Hinweis auf sein Leiden und seine Erlösungstat, stehen am Beginn des Herz-Jesu-Kultes, der in Frankreich einen ungeheuren Aufschwung nahm, vor allem nach der Niederlage im deutsch-französischen Krieg, in der die französischen Bischöfe die Strafe für den Glaubensverfall sahen, die sie durch eine Weihe des Landes an das Herz Jesu zu sühnen trachteten. Die Kirche Sacré-Cœur auf dem Montmartre in Paris wurde der sichtbare Ausdruck dieses Sühneverlangens, aber auch die Erhebung der alten Cluniazenser-Kirche in Paray-le-Monial in den Rang einer Basilika Sacré-Cœur durch Papst Pius IX. 1875 und die Errichtung einer Reihe von Kapellen und Konvente zur Pflege des Kultes.

Damit erhielt Paray einen Rang, den es im Mittelalter nie besessen hat. Es war eine kleine, wenn auch reiche Priorei in direkter Abhängigkeit von Cluny. Der kunsthistorische Rang der Kirche liegt darin, daß sie gleichzeitig mit dem Neubau von Cluny III unter Abt Hugo gebaut wurde, der für Paray offensichtlich dieselben Architekten und Bauleute zur Verfügung stellte, so daß ein Bau entstand, der, wenn auch in reduzierter Form, ein getreues Abbild der großen Klosterkirche darstellt, eine ›Taschenausgabe‹ von Cluny III, wie Conant es formulierte.

Paray-le-Monial, Ansicht des späten 19. Jhs.

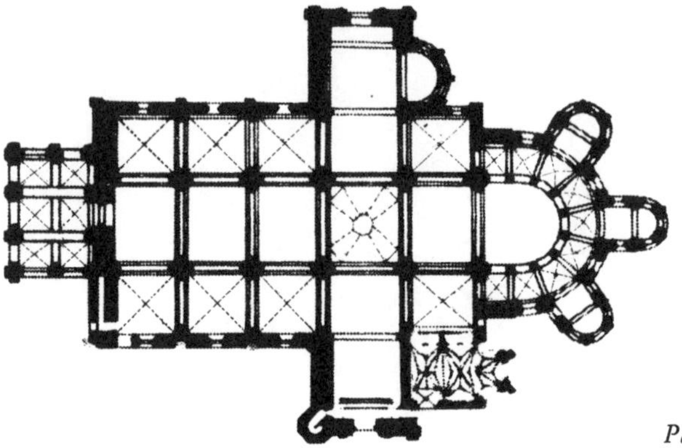

Paray-le-Monial, Grundriß

Der Innenraum (Abb. 30) zeigt alle Merkmale cluniazensischer Gestaltungssysteme: der hohe Raumschacht des Langhauses wird gefaßt von Wänden, die in dreistufigem Aufbau von Arkadenzone, Triforium und Obergaden die durchlaufende gebrochene Tonne tragen, die von den Spitzbögen der Gurtbögen unterfangen wird. Das Langhaus hat nur drei Joche bis zur Vierung, es erscheint sehr kurz gegenüber dem Querschiff, dessen Arme je zwei Joche haben. Möglicherweise liegt die geringe Ausdehnung des Langhauses daran, daß man beim Neubau den Narthex des Vorgängerbaues miteinbezog, der schmaler ist als die dreischiffige Kirche, und eher an die Tradition der dreischiffigen, zweigeschossigen Vorkirchen in der Art von Saint-Benoît-sur-Loire anknüpft als an Cluny. Das Langhaus setzt sich über die stark akzentuierte Vierung, die mit einer Kuppel über Trompen versehen ist, in das Chorjoch fort; dort wird die Höhe des Raumes zurückgenommen, die Chorapsis mit der Stellung von acht monolithen Säulen und rundbogigen Arkaden, über denen sich ein geschlossenes Wandfeld anschließt, und den großen Öffnungen der Obergadenfenster, trägt eine niedrige Kalotte, auf der Reste von gotischer Freskenmalerei – Christus in der Mandorla – zu ahnen sind.

Paray-le-Monial, Querschnitt

Die Höhendifferenzierung der Gewölbe wird vor allem in der Außenansicht ein wesentliches Element der plastischen Durchgliederung des Baukörpers. Mit Recht gilt der Chor von Paray-le-Monial als eines der Muster romanischer Fähigkeit zur reichen Differenzierung und Steigerung der Baumassen (Abb. 31). Über dem Kranz der Apsidial-Kapellen, die, reicher als in Cluny, aus einem kleinen Joch und Apsis bestehen, erhebt sich auf einem zweiten Niveau der Chorumgang mit einer eigenen Fensterzone, die die Gewölbe des Umganges belichtet, darüber die Chorapsis, die sich an die Hochwand des Langhausabschlusses anlehnt. Die Höhenbewegung kulminiert in dem zweigeschossigen Aufbau des Vierungsturms mit spitzem Dach, der zwar einer Restaurierung des 19. Jahrhunderts entstammt, aber doch in etwa dem ursprünglichen Vierungsturm entsprechen dürfte.

Paray ist überraschend arm an Bauplastik, es gibt nur wenige interessante erzählende Kapitelle und kein skulptiertes Tympanon, jedoch von einem Reichtum des Baudekors, der über Cluny hinaus schon auf die spätere Blüte der Bauzier in Charlieu und La Charité verweist. Umlaufende Gesimse, die an den Pfeilern verkröpft sind, gliedern horizontal den Innenraum, die Arkaden werden begleitet von Bändern in Würfelmuster, kleine Bogenfriese begleiten im Chor den Obergaden, kannelierte Pilaster unterteilen in der Triforienzone die Bogenstellungen, während die Pfeilervorlagen nicht einheitlich durchgeführt werden, es sind teils kannelierte Pilaster, teils Halbsäulen. Der Außenbau ist im Dekor wesentlich schlichter, nur in der Chorpartie und am Nordportal des Querhauses findet sich ähnlicher Aufwand. Der nördliche der beiden Westtürme ist im übrigen später erst ausgeführt worden, wohl gegen Mitte des 12. Jahrhunderts, er gleicht in seinen Arkadenöffnungen, die in ein System von Halbsäulen und Gesimsen eingefaßt werden, den vielen Türmen der reifen Romanik im Brionnais – Vareilles, Varenne-l'Arconce –, zu dem Paray-le-Monial den Auftakt bildet.

Paray-le-Monial, Aufriß Langhaus und Chor

Charlieu

Abtei Saint-Fortunat

Hat die burgundische Skulptur mit dem Westtympanon und den Chorkapitellen von Cluny das Maß für die weitere Entwicklung bezeichnet, so lassen sich Anfang und Ende der Entwicklung romanischer Skulptur in Burgund nirgendwo besser untersuchen als in Charlieu, den Resten einer alten cluniazensischen Priorei jenseits der burgundischen Landesgrenzen, schon in der Forez, im Grenzgebiet zwischen Beaujolais, Auvergne und Bourbonnais gelegen. Charlieu, als cherlieu-carus locus, Gründung des Abtes Gausmar um 872 nach einer Stiftung des Bischofs Ratbert von Valence, war 927 vom hl. Odon Cluny unterstellt worden, dessen Nachfolger, Odilon und Hugo, nach dem Muster von Cluny II einen Kirchenneubau für Charlieu veranlaßten. 1094 konnte Papst Urban II. diesen Neubau weihen, nachdem die Westfassade mit Stufenportal und Tympanon um 1090 fertiggestellt worden war, sicherlich nach Plänen eines Architekten, der auch am Neubau von Cluny III beschäftigt war, denn die (heute noch erhaltene, aber durch den Narthex weitgehend verdeckte) Fassade von Charlieu zeigt in der straffen Gliederung, der Durchbildung der Mittelachse mit Portal und einem reich dekorierten abgestuften Fenster im Obergeschoß, der deutlichen Absetzung der Nebenschiffteile, überraschende Ähnlichkeit mit Cluny III. Der Westfassade wurde nach 1130 ein zweigeschossiger Narthex vorgelegt, dessen Eingang wegen der Ungunst des Geländes nicht in der Achse der Kirche auf der Westseite liegen konnte, sondern auf die Nordseite kam (Abb. 34).

Wegen seiner hervorragenden strategischen Bedeutung für die Verbindung zwischen Rhône-Tal und Loire stellte König Philippe Auguste Anfang des 13. Jahrhunderts das Kloster unter seinen Schutz und ließ es mit Befestigungsanlagen umgeben, von denen sich Reste erhalten haben. Die Kirche selber fiel zu Beginn des 19. Jahrhunderts der Revolution zum Opfer, nur das westliche Joch mit Fassade und Narthex blieben verschont sowie die ausgedehnten, höchst malerischen Klostergebäude, vor allem das Haus des Priors (Farbt. 30), das zu Beginn des 16. Jahrhunderts die Kommendeäbte Jean und Claude de la Madeleine hatten errichten lassen, sowie Teile des gotischen Kreuzganges und der Kapitelsaal mit Resten romanischer Arkadenstellungen. Hier befindet sich heute ein kleines Museum mit einigen wichtigen Zeugnissen burgundischer Skulptur.

Charlieu, Abtei Saint-Fortunat, Schnitt durch das Schiff und Aufriß der ursprünglichen Fassade

Den Ruhm von Charlieu machen die erhaltenen Skulpturen aus, vor allem das Tympanon in der ehemaligen Westfassade und die Portale an der Nordseite des Narthex. Man kann sich innerhalb der romanischen Plastik keinen größeren Gegensatz denken: Das Westportal, berühmt in der Kunstgeschichte als das älteste erhaltene Beispiel eines Säulenportals, in dem alle Portalglieder mit Skulpturenschmuck besetzt sind, wird bestimmt vom mächtigen Tympanon über einem Linteau, der in einer Arkadenreihe die Zwölf Apostel sitzend darstellt (Ab. 37). Das Bogenfeld selber zeigt Christus in der Glorie, auf einem Thron sitzend, die rechte Hand zum Segen erhoben, die linke ein Buch haltend. Zwei Engel fassen die Mandorla, ihre Flügel passen sich der Rundform des Bogens an. Die Komposition, die erste dieses Typus in monumentaler Form, ist außerordentlich ausgewogen, ruhig, von einer statuarischen Unbeweglichkeit, die den Eindruck des Monumentalen noch steigert. Die Figuren sind in weich modelliertem Relief auf den neutralen Grund aufgesetzt, die formalen Verspannungen, die die Komposition in das Bogenfeld einbinden, bilden ein fast abstraktes Schema ohne räumlich-szenischen Bezug. Die lineare Binnenzeichnung der Figuren hat noch kaum etwas vom scharf Akzentuierten der Figuren in Cluny, und die Überlängung der Engelsgestalten deutet auf eine burgundische Eigenart: Ist auch die rein stilistische Beziehung zu Cluny gering, so ist die Bedeutung des Tympanon durch die Einführung des Themas ›Christus in der Gloriole‹ nicht zu unterschätzen. Es bleibt bis über die Mitte des 12. Jahrhunderts hinaus das beliebteste Bogenfeldthema mit Cluny-West, Anzy-le-Duc, Perrecy-les-Forges und Charlieu-Narthex.

Bis zum äußersten gesteigerte Dramatik der Szene, eine Dynamik der Linienführung, die in bewegten Kurven Binnenfelder umschreibt, eine Wildheit der Gesten, eine fast untrennbare Mischung von Figurativem und Ornamentalem, so erscheint das Tympanon des Nordportals in einem architektonischen Rahmen, dessen ornamentale Auflösung nicht zu übertreffen ist (Abb. 40): Christus in der Mandorla, die von zwei Engeln gehalten wird, dazu die Symbole der vier Evangelisten, wobei Löwe und

Stier in plastischer Durchformung den fast akrobatisch wirkenden Engeln einen festen Halt geben. An den beiden Tiergestalten ist übrigens ein Merkmal burgundischer Reliefkunst besonders gut abzulesen: die Körper wenden sich nicht in den Raum hinaus, sondern halten eine imaginäre vordere Reliefläche ein, über die sie nicht herausgehen. Sie werden nie vollplastisch, sondern wirken wie gegen eine Scheibe gedrückt. Vom Grund haben sie sich jedoch vollkommen gelöst, er ist nur noch als dunkle Raumzone wirksam, vor der die Figuren in der Freiheit des Reliefs agieren können. Die fast barocke Expressivität des Figurenstils zeigt sich auch in der Gruppe der Apostel am Portalsturz, die Maria und zwei Engel in die Mitte nehmen, begleitet werden von Bischof Ratbert und dem hl. Johannes dem Täufer rechts, König Boson und David links. Zwei tänzerische Musikantengestalten, vielleicht ein Hinweis auf die Alten der Apokalypse, stehen an den Enden der äußeren Archivolten, in deren Scheitel das Mystische Lamm den Hinweis auf Christi Opfertod gibt. Die Anspielung auf die Erlösung findet sich auch am kleineren Nebenportal (Abb. 35), mit der Szene der Hochzeit von Kanaa im Tympanon als Vorwegnahme des Abendmahles und darunter, im Türsturz, alttestamentarische Opferszenen, während auf der Archivolte, kaum noch erkennbar, die Transfiguration, die Verklärung Christi dargestellt ist: in der Mitte Christus und Moses, links Johannes und Jakobus, rechts Elias und Petrus.

Man hat in der Anordnung von Haupt- und Nebenportal »ein Zitat gallorömischer Stadttore« sehen wollen (Rupprecht, S. 116). Sicher ist, daß viele der Ornamente antiken Vorbildern verpflichtet sind, vielleicht vermittelt über Cluny, das im Reichtum der Instrumentierung übertroffen wird: Rosetten, Mäander, Palmetten, Kassetten, höchst komplizierte, vom Pflanzlichen ins Ornamentale übergehende Formen, fast à-jour gearbeitet, in einer Verfeinerung der Ausführung, die nicht mehr zu steigern ist und tatsächlich auch den Endpunkt dieser Entwicklung bezeichnet. Nur im nördlichen Avallon gibt es, fast gleichzeitig, eine ähnlich reiche Auflösung der Architektur im Ornament. Das Überzüchtete dieser Formen wird deutlich bei einem Vergleich mit dem Relief der Verkündigung (Abb. 36). Wenn auch die Datierung umstritten ist, kann man es doch nach den Chorkapitellen von Cluny ansetzen. In einer rustikaleren, gröberen Art hat es die gleiche Mischung fester Körperlichkeit und höchst sensibler Ausdrucksgebärde, eine Haltung, wie sie noch in mehreren Arbeiten an Kirchen des Brionnais, vor allem aber dann in Vézelay begegnen wird.

Saint-Julien-de-Jonzy

Nicht weit von Charlieu, an der kleinen Kirche von *Saint-Julien* im Brionnais, die fast ganz im 19. Jahrhundert erneuert worden ist, findet sich am Westportal ein Tympanon, das besonders eng mit dem Nebenportal von Charlieu zusammenhängt,

29 PARAY-LE-MONIAL Ansicht der Kirche von der Bourbince aus ▷

31 PARAY-LE-MONIAL Chorpartie

◁ 30 PARAY-LE-MONIAL Mittelschiff und Chor, 12. Jh.

32 SEMUR-EN-BRIONNAIS Ansicht der Kirche von Osten, 12. Jh.

33, 34 CHARLIEU Abtei Saint-Fortunat, Narthex (12. Jh.) und Reste des romanischen Kreuzgangs

35 CHARLIEU Saint-Fortunat, Nebenportal, Tympanon mit dem ›Abendmahl‹

36 CHARLIEU Saint-Fortunat, Verkündigungsrelief, um 1120

37 CHARLIEU Abtei Saint-Fortunat, Tympanon des Westportals, Ende 11. Jh.

38, 39 CHARLIEU Abtei Saint-Fortunat, Daniel in der Löwengrube, Baudekor (9. Jh.) und Kapitell (12. Jh.)

40 CHARLIEU Nordportal des Narthex, Tympanon, Mitte 12. Jh.

41, 42 CHARLIEU Nordportal des Narthex, Gewändefiguren und ›Luxuria‹

43 ANZY-LE-DUC Prioratkirche, 12. Jh.

44 ANZY-LE-DUC Inneres der Priorat-Kirche ▷

45 ANZY-LE-DUC Tympanon an der Außenmauer des Klosters

46, 47 ANZY-LE-DUC Kapitelle: ›Unkeuschheit‹ und ›Der Streit‹, 2. Hälfte 11. Jh.

48 NEUILLY-EN-DONJON Tympanon der Kirche, nach 1120

49, 50 NEUILLY-EN-DONJON Tympanonausschnitt und ›Adam und Eva‹ aus dem Türsturz

51 MONTCEAUX-L'ETOILE Tympanon, um 1130

52, 53 MONTCEAUX-L'ETOILE Kapitelle vom Portal

54 PARAY-LE-MONIAL Tympanon (um 1150) aus der Kirche von Anzy-le-Duc. Musée du Hieron

55 Schleppkahn auf dem Canal du Centre bei Montceau-les-Mines

56 AUTUN Kathedrale Saint-Lazare, 12. Jh. ▷

57, 58 AUTUN Saint-Lazare, Langhaus und Vierung

59 AUTUN Saint-Lazare, Westportal

60 AUTUN Porte d'Arroux

wenn auch nicht vom selben Meister wie dort geschaffen: auch hier Christus in der Mandorla, die beiden Engel weniger kompliziert in sich verspannt, aber auch höchst lebhaft bewegt in Gestus und Gewandfalten, ihre Flügel haben sich fast zu eigenen räumlichen Gebilden verselbständigt. Unter dem Tympanon auf dem Türsturz, der sich aber in das Bogenfeld ausweitet, die Szene des letzten Abendmahles, in starker Verräumlichung, ohne daß der Illusionismus so weit getrieben wäre wie in Charlieu: die zwölf Apostel und Christus hinter dem Tisch aufgereiht, die Reihung akzentuiert durch die Fältelung des Tischtuches, vor dem Tisch die halb zerstörte Gestalt des Judas.

Bei aller Verselbständigung des ornamentalen Linearismus ist die Komposition doch wesentlich stärker räumlich erfaßt und architektonisch klarer aufgebaut als in Charlieu.

Das Brionnais

Das Brionnais, eines der alten ›Bailliages‹ des Herzogtums Burgund, mit dem Hauptort Semur, zwischen Paray-le-Monial und Charlieu gelegen, ist zugleich eine der schönsten Gegenden Burgunds und der am dichtesten mit romanischen Kirchen besetzte Bereich. Überwiegen im Mâconnais Bauten des 11. Jhs., so finden sich hier vor allem Kirchen des 12. Jhs., z. T. unter dem Einfluß von Cluny entstanden, meist in dem warmen goldgelb- bis ockerfarbenen Kalkstein der Gegend errichtet, aber auch, wie Varenne, in einem harten grauen Granit, der für die Dekoration der Bauten besondere Probleme stellte. Industrialisierung und landwirtschaftliche Modernisierung haben dieses Land übergangen, das freilich nicht den Eindruck einer zurückgebliebenen, armen Provinz macht, sondern den eines reichen Viehzüchterlandes mit fruchtbaren Weiden zwischen Hecken und Baumgruppen in einer leicht hügeligen Landschaft, die sich nach Westen hin in das weite Tal der Loire öffnet, nach Süden und Osten von den Bergketten der Madeleine und des Beaujolais abgeschlossen wird. Die schweren, gut genährten Rinder im falben Ton der ›Charollais‹, die überall begegnen, geben einen Hinweis auf die Quelle des Reichtums, von dem auch ausgedehnte Gutshöfe und Schlösser des Landadels wie *La Clayette* (Abb. 27) mit seinen gotischen Türmen, und *Drée* in der diskreten Abgeschlossenheit eines Renaissancepalastes zeugen.

Unter den vielen Kirchen des Landes seien zwei wegen ihres außerordentlichen Ranges und ihrer grundsätzlichen Bedeutung herausgegriffen, Semur-en-Brionnais und Anzy-le-Duc.

Semur, auf einer kleinen Anhöhe gelegen inmitten von Obstwiesen und Weiden, ist mit Cluny doppelt verbunden, als cluniazensische Priorei und als Geburtsort des hl. Hugo, dem bedeutendsten Abt von Cluny. Die Reste der Burg, in der er zur Welt kam als Sohn des Baillis des Brionnais, sind noch zu besichtigen, vor allem der quadratische Donjon aus dem 10. Jahrhundert, der an Brancion erinnert. Die Priorei ist nach den Religionskriegen durch ein sehr schönes, schloßartiges Gebäude im Stil Louis XIII. ersetzt worden, das heute als Hospital dient und den Kirchplatz nach Norden hin abschließt, während auf den übrigen Seiten höchst malerische Wohnbauten des 15. bis 18. Jahrhunderts den Rahmen bilden für die kleine, formvollendete Kirche mit

Semur-en-Brionnais, Wandgliederung im Schiff

einem Chor aus drei parallel angeordneten Apsiden, einem leicht vorspringenden Querhaus und einem imposanten achteckigen Vierungsturm, dessen oberes Geschoß im 13. Jahrhundert mit mehrfach abgestuften, reich dekorierten Spitzbogenfenstern versehen wurde (Abb. 32). Die Schauwände der Querschiffe überragen deren Dächer um ein Beträchtliches. Sie bilden mit der östlichen Abschlußwand des Langhauses eine eindrucksvolle Dreiergruppe.

Das Innere weist neben der aus Cluny übernommenen Dreigeschossigkeit des Aufbaus eine Besonderheit auf, die auch für Cluny III rekonstruiert wurde: eine kleine Tribüne an der Innenseite der Westfassade in Höhe des Triforiums, deren Plattform sich ringförmig nach unten verjüngt bis zum Schlußstein des Eingangsportales hin. Ursprünglich war das Langhaus von Semur, wie Cluny, mit einer gebrochenen Tonne versehen, erst die Restaurierung des 19. Jahrhunderts versah es mit der Rundtonne, die es heute abschließt. Dieser Restaurierung fiel auch die Bauskulptur des Westportals zum Opfer.

Folgt die Kirche von Semur ganz dem Beispiel Clunys, zumindest in der inneren Raumgestalt, so repräsentiert *Anzy-le-Duc* (Abb. 43, 44) die ältere burgundische Tradition der einfachen Raumstruktur aus Jochen mit zweigeschossigem Aufbau, bei der über rundbogigen Arkaden ein hohes geschlossenes Bogenfeld mit einfachem Rundbogenfenster aufsetzt. Die Joche setzen sich voneinander ab durch kräftige Gurtbogen. Kreuzgratgewölbe betonen die Selbständigkeit der Raumeinheiten, die in der ruhigen

Anzy-le-Duc, Wandgliederung im Schiff

Abfolge, in den ausgewogenen Proportionen – die Höhe entspricht etwa dem Doppelten der Breite – einen gänzlich anderen Raumeindruck vermitteln als das straffe, reich gegliederte System der Cluniazenser. Der Grundriß ist von der gleichen Ausgewogenheit. An die fünf Joche des dreischiffigen Langhauses schließt eine Vierung mit ausladenden Querarmen und ein Chor mit dreifach gestaffelten Apsiden an. Man nimmt allgemein an, daß diese östlichen Teile der Kirche die älteren sind und kurz nach 1000 entstanden sind – die Form des Staffelchores, dessen mittlere Apsis sich nach Osten verlängert in eine kleine Kapelle, fand sich fast identisch in den Ausgrabungen der Prioratskirche von Charlieu, dessen Bau auf den Heiligen Odilo von Cluny zurück-

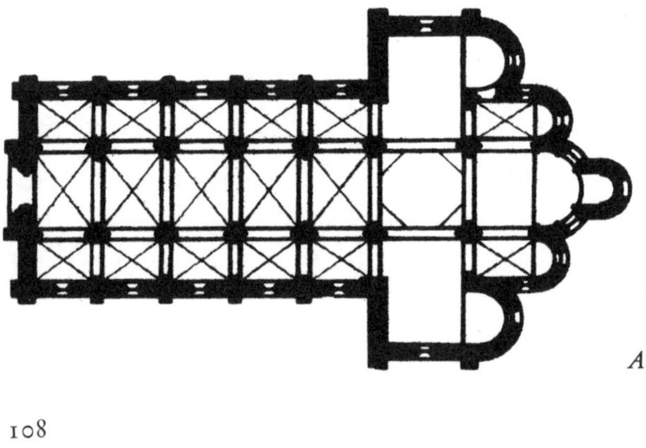

Anzy-le-Duc, Grundriß

Anzy-le-Duc, Aufriß des Querschiffs

geführt wird. Möglicherweise war die gleiche Gruppe von Bauleuten an beiden Orten tätig. Das Langhaus wurde ein wenig später, wohl um 1050, angefügt, doch erscheint der Bau außerordentlich einheitlich und harmonisch, nur in dem unterschiedlichen Mauerwerk – das kleinteilige Bruchsteinwerk wird von großformatigen Steinquadern für die wichtigen Bauteile abgelöst – sind die zeitlichen Verschiebungen spürbar. Am spätestens, wohl schon im 12. Jahrhundert, ist der prachtvolle achteckige Vierungsturm (Abb. 43) entstanden, mit in drei Geschossen sorgsam gegliederten, in mehreren Schichten sich aufbauenden Wandfeldern, die das einheitliche Motiv des romanischen Doppelfensters unter Rundbogenblende beherrscht. Das Modell dieses Turmes ist nicht nur im nahen Semur wirksam geworden, es hat, vermittelt über die Pilgerstraße, bis nach Nordspanien ausgestrahlt.

Anzy-le-Duc ist nie mehr gewesen als eine kleine Priorei im Klosterverband von Saint-Martin in Autun. Ihr Gründer, der Mönch Hugo aus Saint-Savin-sur-Gartempe im Poitou, genoß freilich Heiligenverehrung. Die Pilgerfahrten an sein Grab rechtfertigten den Bau der großen Kirche. Wichtiger für die Ausstrahlung von Anzy waren allerdings die familiären Bindungen des hl. Hugo von Cluny an das Brionnais und die seines Großneffen, Renaud de Semur, der als Abt von Vézelay die Pilgerkirche der Heiligen Magdalena nach dem Vorbild von Anzy errichten ließ.

Die Parallele zu Charlieu findet sich nicht nur in der Architektur, sondern auch im Zyklus der Figurenkapitelle (Abb. 46, 47) des Langhauses, dem wichtigsten des 11. Jahrhunderts in Burgund, in dem sich die kommende Entwicklung des burgundischen Kapitells vorbereitet. In einem noch groben und ungeschickten Stil setzen sich auf dem wenig durchgearbeiteten Block des Kapitells die Figuren in Szene, indem sie das Ornament weitgehend zurückdrängen. Stilistisch erscheint der Weg von diesen zwar aussagekräftigen, aber wenig vergeistigten Steinmetzarbeiten zu den Skulpturen von

Cluny weit, doch wichtig ist, daß der erste Schritt getan wurde, die Kapitelle der Stützenvorlagen in der Kirche als Platz für biblische oder symbolische Themen zu bestimmen. Gemeinsam mit den Portalen wurden die Kapitelle von nun an die zentralen künstlerischen Aufgaben der burgundischen Bildhauer. Bezeichnen die Kapitelle von Anzy den Beginn einer folgenträchtigen Entwicklung, so standen die Portale an einem der Endpunkte der künstlerischen Entfaltung, auch darin Charlieu vergleichbar.

Das Portal vom ehemaligen Kloster, heute im Musée du Hiéron in Paray-le-Monial verwahrt (Abb. 54), mit Christus in der Mandorla, die von zwei Engeln gehalten wird, darunter im Tüsturz Maria, die ihr Kind stillt, umgeben von vier weiblichen und vier männlichen Heiligen – entsprechend der Dichtung des Heiligen Abtes Odilo die Gegenüberstellung des triumphierenden und des demütigen Christus –, zeigt ebenso wie das noch am Ort befindliche, aber stark beschädigte Westportal der Kirche eine letzte Ausprägung des von Cluny ausgehenden, in Vézelay durchformulierten Figurenstils, die körperliche Plastizität mit graphischem Linienspiel verband.

Den gleichen Stil zeigt übrigens das Portal der kleinen Pfarrkirche von *Montceaux-l'Etoile* (Abb. 51–53), für das das Besetzungsrecht beim Priorat von Anzy-le-Duc lag. Gegenüber der Scheidung von Bogenfeld und Türsturz ist hier in einheitlicher Szene die Himmelfahrt Christi dargestellt, die Apostel heftig gestikulierend, Christus in der Mandorla, die zwei Engel tragen, scheinbar frei vor dem tiefen Reliefgrund schwebend. Zwei Kapitelle krönen die Säulen des Portals mit der Darstellung des Kampfes eines Kriegers mit einem Adler und dem eines Engels, der einen Heiligen auf die über dem Portal sich vollziehende Himmelfahrt weist. Die Verselbständigung der Gestalten und ihr Gewandstil erinnert stark an die Skulpturen der Seitenportale von Vézelay.

An der Außenseite der ehemaligen Umfassungsmauer des Klosters von Anzy, das seit der Revolution als Bauernhof dient – der Palast der Priors ist freilich als adeliger Landsitz weiterhin hinter hohen Mauern den Blicken der Öffentlichkeit entzogen –, findet sich ein drittes, höchst merkwürdiges Portal, in dessen Tympanon die Versuchung Adams durch Eva der Anbetung der Könige entgegengesetzt wird. Trotz des schlechten Zustands des ausgelaugten Steines lassen sich Stileigentümlichkeiten bemerken, die erst in Autun wieder begegnen werden – außerordentlich gestreckte Körper, die fast zu Strichfiguren ausgedünnt sind und in einem fast ornamentalen Muster die Szene bilden (Abb. 45).

Die gleichen Stilmerkmale finden sich bei dem Portal der benachbarten Kirche von *Neuilly-en-Donjon* (Allier), dessen besserer Erhaltungszustand weitere Eigentümlichkeiten hervortreten läßt: die larvenhafte Ausbildung der Köpfe, die phantastische Form der Engelsflügel, die aus den Engeln eine Art von Heuschrecken macht, eine ganz unstabile Komposition, die nur von der begrenzenden Form des Bogenfeldes gehalten wird (Abb. 48–50). In Neuilly beherrscht die Szene der Anbetung der Könige, über sich wild gebärdenden Tiermonstren, begleitet von Tuba blasenden Engeln, das

Bogenfeld, unter dem auf dem Türsturz links in der Ecke der Sündenfall, dann in ganzer Breite das Gastmahl im Hause des Simon dargestellt ist, in einer höchst eigenwilligen Reihung der Gäste hinter dem länglichen Tisch, unter dessen regelmäßig gefälteter Decke die gleiche Form von Gewand und Füßen sich zwölfmal reiht, während links die gebeugte Maria-Magdalena Christus die Füße salbt. Die Idee der Erlösung durch Reue (Maria Magdalena) wird hier in einem zugleich drastischen wie hybriden Stil vorgetragen, der zwar, auch in seiner Betonung der Gewalt des Dämonischen, an Autun erinnert, dem aber das Sublime des Meisters Gislebertus ganz abgeht.

In Neuilly hat man schon die Grenze des alten Burgund überschritten, die bei Iguerande von der alten romanischen Kirche hoch über der Loire angezeigt wird. Man kann von Digoin aus über das malerische *Bourbon-Lancy* (Abb. 84) an der Loire entlang einen Abstecher nach *Nevers* und *La Charité* im Nivernais machen, oder, durch das Tal des Arroux, über *Perrecy-les-Forges* mit seinem Narthex und bemerkenswerten Tympanon die Reise direkt nach Autun fortsetzen.

Nevers

Saint-Etienne und die Kathedrale Saint-Cyr

Mit Burgund ist Nevers, bei aller Verschiedenheit, durch seine beiden Hauptbauten verbunden, die alte cluniazenser Prioratskirche Saint-Etienne und die Kathedrale Saint Cyr-et-Sainte-Julitte.

Die *Kirche Saint-Etienne* (Abb. 80), eine Stiftung des Grafen Guillaume I. von Nevers, wurde 1063 begonnen, 1097 geweiht, doch war damals das Langhaus noch nicht vollendet, sondern nur der Chor, Querhaus, Westturm und möglicherweise die Seitenschiffe des Langhauses. Ursprünglich war sicherlich für das Mittelschiff eine flache Holzdecke vorgesehen; es scheint, daß erst um 1100 der Entschluß gefaßt wurde, das Mittelschiff mit einer Tonne zu wölben. Saint-Etienne hatte ein glücklicheres Schicksal als die Abteikirche von Cluny. In der Revolution wurden zwar die beiden Westtürme und die oberen Geschosse des Vierungsturmes zerstört, insgesamt hat sich aber die Kirche intakt erhalten, so daß sie zu den besterhaltenen Kirchen der frühen Romanik in Frankreich zählt. Das Grundrißschema der Kirche ist nicht ungewöhnlich: ein dreischiffiges Langhaus aus sechs Jochen, ein sehr weitausladendes Querhaus aus je einem breiten Joch und einem schmaleren in der Breite der Seitenschiffe, eine ausgeschiedene Vierung, an die der Chor – ein Joch und Apsis – mit der halbkreisförmigen Stellung von sechs Säulen anschließt. Die Seitenschiffe setzen sich in gleicher Breite als Chorumgang fort, drei Radial-Kapellen erweitern diesen Umgang nach Osten, zwei weitere Kapellen sind den beiden Querhausjochen angefügt – ein sehr logischer, reifer Plan, der in seiner Geschlossenheit die Grundrisse der meisten gleichzeitigen Kirchen in Burgund übertrifft. Der Architekt von Saint-Etienne beweist seine Unabhängigkeit von Schulzusammenhängen jedoch vor allem in der Aufriß-Bildung der Kirche. Während in Burgund, aber auch sonst in Frankreich, die Längstonnen des Mittelschiffs unmittelbar auf der festen Mauermasse des Tribünengeschosses aufsetzen (was aus Gründen der statischen Sicherheit auch normal ist, da das Gewicht der steinernen Tonne in der ganzen Länge des Mittelschiffs auf den Mauern lastet), hat der Architekt hier das Mittelschiff noch weiter hochgezogen, so daß sich ein dreigeschossiger Aufbau ergibt aus Arkadenzone, Emporenzone und Obergaden, im Sinne des basilikalen Systems, das

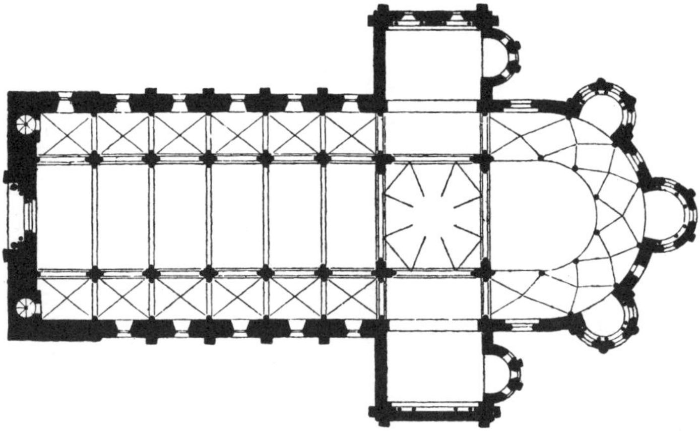

Nevers, Saint-Etienne, Grundriß

dem erhöhten Mittelschiff eine eigene Belichtung zuweist. »Der basilikale Aufbau einer tonnengewölbten Tribünenkirche ist eine so kühne Konstruktion, daß er in der romanischen Epoche keine Nachfolge gefunden hat.« (Eckstein, S. 66)

In Burgund sind, außer in dem sehr frühen Bau von St. Bénigne in Dijon, Emporenkirchen nie heimisch geworden. Die Emporen sind jedoch das Leitmotiv für den Typus der Pilgerkirche, der von Burgund und Mittelfrankreich ausgehend, auf den Pilgerstraßen nach Santiago de Compostela seine überzeugendsten Formulierungen gefunden hat: Conques, Toulouse-Saint-Sernin, Santiago. Für die Entwicklung der Pilgerkirche ist Saint-Etienne in Nevers heute das wichtigste frühe Beispiel, nach der Zerstörung von St. Martial in Limoges und St. Martin in Tours. Auch die lokale Schule der auvergnatischen Kirchen hat wichtige Anregungen aus St. Etienne übernommen, so die ausgeschiedene Vierung und die Ausbildung des Chores, ohne allerdings die waghalsige Konstruktion des Obergadens über der Tribüne zu übernehmen. Ein Blick in das Innere dieser Tribünen macht übrigens deutlich, daß hier in konstruktiver Hinsicht gewisse Ideen des gotischen Systems vorausgenommen werden: die Gewölbe der Tribünen sind im Viertelkreis gemauert, mit kräftigen Gurtbögen, die wie Strebebögen die Last des Gewölbes auffangen an den Punkten, an denen im Mittelschiff die hohen Halbsäulenvorlagen ohne Unterbrechung vom Boden aufsteigen bis zu den Gurtbögen, die das Gewölbe unterstützen.

Gegenüber den Pilgerkirchen wirkt das Innere von Saint-Etienne durch die Obergadenfenster und die Fenster der Emporen sehr viel heller. Überraschend ist der fast gänzliche Mangel an skulpturalem Dekor – keine reich geschmückten Kapitelle, keine Friese oder andere Dekorationsmotive: der Raumeindruck bezieht seine Wirkung nur aus der Architektur selbst, der Reinheit seiner Konzeption und der Kühnheit seiner Konstruktion. Großartig ist, in derselben Nüchternheit, die Ansicht der Kirche von Osten (Abb. 80): der Kranz der Kapellen, mit flachen Dächern aus runden Ziegeln, die

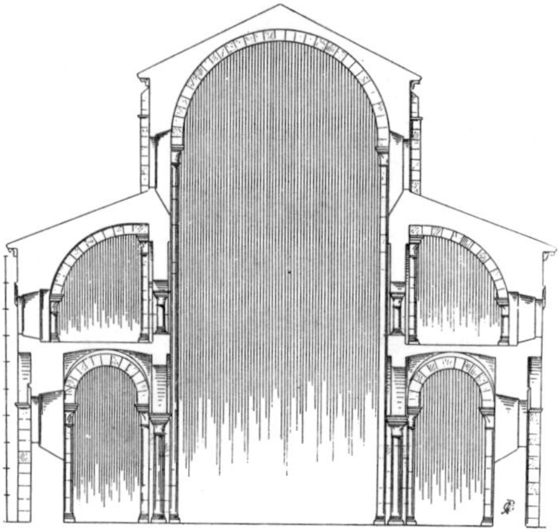

Nevers, Saint-Etienne, Querschnitt des Schiffes

massiven Mauern verstärkt durch teils rechteckige, teils halbrunde Vorlagen, darüber die Apsis des Chores vor der breiten Front des Querhauses, in dessen Mitte sich die Reste des Vierungsturmes erheben – quadratischer Unterbau und das unterste von ursprünglich drei achteckigen Geschossen. Der skulpturale Schmuck ist hier reicher: kleine Gesimse verlaufen über den ganzen Ansatz der Dächer, tragen Konsolen mit Darstellungen von Fabelwesen, über den Fenstern der Apsis verläuft eine Blendarkatur (wie im Innern des Chores zwischen dem Untergeschoß und dem Obergaden). Auch die Seitenwände der Kirche sind reich strukturiert: entlang den Seitenschiffen verlaufen in der Außenwand Blendarkaden als Entlastungsbögen, darüber die Fenster der Emporen. Die Fassaden der Querhäuser weisen in der Höhe der Emporen eine merkwürdige Blendarkatur von rundbogigen und spitzbogigen Arkaden auf, darüber im

Nevers, Saint-Etienne, Aufriß von Langhaus und Chor

Giebel reich geschmückte Oculi. Viele dieser Details an Bauskulptur haben Eingang gefunden in den Kirchenbau der Auvergne, zu dem das Nivernais von Burgund aus die Verbindung schuf.

Gegenüber der Kirche Saint-Etienne kann die *Kathedrale* (Abb. 79, 81) von Nevers nur geringeres Interesse beanspruchen. Ihr Doppelname *Saint-Cyr-et-Sainte-Julitte* gibt einen wichtigen Hinweis auf ihre Entstehungsgeschichte: sie verbindet romanische und gotische Bauteile zu einer Mischung, die ihr das Urteil eintrugen: »une des cathedrales les plus curieuses élévées en France du moyen Age« (DEF p. II A 117).

Nach einem schweren Bombardement im Juli 1944, das vor allem den Chor der Kirche traf, wurden bei den Restaurierungsarbeiten nach dem Zweiten Weltkrieg im Chor die Reste einer karolingischen Rotunde und Teile eines frühromanischen Baus aufgedeckt, die man keiner der bisher bekannten Bauphasen zurechnen kann. Der älteste Teil des noch existierenden Baus stammt aus der Zeit des Bischofs Hugues de Champallement, der sich 1031 entschloß, die Kathedrale zu erneuern. Ein Brand Anfang des 13. Jahrhunderts machte neue Arbeiten nötig. Bischof Guillaume de St. Lazare ließ das Langhaus im Stil der Gotik neu errichten. Ein weiterer Brand zerstörte 1308 den Chor der Kirche, der im frühen 14. Jahrhundert wiederaufgebaut wurde, wie auch der seitliche Glockenturm, dessen Fertigstellung allerdings bis ins 16. Jahrhundert reicht. Der romanische Westteil der Kirche, der Chor mit halbrunder Apsis, Vierung und merkwürdigen Seitenräumen neben dem Chorjoch, hat lange die Forschung zu Spekulationen veranlaßt. Westchöre sind in Frankreich unüblich. Man hat an einen Einfluß aus Deutschland gedacht, wo seit der ottonischen Zeit eine Reihe vor allem der Kaiserdome eine Doppelchoranlage aufweist. Möglicherweise jedoch ist der romanische Bau in Nevers gar nicht geostet gewesen, sondern nach Westen ausgerichtet worden.

Das gotische Langhaus der Kathedrale folgt dem Schema des dreigeschossigen Aufbaus, wie es in der Ile-de-France ausgebildet worden war mit einer Arkadenzone, Triforium und Obergaden. Gegenüber den klassischen gotischen Kathedralen ist das Mittelschiff ungewöhnlich breit, charakteristisch für die burgundische Gotik, wie es auch die Doppelschaligkeit der Wand in der Obergadenzone ist: ein Gang verläuft dort zwischen Diensten und Fensterwand. Das Triforium weist eine Besonderheit auf, für die es an den anderen Kathedralen keine Parallele gibt: die Dreipaßbögen der Arkaden setzen jeweils auf einem Bündel von drei zierlichen Säulchen auf, das von einem Sockel mit einer Art kleiner Karyatide getragen wird, lebhaft bewegten Gestalten, die sich unter der Last der Säulen beugen, insgesamt vierzig Figuren, Männer und Frauen mit langen Gewändern, Mönche, ein Bischof, ein Gaukler. Man hat in dieser Prozession die symbolhafte Darstellung der großen Familie der Kinder Adams sehen wollen, die durch Christus erneuert werden, vor allem, da oberhalb, in den Zwickeln der Arkaden, Engel den Zug begleiten, doch ist eine verbindliche Deutung bis heute offen. Den Triforiumsfiguren entsprechen an der Außenseite, in der Höhe des Obergadens, stehende Gestalten vor den Fensterpfosten, deren Deutung ebenso offen bleiben muß.

La Charité-sur-Loire – »die älteste Tochter Clunys«

Bei dem Versuch, aus den Nachfolgebauten von Cluny III eine Vorstellung vom zerstörten Vorbild zu gewinnen, kommt der ehemaligen *Prioratskirche Sainte-Croix-Notre Dame* (Abb. 85–87) in La Charité besondere Bedeutung zu. Zwar hat auch sie kein gnädiges Schicksal gehabt. Nicht die Revolution, aber ein Brand von 1559 zerstörte das Langhaus und Teile der Fassade, die Religionswirren – La Charité war einer der festen Plätze der Protestanten, die 1569 alle Mönche und fast tausend Katholiken umbrachten – taten ein übriges zum Niedergang des einst blühenden Klosters, das als eine der ›cinq filles ainées‹, eine der ältesten Töchter Clunys sich selbst eine Reihe von wichtigen Klöstern untergeordnet hatte und zu den reichsten Klöstern Frankreichs zählte.

Die Geschichte von La Charité beginnt mit der Schenkung eines kleinen Benediktinerklosters in dem Ort Seyr an der Loire durch den Grafen Guillaume II. von Nevers an den heiligen Abt Hugo von Cluny. Hugo gründete hier eine cluniazensische Priorei, gab ihr den Namen La Charité und ließ Kirche und Kloster errichten, die 1107 von Papst Pascal II. geweiht wurden. Die Kirche – eine reichere Ausführung des Modells von Cluny II mit Querhaus und fünffach gestaffelten Chorpartien, von denen sich die Absidiolen des Querhauses erhalten haben – genügte schon bald nicht mehr den Ansprüchen, man begann um 1125 mit dem Bau einer neuen Kirche, diesmal nach dem Modell von Cluny III, die der Mutterkirche an Größe kaum nachstand mit 122 m innerer Länge, sie im Aufwand des Baudekors sogar übertraf. Unter Verwendung der brauchbaren Teile des Altbaus entstand in den folgenden Jahrzehnten eine fünfschiffige Basilika mit zehn Jochen im Langhaus, einem einfachen Querhaus mit achtseitigem Turm über der Vierung, einem langen Chor, dessen Apsis, wie in Cluny, mit acht Säulen und reichskulptierten Kapitellen, einem Umgang in der Breite des inneren Seitenschiffes und fünf Radialkapellen versehen war. Das erste westliche Joch war schon Teil einer sehr aufwendigen Fassadenanlage, in der sich wahrscheinlich ein Narthex befand und die in ihrer Konzeption und Einheitlichkeit über Cluny hinausging.

Über einer reichen Portalanlage mit großem mittleren Stufenportal, Tympanon und Trumeaupfeiler, und je zwei kleineren Seitenportalen, die die Zugänge zu den Seitenschiffen gaben, erhob sich ein zweites Geschoß in gleicher Breite mit je zwei Rund-

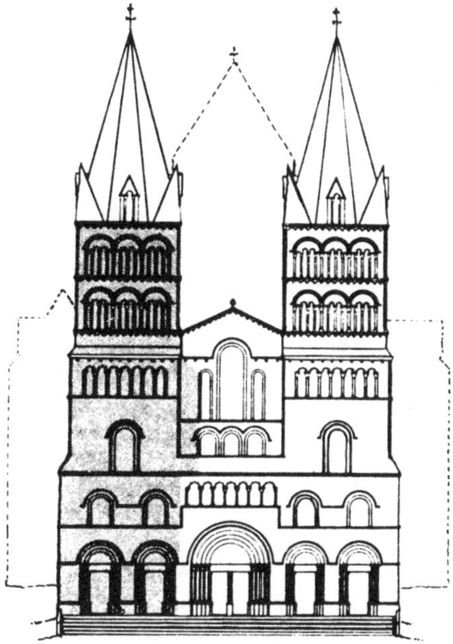

La Charité-sur-Loire, Sainte-Croix-Notre-Dame, Rekonstruktion der Fassade

bogenfenstern über den Seitenportalen und einer Art Zwerchgalerie über dem Hauptportal, das in diese Zone hineinreichte. Aus diesem massiven Block des Unterbaus wuchsen, ein wenig eingezogen, die reich gegliederten quadratischen Türme heraus, zwischen sich die Giebelfront einfassend. Von dieser großartigen Doppelturmfassade, in der Conant eine der Voraussetzungen zur Fünfportalanlage von Bourges sieht, hat sich nur der Nordturm, St. Croix, mit seinen beiden Portalen erhalten, von denen das nördliche noch sein altes Tympanon aufweist, während das Tympanon des südlichen Portals an die Innenseite der Südwand des Querhauses versetzt worden ist. Durch die leere Öffnung des ehemaligen Hauptportals, das schon in gotischer Zeit verändert worden war, tritt man heute auf einen kleinen Platz, der die Stelle des ehemaligen Langhauses einnimmt, und zwar des zweiten bis sechsten Joches, nachdem 1695 die östlichen vier Joche bis zur Vierung in vereinfachten Formen, unter Wegfall der Trennung zwischen den Seitenschiffen wieder aufgebaut und nach Westen mit einer hohen Wand abgeschlossen worden waren. Die nördliche Seite des kleinen Platzes wird von Häusern geschlossen, die über den nördlichen Seitenschiffen errichtet worden sind, so daß teilweise, vor allem im Bereich des zweiten Jochs, der Aufriß der Hochwand des Mittelschiffs sichtbar geblieben ist.

Vollkommen intakt erhalten haben sich Querhaus und Chor (Abb. 86) der Kirche, deren Inneres, vor allem nach der kürzlich erfolgten Restaurierung, zu den großartigsten Räumen der burgundischen Romanik gehören. Aus fast weißem Kalkstein bauen sich die Wände in drei Geschossen auf mit einer sehr hohen unteren Zone, die vor allem in der Apsis mit den schlanken enggestellten Säulen und kurzen, leicht zugespitzten Bögen von großer Eleganz ist. Ein Blendtriforium folgt, darüber in enger Folge die Obergadenfenster, vielfach profiliert und von kleinen Säulchen eingefaßt. Die Spitztonne, die den Raum schließt, wirkt mit ihren Gurtbögen ein wenig zu flach, die Gurtbögen selber ein wenig dünn im Vergleich zu den kräftigen Halbsäulenvorlagen, die sie tragen.

Den Raumeindruck bestimmt die vollkommene plastische Durchgestaltung der Wand mit dekorativen Mitteln. Kein Pilaster, kein Bogen, keine Wandfläche bleibt ungeschmückt, der Erfindungsreichtum der dekorativen Muster scheint unerschöpflich. Den gleichen Eindruck der Dekorationsfülle macht der Außenbau, dem an Chor und Apsis in der Höhe des Gewölbes noch ein viertes Geschoß in Form einer Blendarkatur vorgelegt ist. Die Blendarkatur ist eines der Leitmotive von La Charité, sie findet sich auf den acht Seiten des Vierungsturms (Abb. 87) ebenso wie am Westturm und, als Blendtriforium, am Rest der Langhausinnenwand. Ein weiteres Leitmotiv ist der Vielpaßbogen, der zusammen mit den Kanneluren, den Rosetten, Schuppen und Perlbändern zur dekorativen Auflösung der festen Struktur in einer fast orientalischen Pracht beiträgt. Tatsächlich nimmt man seit Émile Mâle an, daß wesentliche Anregungen, vor allem für die Bogenform, aus dem arabischen Kulturbereich kamen. Man hat direkte Motivübernahmen aus Rabat und Toledo nachweisen können. Die starken Kontakte der Cluniazenser mit Spanien würden diese Übernahmen erklären. Sicher ist, daß der horror vacui, der sich in La Charité äußert, Zeichen einer Endphase ist, eines Spätstils,

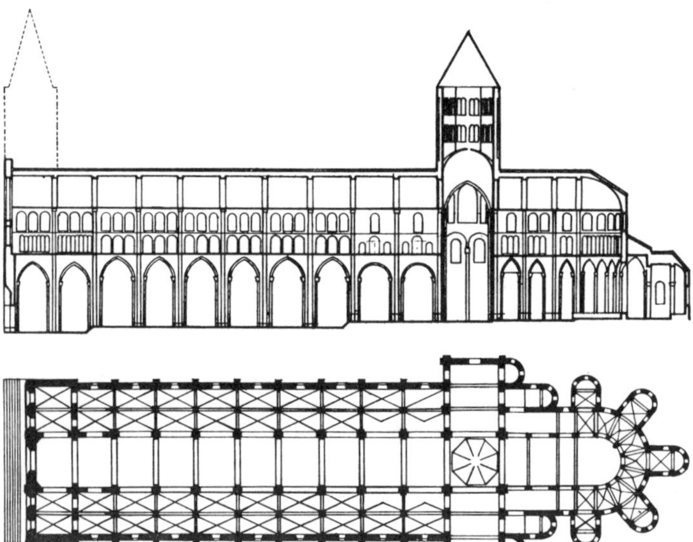

La Charité-sur-Loire, Sainte-Croix-Notre-Dame, Längsschnitt und Grundriß, Rekonstruktion

La Charité-sur-Loire, Sainte-Croix-Notre-Dame, Aufriß von Querschiff und Chor

wie er sich vergleichbar auch in Charlieu und Avallon nachweisen läßt, formal verwandt am ehesten der Dekoration des Lazarusgrabes in Autun. Mit dieser Schmuckfülle kontrastiert in bemerkenswerter Weise die Schlichtheit der Querhäuser, die offensichtlich aus dem Bau des 11. Jahrhunderts übernommen wurden und beim Umbau des 12. Jahrhunderts nur, entsprechend der Höhe von Langhaus und Chor, ein weiteres Obergadengeschoß erhielten.

Von der ehemaligen großen Klosteranlage haben sich nur geringe Reste auf der Nordseite, inmitten von Fabriken und Lagerhäusern erhalten.

Wenn auch nur noch Fragment, bietet die Kirche von La Charité von der anderen Seite der Loire aus mit ihren beiden Türmen, dem breiten Querschiff und dem Chor, der die umliegende niedrige Bebauung überragt, inmitten des kleinen Ortes, der sich den Uferhang hinaufzieht, und zu dem in schönen Schwüngen die Brücke von 1520 führt, einen überwältigenden Eindruck von der vergangenen Größe und dem einstigen Reichtum des Cluniazenserordens (Abb. 85).

Die Portale. Man muß die beiden erhaltenen Tympana (Abb. 88, 89) zusammen lesen, denn sie bilden ikonographisch eine Einheit. Das äußere (Abb. 89), am alten Platz befindliche, daher schlechter erhalten als das innere, das seinen Platz in der Kirche gefunden hat, beginnt im Türsturz mit der Jugendgeschichte Christi: Verkündigung – ein Engel mit riesigen Flügeln links vor der stehenden Maria; die Heimsuchung – Maria mit Nimbus begrüßt Elisabeth; die Geburt – Maria liegt auf einem kastenförmigen Bett, über ihr, in einem Körbchen, das Kind, begleitet von Ochs und Esel, links Joseph mit kurzem Rock und Judenhut; die Verkündigung an die Hirten – ein ähnlicher Engel wie links außen, ein alter bärtiger Hirte und ein junger mit Flöte, zu ihren Füßen zwei Schafe und ein Hund. Die Erzählung setzt sich auf dem Türsturz des inneren Portals (Abb. 88) fort: die Anbetung der drei Weisen, die von links kommend, dem Kind ihre Geschenke entgegenstrecken, Maria sitzt wie eine Königin auf einem reichgeschmücktem Thron, hinter ihr steht Joseph; die Darbringung im Tempel – der Greis Simeon nimmt über dem Altar das Kind entgegen, das Maria ihm reicht. Rechts bringt Joseph zwei Tauben als Opfer dar. Auffallend ist, daß sowohl die drei Weisen wie Simeon ihre Hand durch ihr Gewand verdecken, nach alter, aus Persien stammender Tradition ein Zeichen des Respekts.

Die Deutung des äußeren stark beschädigten Tympanons ist umstritten. Man sieht Christus in der Mandorla nicht frontal, sondern schräg sitzend und sich der Maria zuwendend. Engel begleiten die Szene, die man als Aufnahme Mariens in den Himmel oder Krönung Mariens interpretiert hat, oder als Segnung des Klosters durch Christus. Das zweite Tympanon (Abb. 88) zeigt die Transfiguration: Christus in der Mandorla, in der linken Hand das Buch des Neuen Testamentes, die Rechte zum Segen erhoben, an seinen Seiten Moses und Elias mit Schriftbändern, die Apostel Petrus, Jakobus und Johannes verfolgen in Ehrfurchtshaltung die Erscheinung.

Der Stil der beiden Portale, die um 1140 datiert werden, unterscheidet sich nicht nur grundsätzlich von dem der erzählenden Kapitelle im Innern der Kirche, er schlägt auch für Burgund ganz neue Töne an. Zwar erinnert manches – die technische Bravour der Ausführung, der häufige Gebrauch des Bohrers – an die späten Arbeiten von Charlieu, doch ist die statuarische Strenge das genaue Gegenteil zum lebhaft bewegten, fast barocken Schwung der Skulpturen aus dem Süden Burgunds. Das Tympanon des inneren Portals läßt sich am leichtesten noch mit anderen burgundischen Arbeiten verbinden. Komposition und Figurenstil der Türstürze weisen jedoch eine außerordentliche Ähnlichkeit mit dem Tympanon des rechten Westportals von Chartres auf, das etwa gleichzeitig, vielleicht jedoch ein wenig später, entstanden ist. Der Zyklus der Westportale von Chartres, das Portail Royal, steht am Beginn der gotischen Skulptur. Die Forschung hat jahrzehntelang die bis heute noch nicht abschließend geklärte Frage nach den Voraussetzungen für die Entstehung der gotischen Skulptur in der Ile-de-France diskutiert. Daß Burgund mit der Entwicklung des Stufenportals, mit der Stilisierung der Figuren in Autun und Vézelay wichtige Vorarbeit geleistet hatte, steht außer Zweifel. Die beiden Türstürze von La Charité geben einen weiteren Hinweis auf die Wichtigkeit der Beziehungen zwischen der Ile-de-France und Burgund in der ersten Entwicklungsphase der Gotik, zu einem Zeitpunkt, wo Burgund noch nicht ausschließlich der Nehmende war wie es in der zweiten Phase der Fall gewesen zu sein scheint, in der Übernahme des Figurenportals mit Statuen an den Gewändediensten im Neubau von Saint-Bénigne in Dijon etwa, wo die erhaltenen Tympana (Abb. 2) auf Übernahmen aus der Ile-de-France schließen lassen. Burgund verhielt sich in der Gotik weitgehend rezeptiv, seine besondere Leistung in dieser Phase seiner kunstgeschichtlichen Entwicklung liegt in der Anverwandlung der Importe aus Ile-de-France, Champagne und Picardie zu einem höchst originellen regionalen Sonderstil.

61 AUTUN Saint-Lazare, Christus als Weltenrichter im Tympanon des Westportals ▷

62, 63 AUTUN Saint-Lazare, linke und rechte Seite des Tympanonfeldes

NOTAT HIC HORROR

64–67 AUTUN Saint-Lazare, Kapitelle: Christus und Maria Magdalena; Gottvater und Kain; Selbstmord des Judas; Stifter der Kirche

68 AUTUN Saint-Lazare, Kapitell, Anbetung der Könige (Detail) ▷

70, 71 AUTUN Saint-Lazare, Kapitelle, Flucht nach Ägypten und der vierte Ton der Musik

◁ 69 AUTUN Saint-Lazare, Kapitell, Traum der Könige

72 AUTUN Saint-Lazare, ehem. Nordportal, Türsturz mit Darstellung Evas. Musée Rolin

73, 74 AUTUN Saint-Lazare, ehem. Nordportal, Kopf der Eva; Himmelfahrt Mariens. Musée Rolin

81, 82 NEVERS Kathedrale Saint-Cyr und Porte du Croux, 14./15. Jh.

83 NEVERS Schloß der Grafen von Nevers, 15./16. Jh. ▷

Meubles
Regionaux
Occasions
G. Cimetiere
MEVBLES
REGIONAUX

85 LA CHARITÉ-SUR-LOIRE Stadtansicht mit Abteikirche Sainte-Croix-Notre-Dame

◁ 84 BOURBON-LANCY La maison de Bois

86, 87 LA CHARITÉ-SUR-LOIRE Abteikirche, Innenansicht des Chores; Chor und Vierungsturm (12. Jh.)

88, 89 LA CHARITÉ-SUR-LOIRE Inneres Tympanon und (äußeres) Tympanon von der Westfassade (Detail): Verkündigung und Heimsuchung

Autun

Das Werk des Meisters Gislebertus

Autun erscheint dem Reisenden, der aus dem Charollais kommend, durch das breite Tal des Arroux sich der Stadt nähert, wie eine Vision des Mittelalters. Vor der Bergkulisse des Morvan erhebt sich, auf einer kleinen Erhöhung, die Kathedrale, umdrängt von alten Häusern, die eine starke Befestigungsmauer mit soliden Türmen einfaßt (Farbt. 23, Abb. 56). Die Stadt zieht sich bis in das Tal hinab, sich in der Ebene ausbreitend, und erst beim Eintreten in die Stadt gewahrt man römische Stadttore, Reste von Tempeln und Amphitheatern, Zeugen antiker Vergangenheit dieser römischen Kolonialstadt, die nach Caesars Sieg über die Kelten und ihre Hauptstadt Bibracte auf dem nahen Mont Beuvray als Augustodunum neu angelegt worden war. Bischofssitz schon seit frühchristlicher Zeit, konnte das mittelalterliche Autun den weiten Rahmen, den die Römer gelegt hatten, kaum füllen, es zog sich zusammen auf den Bereich des Hügels, wo im Schutz der herzoglichen Burg eine erste Kathedrale, Saint-Nazaire gebaut wurde.

Von dieser Kathedrale steht nur noch eine Kapelle nördlich der heutigen Kathedrale Saint-Lazare, die sich dem Besucher auf den ersten Blick mit ihrem spätgotischen Vierungsturm, den Strebebögen und den großen Maßwerkfenstern der Langhausseiten wie ein etwas provinzieller Bau des späten 15. Jahrhunderts präsentiert. Betritt man jedoch die Kirche durch das Portal auf der Nordseite des Querschiffs, durch das früher die Verbindung zwischen den beiden Kirchen hergestellt wurde, steht man in einem Raum der reinsten cluniazenser Romanik (Abb. 57), der sofort die Erinnerung an Paray-le-Monial wachruft: Ein hoher schmaler, ziemlich dunkler Raum, dessen Proportionen gotisch anmuten, dessen Vertikalismus noch durch die Spitzbögen der Arkaden und Gurte betont wird, die eine durchlaufende zugespitzte Tonne tragen, vor allem aber auch durch das straff hochgeführte System von kannelierten Pilastervorlagen, die an die Stelle der in Cluny verwendeten Halbsäulenvorlagen getreten sind. Die außerordentliche Geschlossenheit des Raumeindrucks wird hervorgerufen durch ein durchlaufendes, auch die Querschiffe umfassendes System von Innenfassaden, dessen wesentliche Elemente Cluny III verdankt werden: eine hohe Arkadenzone, darüber ein

Autun, Saint-Lazare, Ende 19. Jh.

Blendtriforium aus drei Bogenstellungen in jedem Joch, deren mittlere zur Durchlüftung des dahinter liegenden Dachstuhles der Seitenschiffe geöffnet ist, schließlich ein Obergaden, der jedoch im Gegensatz zu Cluny nicht drei Fenster aufweist, sondern nur eines pro Joch – eine Vorsichtsmaßnahme, die nach dem Teileinsturz der Gewölbe von Cluny III 1125 dem Architekten wohl angebracht schien, um die Stabilität der Hochwand, auf deren ganzer Länge der Druck des Tonnengewölbes lag, nicht zu gefährden. Gegliedert werden die drei Geschosse durch reich differenzierte Gesimse, die sich auch an den Pfeilern und ihren Vorlagen verkröpfen und damit zur Rhythmisierung des Raumes beitragen. Bis auf die Eckvorlagen im Bereich der Vierung, die im 19. Jahrhundert verstärkt worden sind, sind alle Bauglieder rechteckig. Ihre prägnante Formulierung verbindet sich mit den dekorativen Elementen, Kannelierung der Pilaster, Zahnschnitt, Gesimskonsolen, Blattkapitelle, die, wenn sie auch schon von Cluny bekannt sind, doch sicherlich auf direkte antike Anregungen, z. B. durch die Porte d'Arroux (Abb. 60) in Autun selbst, zurückzuführen sind, zu einer höchst eleganten, ein wenig kühlen Romanik, die man fast klassizistisch nennen möchte. Abweichend von Cluny hat der Chor keinen Umgang mit Kapellen, sondern eine einfache Apsis, in der, seitdem man barocke Einbauten des 18. Jahrhunderts entfernt hat, die ursprüngliche Gliederung mit einer Doppelreihe vonRundbogenfenstern zwischen Pilastern noch zu sehen ist, darüber freilich im oberen Abschluß ein Umbau aus gotischer Zeit. Die Seitenschiffe der dreischiffigen Kirche laufen ebenfalls in einfachen Apsidiolen aus. Das Querschiff ragt mit seinen je zwei Jochen nicht weit aus dem Umriß der Kirche heraus. Diese Reduktion des Planes gegenüber Cluny mag sich erklären aus der besonderen Funktion der Kirche, die nicht ursprünglich als Kathedrale gebaut war, sondern als Grabes- und Pilgerkirche des hl. Lazarus, des ›Freundes Christi‹, und Bruder der Heiligen Maria, Martha und Maria Magdalena, die ihre vermeintliche Grabstätte im benachbarten Vézelay hatte.

Der Legende nach waren Lazarus und seine Schwestern von Palästina nach Südgallien gekommen, wo Lazarus als erster Bischof von Marseille die Christianisierung der Provence eingeleitet haben soll. Wie die Reliquien des Heiligen nach Burgund gekommen sind, ist umstritten, jedenfalls ist sein Kult in Autun schon seit dem 10. Jahrhundert nachweisbar, während der der hl. Magdalena etwa um 1050 in Vézelay aufkommt. Möglicherweise ist der Neubau der Kirche aus einer gewissen Konkurrenzsituation zu Vézelay zu verstehen, denn auch dort wird fast gleichzeitig, um 1120, mit dem Neubau der Pilgerkirche begonnen. Da der mittelalterliche Legendenglauben zwischen dem Lazarus, den – nach dem Bericht der Bibel – Christus von den Toten erweckte, und dem armen aussätzigen Lazarus aus dem Gleichnis oft nicht unterschied, war Lazarus der Schutzheilige der Leprakranken geworden, die in Massen nach Autun strömten, um am Grabe des Heiligen Heilung zu finden.

Nachdem Bischof Etienne de Bagé, Abt von Saulieu und enger Freund des Abtes von Cluny, und sein Domkapitel den Entschluß zum Bau der Kirche gefaßt hatten, zu einem Zeitpunkt, der nicht genau zu bestimmen ist, schenkte Herzog Hugues II. das

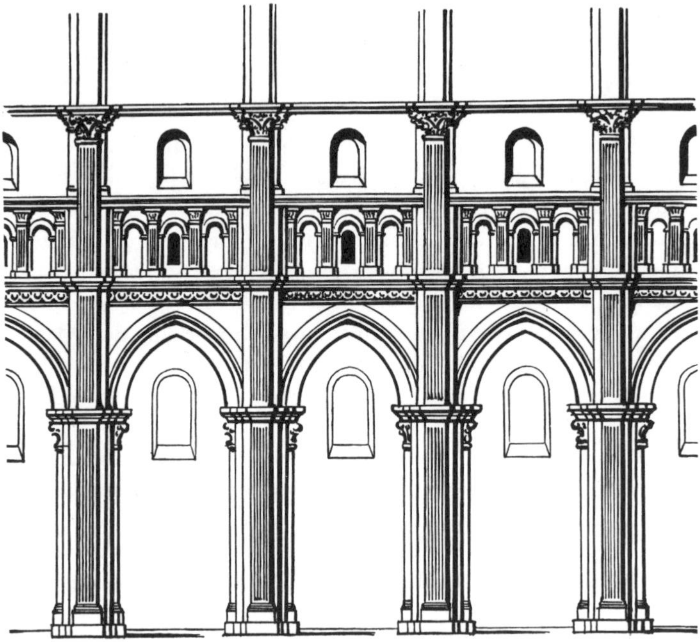

Autun, Saint-Lazare, Aufriß des Schiffs

Baugelände im Bereich seiner eigenen Burg in Autun, die er freilich kaum bewohnte. Hugues selber stand Cluny nahe, so daß der cluniazensische Einfluß für einen Bau, der nicht vom Orden selbst errichtet wurde, nicht verwunderlich erscheint. Man begann mit dem Bau im Osten. Schon 1130 kann Papst Innozenz II. eine Weihe vornehmen, 1146 werden die Reliquien des hl. Lazarus aus der alten Kathedrale übertragen, damals scheint die neue Kirche weitgehend fertiggestellt zu sein. Nach 1170 läßt Bischof Etienne II. für die Reliquien ein kostbares Mausoleum errichten, ab 1195 teilt sich St. Lazare mit der alten Kirche St. Nazaire die Würde einer Kathedrale, die allmählich ganz auf sie übergeht, während der alte Bau verfällt und im 18. Jahrhundert abgerissen wird.

Großangelegte Veränderungen erfährt die Kathedrale erst wieder im 15. Jahrhundert unter dem Episkopat des Kardinals Rolin, eines Sohnes des burgundischen Kanzlers. Er läßt nach 1469 den Vierungsturm neu aufführen und die Seitenschiffe durch spätgotische Kapellen erweitern. Die wenigen berühmten Bischöfe von Autun, so Gabriel de Roquette, der Molière als Vorbild für seinen Tartuffe diente, oder der Mgr. de Talleyrand, der den Stand des Klerus in der Nationalversammlung vertrat, aber bald schon sein geistliches Amt aufgab, um sich ganz der Politik zu widmen, haben das Aussehen der Kirche nicht wesentlich verändert. Das 19. Jahrhundert hat die Vorkirche, von der noch zu sprechen sein wird, mit einer Freitreppe und mit neuromanischen Türmen in der Art von Paray-le-Monial versehen. Über die breite Frei-

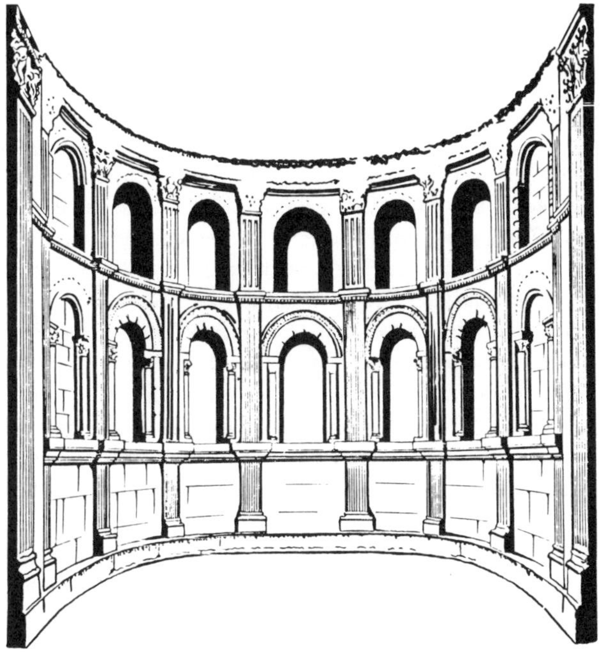

Autun, Saint-Lazare, Apsis

treppe steigt in der Regel der Besucher durch den Narthex in die Kirche hinauf und steht am Portal der Kirche dem Werk gegenüber, das heute den Ruhm von Autun ausmacht: dem Weltgerichtsrelief des Meisters Gislebertus (Abb. 61–63). In großen Lettern steht es auf dem Band, der Tympanon und Türsturz trennt: Gislebertus hoc fecit – Gislebertus hat dies gemacht. Damit kennen wir namentlich den Meister, dem wir eines der bedeutendsten romanischen Tympana verdanken. Ob ihm auch der gesamte übrige Bildschmuck der Kirche, vor allem die großartige Reihe der erzählenden Kapitelle im Inneren der Kirche zugeschrieben werden muß, wie Zarnecki, der die grundlegende Arbeit über den Meister Gislebertus verfaßt hat, mit einigen Einschränkungen behauptet, ist von der neueren Forschung bezweifelt worden, ohne daß damit das Bild von der Urheberschaft dieser Skulpturen klarer geworden wäre. Unzweifelhaft ist, daß wir in Meister Gislebertus einen der größten Bildhauer des Mittelalters vor uns haben.

Seine Komposition des Weltgerichts auf dem Tympanon setzt sich souverän über alle traditionellen Bildvorstellungen hinweg. Riesengroß erscheint Christus auf seinem Thron in der Mandorla (Abb. 61), auf deren Rand geschrieben steht:

OMNIA DISPONO SOLUS MERITOS (QUE) CORONO QUOS SCELLUS EXERCET ME JUDICE POENA COERCET

(ich allein ordne alles, ich allein kröne das Verdienst, die das Verbrechen ergriff, die richte und strafe ich)

»Der erste Teil der Inschrift zur Rechten Christi (also links vom Beschauer) bezieht sich auf das, was auf der entsprechenden Seite des Tympanons und des Türsturzes dargestellt ist. Der zweite Teil der Inschrift, die zur Linken Christi steht und von der Strafe spricht, bezieht sich ebenfalls auf die entsprechenden Darstellungen dieser Seite – mit Ausnahme einiger Gestalten, die sich direkt neben Christus befinden.

Me judice steht dort geschrieben. Und Christus wohnt in der Tat dem Gericht über die Seelen bei. Die Mandorla, das Zeichen seiner Würde, wird von vier Engeln getragen: Zwei von ihnen stehen, die beiden anderen fliegen, mit dem Kopf nach unten. Oberhalb Christi stehen zwei Medaillons, die Sonne und Mond symbolisieren und in Beziehung zu den Tierkreiszeichen auf der äußeren Archivolte stehen. Man kann das Tympanon in vier Zonen teilen. Am Ende jedes Feldes stehen Engel, die mit ihren langen Trompeten das Jüngste Gericht ankündigen.

Das obere Feld ist ganz sicher dem Paradies gewidmet, denn zur Rechten Christi sehen wir Maria auf einem Thron sitzend. Zu seiner Linken befinden sich zwei sitzende Gestalten, in denen man für gewöhnlich zwei Apostel erkennen will – aus dem einfachen Grund, weil sie die Zahl der zehn Apostel weiter unten ergänzen würden. Aber ein so bevorzugter Platz müßte natürlich Petrus und Paulus zukommen. Petrus jedoch – wir erkennen ihn an seinem großen Schlüssel – ist bereits auf dem Tympanon dargestellt, zur Rechten Christi. Es erscheint also kaum noch zulässig, in den Gestalten zwei Apostel zu sehen. Handelt es sich vielleicht nicht eher um Elias und Enoch, die lebend in den Himmel getragen wurden? Auf dem Türsturz des Hauptportals in Chartres findet man übrigens zwei Gestalten – aller Wahrscheinlichkeit nach Elias und Enoch –, die mit zwölf Aposteln vereint sind.

Auf dem Band, das Tympanon und Türsturz trennt, ist zu lesen:

QUISQUE RESURGET ITA QUEM NON TRAHIT IMPIA VITA
ET LUCEBIT EI SINE FINE LUCERNA DIEI

(so wird jeder auferstehen, der nicht ein unfrommes Leben führt. Und für ihn wird auf ewig das Licht des Tages leuchten). Alles, was sich ober- und unterhalb dieser Inschrift befindet, bezieht sich auf die Auferstehung der Auserwählten – natürlich mit Ausnahme der acht anbetenden Apostel.

Beginnen wir mit dem Türsturz, vom Beschauer aus links (Abb. 62). Der untere Rand wird durch eine Reihe von Gräbern gebildet. Auf den Ruf der Trompeten des Jüngsten Gerichts hin erheben sich die Toten. In der Mitte, unterhalb der Füße Christi, scheidet ein Engel mit dem Schwert die Auserwählten von den Verdammten. Die Auserwählten sind auf der linken Seite des Türsturzes vereinigt. Einige sind noch in ihren Gräbern oder kommen gerade aus ihnen hervor, die meisten aber stehen bereits außerhalb. Nur drei von ihnen tragen einen Mantel, alle anderen sind nackt, mit Ausnahme natürlich der Priester (zwei Bischöfe oder Äbte und ein Mönch), die ihre priesterlichen Gewänder tragen. Zwei Pilger tragen einen Stab über der Schulter. Man kann sie leicht an den Zeichen auf ihren Pilgertaschen erkennen: dem Kreuz von Jerusalem und der Pilgermuschel von Santiago de Compostela. Besonders aufmerksam aber wird man

Autun, Saint-Lazare, Tympanon des Westportals. Maße: Portal *5,52 m breit;* Türsturz *6,40 m breit, 76,5 cm hoch, 40 cm tief;* Tympanon *6,40 m breit, durchschnittl. Tiefe 35 cm;* Christus *3,05 m hoch;* Signatur des Gislebertus *74 cm breit, 5,5 cm hoch*

- A *Kinder, die sich an einen Engel hängen (Detail vom Türsturz)*
- B *Das Tympanon: Das Jüngste Gericht (Türsturz, Archivolten und Kapitelle)*
- C *Seelen, die ins Paradies eingehen*
- D *Petrus und die Apostel*
- E *Petrus an den Pforten des Paradieses*
- F, G *Engel, die Mandorla tragend; Details der Gewandung Christi*
- H, I *Christus in der Glorie*
- J *Die Seelenwägung: Der Erzengel Michael und ein Teufel*
- K *Die Pforten der Hölle*
- L *Teufel und Verdammte*
- M *Das Paradies: Die Jungfrau Maria auf dem Thron*
- N *Das Paradies: zwei Gestalten (Enoch und Elias?)*
- O *Tierkreis*
  - 1 *Blume*
  - 2 *Blume*
  - 3 *Frühling und Herbst*
  - 4 *Winter und Sommer*
  - 5 *Januar*
  - 6 *Wassermann*
  - 7 *Februar*
  - 8 *Fische*
  - 9 *März*
  - 10 *Widder*
  - 11 *April*
  - 12 *Stier*
  - 13 *Mai*
  - 14 *Zwillinge*
  - 15 *Annus*
  - 16 *Krebs*
  - 17 *Juni*
  - 18 *Löwe*
  - 19 *Juli*
  - 20 *Jungfrau*
  - 21 *August*
  - 22 *Waage*
  - 23 *September*
  - 24 *Skorpion*
  - 25 *Oktober*
  - 26 *Schütze*
  - 27 *November*
  - 28 *Steinbock*
  - 29 *Dezember*
  - 30 *Blume*
  - 31 *Blume*
- P *Verdammter, von höllischen Händen umklammert (Detail vom Türsturz)*
- Q *Der Türsturz: die Auserwählten*
- R *Der Türsturz: die Verdammten*
- S *Fragmente der inneren Archivolte*
  - 1 *Kopf eines Ältesten aus der Apokalypse*
  - 2 *Engelskopf (möglicherweise vom Nordportal)*
  - 3 *Kelch*
  - 4 *Musikinstrument*
  - 5 *Kopf (möglicherweise vom Nordportal)*
  - 6 *Kopf eines Ältesten aus der Apokalypse*

zwei ergreifende Gruppen betrachten: Drei Kinder, die einen Engel umringen und sich im wahrsten Sinn des Wortes an ihn hängen, wie um seinen Schutz zu erflehen; dann eine kleine Familie: Die Mutter hält ihren Mann bei der Hand und weist mit dem Finger auf das Kind, das sich noch nicht ganz von seiner Totenbinde befreit hat. Alle Auserwählten beten Gott an oder zeigen ihre große Freude über die Auferstehung.

Schreiten wir von der Welt des Lichts in die Welt der Finsternis. Auf der rechten Seite des Türsturzes erscheinen die Verdammten (Abb. 63). Auf dem entsprechenden Band des Tympanons steht geschrieben:

TERREAT HIC TERRORO QUOS TERREUS ALLIGAT ERROR
NAM FORE SIC VERUM NOTAT HIC HORROR SPECIERUM
(daß hier der Schrecken jene schrecke, die der irdische Irrtum fesselt,
denn der Schrecken dieser Bilder bedeutet, daß dies ihr Schicksal sein wird).

Alle Verdammten sind nackt. Einige bergen in schrecklicher Angst ihr Gesicht in den Händen. Ein Geiziger mit seinem Goldsack um den Hals muß zusehen, wie sein Leib von einer Schlange umwunden wird, und schreit auf. Zwei andere Reptilien beißen einer Sünderin in die Brüste. Ein wenig weiter erdrosseln zwei riesige Hände, die wie Zangen aussehen, einen Verdammten.

Die vorletzte Gestalt auf der rechten Seite hält in ihrer einen Hand einen runden Gegenstand, der mit einem Kreuz geschmückt ist, und in der anderen, wie es scheint, ein Messer. Man hat in ihr im allgemeinen ein Symbol der Völlerei gesehen und entsprechend dieser Hypothese den runden Gegenstand als Weinfaß gedeutet. Aber diese Deutung scheint recht zweifelhaft zu sein. Handelt es sich hierbei nicht viel eher um einen Juden, der zur gleichen Zeit das Abendmahl und ein Messer trägt? Die Juden wurden während des Mittelalters oft des Ritualmordes beschuldigt, und man warf ihnen gotteslästerliche Bräuche vor. Es wäre also gar nicht erstaunlich, hier einen Juden zu erkennen, der in den Flammen der Hölle brennen wird.

Der Engel, der die Guten von den Bösen scheidet, treibt die Verdammten mit Schwerthieben zurück. Die Erzählung, die hier auf dem Türsturz begonnen wurde, findet ihre Fortsetzung auf dem Tympanon. Hinter der Gruppe der Apostel zeigt uns die große Gestalt Petri mit seinem riesigen Schlüssel an, wo wir uns befinden. Die Pforte des Paradieses – durch eine Arkadenreihe dargestellt – ist geöffnet. Enige Seelen haben sie bereits durchschritten. Ein Engel hebt einen Auserwählten empor und hilft ihm, zur Pforte aufzusteigen. Auf dieser Seite des Tympanons ist – im Gegensatz zur anderen – alles voller Zartheit: Die Seele eines Kindes umfaßt einen Engel; Petrus reicht seine Hand einem Seligen, während eine Seele davonzufliegen versucht, indem sie sich an das Gewand eines trompeteblasenden Engels hält. Auf der anderen Seite des Tympanons – der Seite der Verdammten – überrascht uns zunächst die unerwartete Anwesenheit einiger Heiliger. Johannes ist hier, so scheint es, mit einem Buch in der Hand, und neben ihm der Erzengel Michael, den zwei Seelen zu seinen Füßen anflehen. Ihm gegenüber aber steht sein Gegner, der Satan, den der Künstler in abstoßender Häßlichkeit zeigt. Der Satan hat nicht nur ein erschreckend mißgestaltetes Gesicht, die

Klauen und den Schwanz, sondern außerdem noch einen ganz dünnen abgemagerten Körper, eine Erscheinung zwischen Reptil und Mensch. Während der Erzengel die Seelen unter seinem Mantel birgt, entreißt ihm der Teufel, vor dessen Beinen eine dreiköpfige Schlange rollt, eine andere Seele bei den Haaren. Auf anderen Darstellungen der Psychostase (der Seelenwägung) hält im allgemeinen der Erzengel die Waage. Hier wird sie von einer Hand gehalten, die aus den Wolken hervorkommt. Die Seele, deren Geschick sich gerade in diesem Augenblick entscheidet, ist sicher die eines Auserwählten: Der heilige Michael empfängt sie im Himmel, während der Teufel sich an den Waagebalken hängt, um so das Ergebnis der Wägung zu verfälschen. Ein kleiner verkrüppelter Dämon hat sich zusätzlich als Gegengewicht auf die Waagschale gesetzt. Eine andere Seele schwebt schon in der Luft, bereit, sich zum Paradies emporzuschwingen. Ein noch größerer und häßlicherer Teufel als der gegenüber dem Erzengel steht hinter seinem Komplizen und streckt ihm eine Kröte entgegen. Auf der rechten Seite des Tympanons sind die Pforten der Hölle, aus denen der Kopf des Leviathans und der Oberkörper eines anderen Teufels herausschauen. Mit der einen Hand hält er drei Seelen gepackt, die am Hals mit einer Kette aneinandergeschlossen sind, mit der anderen hat er eine Frau auf eine Feuergabel gespießt. (Es handelt sich sicher um eine Ehebrecherin, denn eine Schlange, die sich um ihren Körper gewunden hat, beißt ihr in die Brust.) Schließlich kann man über den Höllenpforten noch einen von Flammen beleckten Kessel sehen. Ein fünfter Teufel, der mit einem Bein im Kessel steht, ist gerade dabei, zwei Verdammte in das Feuer zu stoßen, wo die Armen nicht allein sein werden, wie man aus den noch sichtbaren Beinen derer schließen darf, die ihnen auf diesem schrecklichen Weg vorangegangen sind.« (Zarnecki, S. 26/27)

Dieses sehr lange Zitat sei ausnahmsweise erlaubt, weil nur eine detaillierte Beschreibung das Verständnis des mittelalterlichen Bildprogramms ermöglicht, das ganz sicher nicht ohne die Beratung von Theologen zustande gekommen ist. Völlig eigen sind aber die formalen Mittel, die Gislebertus zur Verwirklichung dieses Programms einsetzt: die vollkommene Entmaterialisierung des Körpers durch die Linie, die allein die Figur bestimmt, der nur von der Bedeutung der Figuren bestimmte Maßstab, der keinen Vergleich mit der Wirklichkeit zuläßt, sondern Christus als den alle Maßstäbe sprengenden absolut setzt, das höchst spannungsreiche, ja dramatische Verhältnis der Agierenden zueinander, das doch im Rundbogenfeld, das die Figuren wie ein diaphanes Netz überspannen, seinen Ausgleich findet, »diese Körper, die dem Stein zu trotzen scheinen, aus dem sie hervorgegangen sind, immer aber seinen Gesetzen gehorchen, alles das entstand aus einer wunderbaren geistigen Klarheit und einem ständig wachen poetischen Geist«.

Ist das Thema des Weltgerichts auch auf die Vorhalle bezogen, angesichts der Tatsache, daß sich hier die letzte Ruhestätte der Kleriker und der Stifter befand, so bestimmt es indirekt auch das Bildprogramm der Kapitellskulpturen im Inneren der Kirche: der Seite der Seligen entsprechen im Schiff der Kirche Erlösungsmotive, den Verdammten zugeordnet ist der Kampf des Menschen gegen Dämonen. Von den insgesamt 101 Kapi-

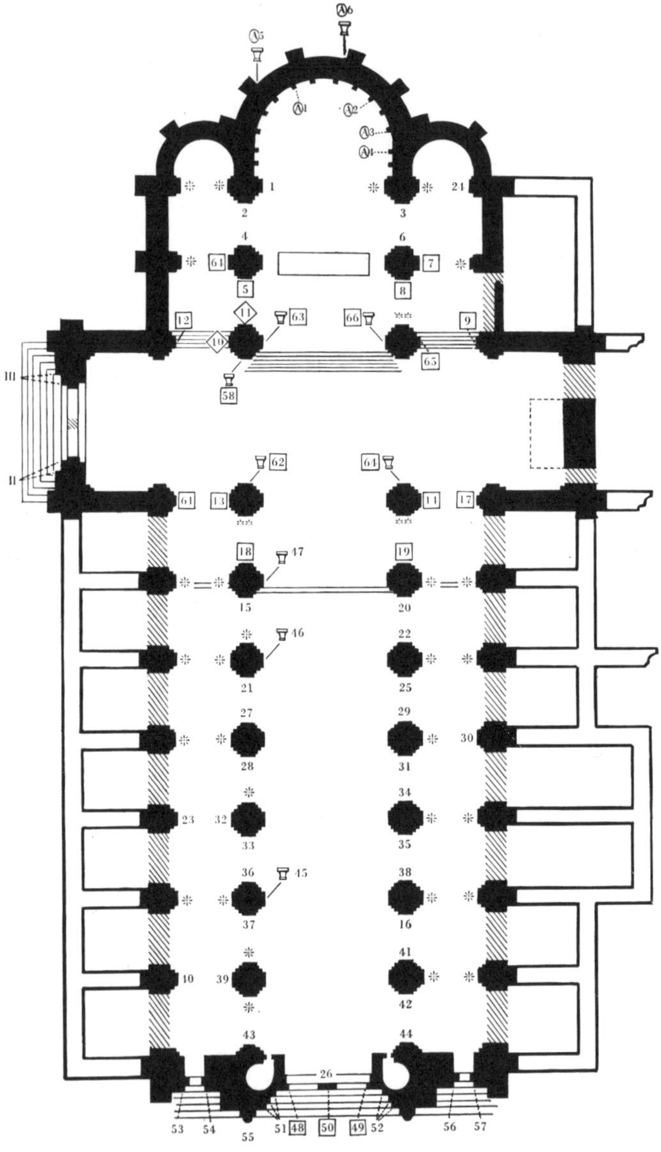

Autun, Saint-Lazare, Grundriß
Eckige Klammerung bedeutet im folgenden, daß sich das Original im Kapitel-Saal befindet bzw. im Fall der Nr. 50 im Musée Rolin; diese Zahlen stehen auf dem Plan in quadratischen oder rautenförmigen Kästchen. Ein Kreuz nach der Nummer bedeutet, daß das Kapitell in Stuck restauriert wurde:

Kapitelle der Apsis

- A1 *Ira*
- A2 *Löwen und menschlicher Kopf*
- A3 *Zwei Löwen*
- A4 *Eule*
- A5 *Sitzende Gestalt (vermutlich Christus)*
- A6 *Szene mit einem Engel*

Kapitelle im Chor und Schiff

- 1+ *Die vier Paradiesflüsse*
- 2a, b+ *Der Gang nach Emmaus*
- 3+ *Die erste Versuchung Christi*
- 4+ *Luxuria*
- [5a–c] *Die Flucht nach Ägypten*
- [6] *Konstantin*
- [7] *Ein Mann, der auf einem Vogel reitet*
- [8] *Dreiköpfiger Vogel*
- [9] *Kampf mit dem Basilisken*
- [10a–c] *Die Könige vor Herodes* *Taf. 10a: heutiger Zustand des Kapitells; Taf. 10b, c: fehlende Köpfe*
- [11] *Der Traum der Könige*
- [12a–e] *Anbetung der Könige*
- [13a–c] *Darstellung einer Kirche*
- [14a, b] *Gott befragt Kain*
- 15 *Der Baum Jesse*
- 16 *Der Traum Nebukadnezars*
- [17a, b] *Der Tod des Judas*
- [18] *Der Tod Kains*
- [19a–c] *Zwei Tugenden und zwei Laster*
- 20a–c *Arche Noah*
- 21a–c *Christus erscheint Maria-Magdalena*
- 22a, b *Samson stürzt die Säulen des Tempels*
- 23 *Hahnenkampf*
- 24 *Faun und Sirene*
- 25a–d *Steinigung des heiligen Stephanus*
- 26a–c *Jakob ringt mit dem Engel*
- 27a, b *Daniel in der Löwengrube*
- 28 *Die zweite Versuchung Christi*
- 29 *Samson und der Löwe*
- 30 *Moses und das goldene Kalb*
- 31 *Fußwaschung*
- 32a, b *Bekehrung Pauli*
- 33a–c *Petrus im Kerker*
- 34 *Der vierte Ton der Musik*
- 35 *Der Flug des Simon Magus*
- 36a, b *Drei Juden im Feuerofen*
- 37a, b *Verkündigung an Anna*
- 38a, b *Der Sturz des Simon Magus*
- 39 *Die Opferung Isaaks*
- 40a, b *Die Geburt Christi*
- 41a–c *Der Leichnam des hl. Vinzenz wird von zwei Vögeln beschützt*
- 42 *Greif*
- 43 *Teufel und Schlange*
- 44a, b *Teufel mit Feuergabel*
- 45 *Löwen*
- 46 *Ballspieler*
- 47 *Verkündigung an Joseph*

Kapitelle der Westportale

- [48] *Ethiop (?)*
- [49] *Bileam*
- [50a, b] *Zwei Atlanten* *Taf. 50a: zusammengesetzte Fragmente des Kapitells; Taf. 50b: Gipsabguß im Musée Lapidaire, Autun*
- 51a *Der Wolf und der Kranich*
- 51b *Abraham verstößt Hagar und Ismael*
- 51c *Sechs Älteste aus der Apokalypse*
- 52a *Reinigung der Jungfrau und Darstellung im Tempel*
- 52b *Bekehrung des Eustachius*
- 52c *Der heilige Hieronymus*
- 53 *David mit der Schleuder*
- 54a, b *David und Goliath*
- 55 *Krieger*
- 56 *Junger Mann mit Affen*
- 57 *Kopf eines Ungeheuers*

Kapitelle des Nordportals

- II (a) *Die Witwe von Nain*
- II (b) *Lazarus und der Reiche*
- III (a) *Der Reiche in der Hölle, Lazarus und Abraham*
- III (b) *Der verlorene Sohn*

tellen sind 49 Figurenkapitelle, etwas weniger als in Vézelay, aber von ungleich höherer Qualität. Viollet-le-Duc hat, als er im 19. Jahrhundert die Kirche renovierte und die Pfeiler der Vierung verstärken ließ, die Kapitelle des Vierungsbereiches durch Kopien ersetzen lassen, die Originale sind in der ehemaligen Bibliothek des Domkapitels, über der alten Sakristei auf der Südseite des Chores, im heutigen ›Salle capitulaire‹ ausgestellt. Sie gehören zu den mit Recht bekanntesten Skulpturen Autuns, vor allem ›der Traum der Könige‹ (Abb. 69) und ›die Flucht nach Ägypten‹ (Abb. 70). Man hat in der plastisch durchgearbeiteten Szene der Flucht nach Ägypten eine andere Hand am Werke sehen wollen als am Tympanon: »Neben der ruhigen, ausgewogenen und harmonischen Gestalt des Fluchtmeisters steht in Gislebertus ein nervöses Temperament, ein feinsinniger, aber tief zu erschütternder Mann, der von tiefen religiösen Zweifeln bedrängt wird« (Wolff, S. 39), aber gerade die menschlich ergreifende Geste, mit der Maria ihr Kind hält, deutet auf Meister Gislebertus, der nicht nur die Schrecken des Bösen mit einer Eindringlichkeit darstellte wie niemand vor ihm, sondern auch, in höchst sublimer Weise, menschliche Regungen der Liebe, Sympathie und des Mitgefühls. Der hohe Abstraktionsgrad seiner Ausdrucksmittel ist die Voraussetzung für diese Vergeistigung, so im Kapitell vom ›Traum der Heiligen Drei Könige‹. »Das große halbkreisförmige Bettuch, das die drei schlafenden Könige bedeckt, ist in seiner Faltenbewegung nahezu geometrisch-abstrakt, wenngleich die schüchterne erweckende Berührung der Hand des Engels auf der eines der Schläfer eine ergreifende menschliche Geste ist, wie sie sich häufig im Werke Gislebertus' findet: ein Engel auf dem Tympanon, der einer Seele aus dem Grabe hilft (Abb. 62), wie in der wundervollen Geste Christi, der sich auf einem der Kapitelle Maria-Magdalena zu erkennen gibt« (Abb. 64); schließlich in der rührenden Haltung des Christkindes, das die Geschenke der Magier entgegennimmt (Abb. 68).

Die Spannweite der Ausdrucksmöglichkeiten des Meisters Gislebertus zeigt sich im übrigen bei einem Vergleich zwischen dem Westportal mit seinem Tympanon, das um 1135 entstanden sein wird, und dem etwas früheren (1130) Nordportal, das die Verbindung herstellte zur alten Kathedrale St.-Nazaire. Im 18. Jh. im Zuge der Modernisierung des Chores zerstört, befinden sich einige Fragmente heute im Musée Rolin, vor allem die großartige Eva (Umschlagvorderseite, Abb. 72, 73) aus dem Türsturz, die nach den Worten Boases »noch immer eines der sinnlichsten Bildwerke romanischer Kunst ist. Nirgends sonst ist der weibliche Körper mit derart realistisch schwingender Linien-

Autun, Saint-Lazare, Nordportal, Rekonstruktion

Fragmente vom Türsturz

I *Eva (1,32 m lang, 0,72 m hoch, 0,32 m dick)*

Kapitelle

II (a) *Die Witwe von Nain*
II (b) *Lazarus und der Reiche*
III (a) *Der Reiche und der Teufel, Lazarus und Abraham*
III (b) *Der verlorene Sohn*

Fragmente, die dem Türsturz und der Archivolte zugewiesen werden

IV *Der hl. Martin (?) (0,61 m lang, 0,90 m hoch)*
V *Himmelfahrt Mariä (0,49 m lang, 0,78 m hoch, 0,18 m dick)*
VI *Junger Mann (0,56 m hoch, 0,18 m dick)*
VII *Engel (0,419 m lang, 0,584 m hoch). Fragment im Metropolitan Museum, New York*
VIII *Wunderheilung (?) (0,43 m lang, 0,90 m hoch, 0,18 m dick)*
IX *Füße (jetziger Aufbewahrungsort unbekannt)*

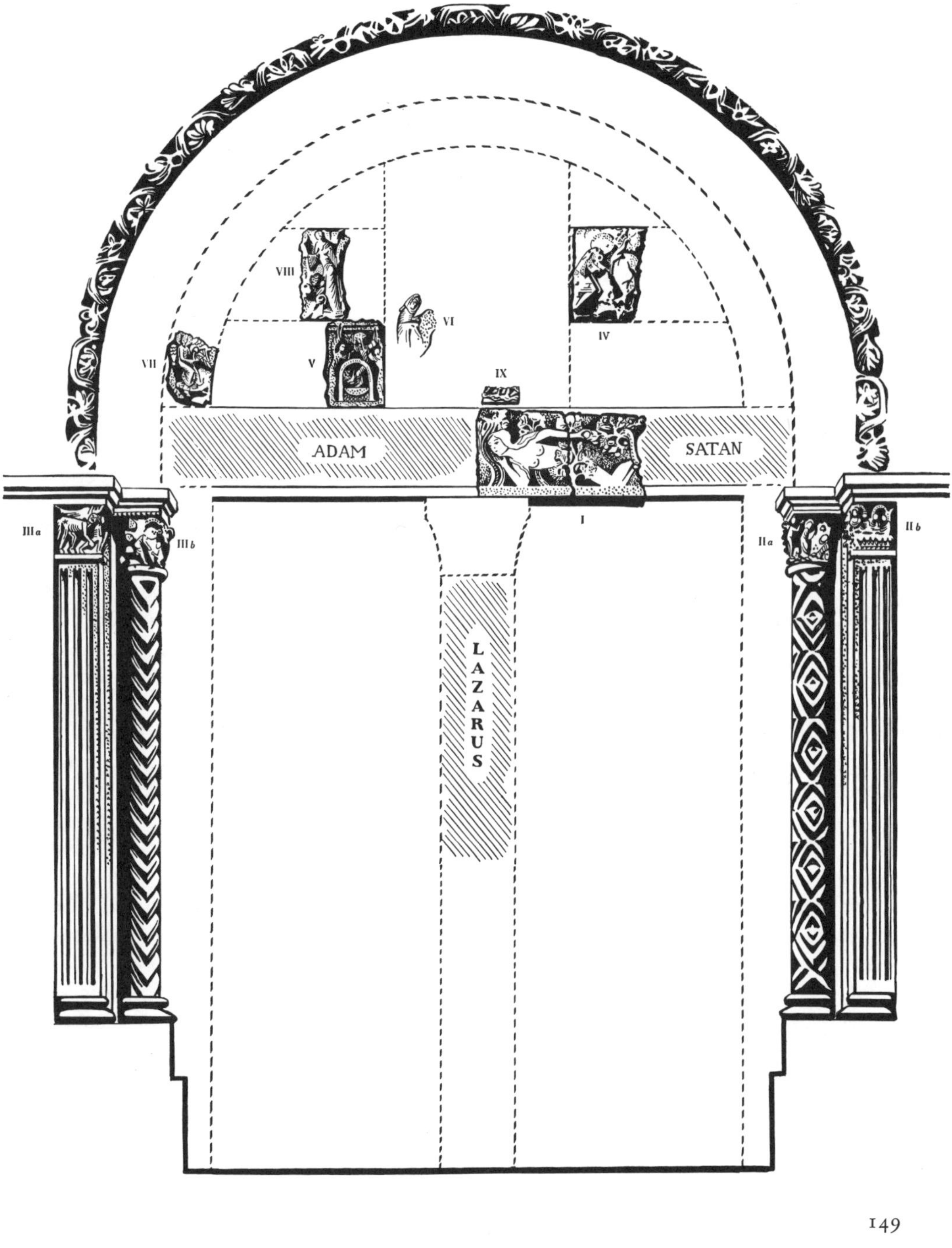
VIII
VI
IV
VII
V
IX
ADAM
SATAN
I
IIIa
IIIb
IIa
IIb
LAZARUS

führung und so betörender Schönheit behandelt ... ihr unvergeßliches Gesicht, das durch die vorgehaltene Hand Adam zuflüstert, besitzt eine verführerische Kraft, die kein anderer Künstler des 12. Jahrhunderts erreicht hat.«

Die Eva – aus einer Darstellung des Sündenfalles, in der auf der anderen Seite des Türsturzes die liegende, nicht mehr erhaltene Figur Adams ihr entsprochen haben muß – ist in Zusammenhang zu sehen mit dem Tympanon, für den man aus den Fragmenten auf das Thema der Auferweckung des Lazarus geschlossen hat, das nicht nur eine Vorwegnahme des Themas vom Westportal – der Auferstehung am jüngsten Gericht – bedeutete, sondern eine Weiterführung des zentralen Anliegens, um derentwillen die Kirche errichtet worden war: der Grablegung des Lazarus, die an prominenter Stelle, nämlich vor dem Hauptaltar der Kirche, dargestellt war.

Das Grab des Hl. Lazarus

Das *Grabmal des Hl. Lazarus,* dessen Verehrung der eigentliche Anlaß für den Bau der neuen Pilgerkirche gewesen war, wurde erst nach 1170 errichtet, nachdem die Gebeine des Heiligen 1146 in die neue Kirche überführt worden waren. Leider ist beim barocken Umbau des Chores im 18. Jahrhundert das Mausoleum zerstört worden. Was sich an Fragmenten in Autun erhalten hat, ist im Musée Rolin liebevoll zusammengesetzt worden. Eine Rekonstruktionszeichnung dort erlaubt es, die einzelnen Stücke einzuordnen. Die Zerstörung des Grabmals ist um so mehr zu bedauern, als es, das Werk eines Künstlers, der in der erhaltenen Inschrift Martinus monachus genannt wird, ohne Zweifel das ungewöhnlichste und bedeutendste Grabmal der späten Romanik war. »Es war, in Verbindung mit dem Hochaltar, nichts anderes als ein monumentales Reliquiar. Es hatte die Gestalt eines zweigeschossigen Mausoleums von ca. 6 m Höhe; um den zentral aufgestellten Sarkophag des hl. Lazarus stand eine Gruppe von fünf großen Statuen, Christus, Petrus, Andreas, Maria Magdalena und Martha. Die Vorderseite des Mausoleums war das Altarretabel« (Rupprecht, S. 135). Martha, Magdalena und Andreas haben sich in Autun erhalten, außerdem der großartige Christus vom Kruzifix auf der Stirnseite (Abb. 75–78). Der Kopf des Petrus befindet sich im Louvre in Paris.

Die drei Figuren im Musée Rolin gehören zu den ergreifendsten Skulpturen der späten Romanik. Im Aufbau und in der strengen Parallelführung der Gewandfalten schon stark beeinflußt von den statuarischen Gewändefiguren, wie sie sich in der Ile-de-France ausgebildet und für Burgund in Dijon und Avallon Eingang gefunden hatten, sind sie doch ganz romanisch-burgundisch in ihrer Verinnerlichung, ein Ausdruck der Trauer in den Gesichtern und den erhobenen Händen. Die Gestalt der Martha illustrierte ihren Ausruf in der Bibel: »Herr, er riecht schon!«

Die Architektur des Mausoleums war, nach den erhaltenen Fragmenten zu urteilen, von einem kaum zu überbietenden Reichtum der Ornamentik, wie sie für einige der spätromanischen Bauten Burgunds charakteristisch ist (La Charité, Avallon).

Saulieu, Saint-Andoche

Saulieu, Hauptort des Morvan, dessen rauhes Klima auch den Charakter der kleinen Stadt prägt, ist immer eng mit Autun verbunden gewesen, dessen Bischof Etienne de Bagé im frühen 12. Jahrhundert den Neubau der Kirche veranlaßte. 1119 weihte Papst Calixtus II. aus Anlaß der Reliquienübertragung der Patrone der Stadt, der Heiligen Andoche, Thyrse und Felix, die 177 in Saulieu den Märtyrertod gefunden hatten, einen Teil der Kirche, deren genaue Baudaten nicht unumstritten sind. Der Neubau orientierte sich in Grundriß und Wandstruktur am Neubau von Saint-Lazare in Autun, in einer gewissen Reduzierung und Strenge der architektonischen Formen, die

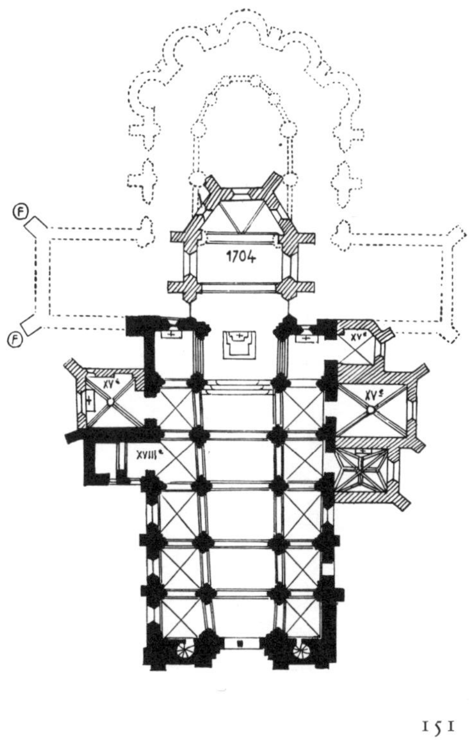

Saulieu, Saint-Andoche, Grundriß

das Baumaterial, der Granit des Morvan, auferlegte. In der Mitte des 14. Jahrhunderts zerstörten die Engländer Chor und Querschiff, erst 1704 wurde das Langhaus durch eine einfache Apsis abgeschlossen. Die Revolution zerstörte das Westportal, so daß heute nur noch die fünf Joche des Langhauses in eindrucksvoller Geschlossenheit eine Vorstellung geben können von der Architektur dieses wichtigen Bindegliedes einer Entwicklungskette, die von Cluny III über Autun und La Charité, Saulieu, Beaune, St. Philibert in Dijon zur Kathedrale von Langres führte. Erhalten aber haben sich vor allem mehrere Figurenkapitelle, die heute den Ruhm von Saulieu ausmachen (Abb. 95–98). Man hat früher die Kapitelle von Saulieu für eine Vorstufe zu Autun gehalten, heute ist sich die Forschung darüber einig, daß Saulieu die Weiterentwicklung des Kapitellstils vom Langhaus in Autun darstellt mit einem Gewinn an Räumlichkeit und Drastik der Erzählweise. Die größeren räumlichen Entfaltungsmöglichkeiten sind schon allein dadurch gegeben, daß die Kapitelle auf Halbsäulenvorlagen aufsetzen, nicht auf Pilastern wie in Autun, das damit einem Zwang zur Flächigkeit unterlag. In Saulieu »machen sich optische Vereinheitlichung, Gefühl für Masse und damit zusammengehend weniger differenziertes Detail anschaulich. Die Endphase der nordburgundischen Figurenkapitelle ist erreicht« (Rupprecht, S. 115). Die Verselbständigung der Szenen geht einher mit einer großartigen Steigerung des Ausdrucks, der die Gesichter und Gesten prägt, wie sie selbst in Burgund selten erreicht worden ist, so in der Gestalt des falschen Propheten Balaam auf seiner Eselin (Abb. 95), dem ein Engel mit Schwert den Weg verstellt, oder der Szene der Flucht nach Ägypten (Abb. 98), die, seitenverkehrt gegenüber der gleichen Szene in Autun, in aller Drastik die Schrecken der Flucht schildert. Am dramatischsten das Kapitell mit der ersten Versuchung Christi, das den jugendlichen Christus mit der dämonischen Fratze des Satans konfrontiert. Der Selbstmord des Judas (Abb. 97) und die ›Noli me tangere‹-Szene, die Erscheinung Christi (Abb. 96) nach seiner Auferstehung vor Maria-Magdalena schließen die Reihe der Figurenkapitelle ab, denen anscheinend kein übergeordnetes Bildprogramm zugrunde lag. Einige Kapitelle mit Pflanzenornamenten und Fabelwesen zeigen den gleichen dramatisch bewegten, drastischen Stil.

90 CHATEAU-CHINON im Morvan ▷

91–94 SAINT RÉVÉRIEN Kapitelle: Vögel; David; Jakobs Traum; Fabelwesen

95–98 SAULIEU Saint-Andoche, Kapitelle: Prophet Balaam; Christus vor den heiligen Frauen; Selbstmord des Judas; Flucht nach Ägypten

99 Zwischen Saulieu und Arnay-le-Duc

100 Blick vom Mont Beuvray (810 m) im Morvan

101 VÉZELAY Blick von der Kirche Sainte-Madeleine ▷

102, 103 VÉZELAY Sainte-Madeleine, Tympanon des Hauptportals (um 1130) und Hauptportal mit Blick zum Chor

104 VÉZELAY Sainte-Madeleine, Chorumgang ▷

105, 106 VÉZELAY Sainte-Madeleine, Tympanon des nördlichen Portals und Tympanon des Südportals (Detail): Geburt Christi

107 VÉZELAY Sainte-Madeleine, Christus vom Tympanon im Narthex ▷

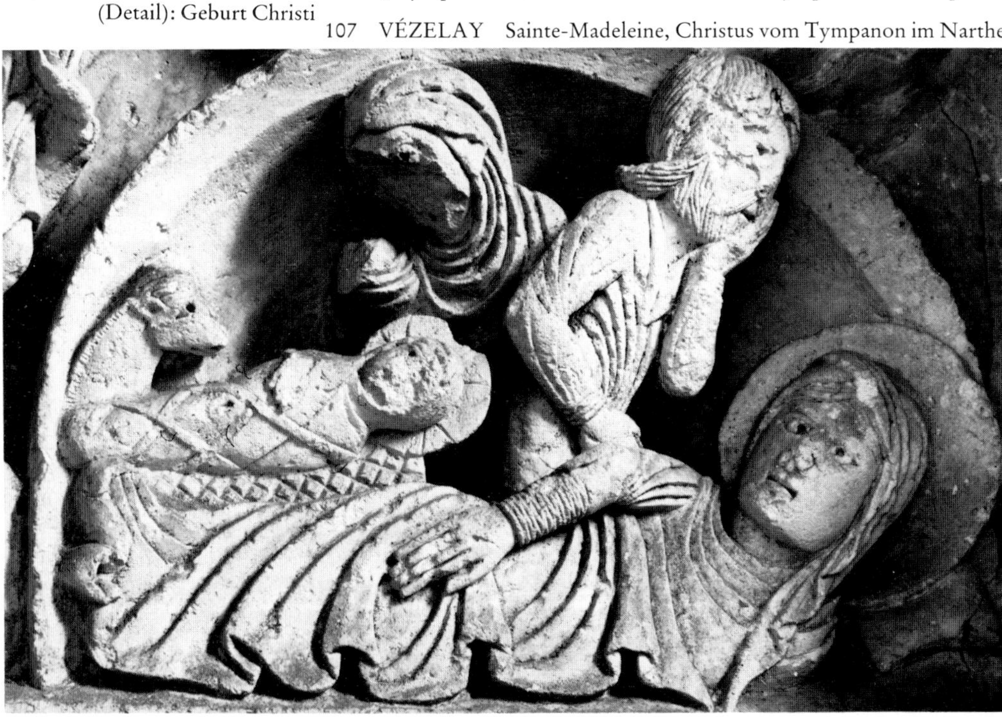

108–111 VÉZELAY Sainte-Madeleine, Kapitelle: Versuchung des hl. Antonius; Das goldene Kalb; Moses' Mord; Kampf zweier Dämonen

112 VÉZELAY Ste.-Madeleine, Die mystische Mühle, Kapitell ▷

114, 115 VÉZELAY Sainte-Madeleine, Seitenschiff und Gerichtsengel vom Südportal
◁ 113 VÉZELAY Sainte-Madeleine, Petrus und Paul vom Gewände des Hauptportals
116 AVALLON Alte Stadtmauer

118, 119 AVALLON Sainte-Lazare, Archivolten und Sockelpartie vom Westportal

120 VERMENTON Kirche, Gewändefigur vom Südportal, um 1160

◁ 117 AVALLON Saint-Lazare, Gewände des Westportals, um 1150

121 TONNERRE ▷

Vézelay

Sainte-Madeleine. Die französischen Pilgerkirchen

Wenige mittelalterliche Stätten Frankreichs haben seit Châteaubriands romantischer Wiederentdeckung der ›dunklen‹ Zeit so die Gemüter bewegt, so sehr die Dichter zu hymnischen Ausrufen hingerissen wie Vézelay. Prosper Mérimée, Inspecteur der staatlichen Denkmalpflege in der Zeit der Restauration, veranlaßte unter dem Eindruck der vom Ruin bedrohten Kirche das Parlament zu außergewöhnlichen Anstrengungen, um die Wiederherstellung zu finanzieren, Maurice Barrés prägte das mittlerweile geflügelte Wort von der ›colline inspirée‹, Romain Rolland entschließt sich, hier seinen Wohnsitz zu nehmen, und für das renoveau catholique der Nachkriegszeit ist Vézelay das Symbol mittelalterlichen Glaubens schlechthin. Die Kunstgeschichte hat immer schon anerkannt, daß der Bau der Kirche eines der schönsten Beispiele romanischer Architektur und die Reihe der Kapitelle und Tympana neben Autun das großartigste Ensemble mittelalterlicher Bauskulptur darstellt, doch ist es nicht die absolute künstlerische Qualität allein, die die Begeisterung hervorgerufen hat, sondern die hervorragend schöne Lage der Kirche auf dem Hügel über der Cure (Farbt. 10, Abb. 101), mit der kleinen mittelalterlichen Stadt, die sich den Bergrücken hinaufzieht, die Offenheit des Landes, das vollkommen unberührt, soweit das Auge schauen kann, in einer Wellenbewegung von sanften Hügeln und grünen Tälern einen Eindruck der Harmonie und Ruhe vermittelt, der selbst für Burgund ungewöhnlich ist, und der sich in der Kirche selbst, in der Raumwirkung der Architektur erneut einstellt. Die Ergriffenheit der Pilger, die im Mittelalter hierher kamen, um die Büßerin Maria-Magdalena zu verehren, oder von hier aufzubrechen zu einer noch längeren Pilgerfahrt an das Grab des heiligen Jakobus nach Santiago de Compostela, oder der Ritter, die sich hier versammelten, um zum christlichen Eroberungskrieg in das Heilige Land zu ziehen, ist in unzähligen Berichten überliefert. Der Abt Pierre le Vénérable von Cluny erkannte an, daß keine Kirche des Ordens, Cluny natürlich ausgenommen, Vézelay gleichkomme. Dabei waren die Anfänge Vézelays eher bescheiden und sein Aufblühen hing zusammen mit – wie nicht erst die neuere Forschung zugibt – einem frommen Aberglauben.

Girard de Roussillon, Vasall Kaiser Lothars, Graf von Vienne und Regent der Provence, hatte 860 gemeinsam mit seiner Gemahlin Bertha ein Benediktiner-Nonnenkloster gegründet, am Fuß des Hügels, dort, wo sich heute die Kirche Saint-Père befindet, und dieses Kloster dem Papst Nikolaus I. geschenkt. Die Legenda aurea berichtet, daß schon damals ein Mönch im Auftrag des Grafen die Gebeine der heiligen Magdalena aus Aix-en-Provence nach Burgund gebracht habe, doch kommt der Magdalenen-Kult erst um 1050 in Vézelay auf. Schon 873 wurde das Kloster durch Normannen zerstört, aber sofort durch ein neues ersetzt, diesmal auf dem Berg, im Schutze der Burg, und mit Mönchen besetzt. Das Kloster entwickelte sich ruhig und ohne größere Aufmerksamkeit zu erregen, bis, eben um 1050, in der Provence der Kult des hl. Lazarus sich neu verstärkt, der der Legende nach mit seinen Schwestern Martha, Maria-Magdalena und Maria, mit dem Hl. Trophime und anderen Gefährten Christi in Sainte-Marie-de-la Mer gelandet sein und die Länder um Aix, Avignon, Marseille und Arles christianisiert haben soll. Sofort erheben die Mönche von Vézelay Anspruch darauf, im Besitz der Reliquien der hl. Magdalena zu sein und eine ungeheure Pilgerbewegung setzt ein nach Burgund, wo nicht weit von Vézelay, in Autun, auch die Gebeine des hl. Lazarus zu verehren sind. Die alte karolingische Kirche kann alsbald die Pilgermassen nicht mehr aufnehmen. Abt Artaud entschließt sich 1096 zu einem Neubau, von dem schon 1104 Chor und Vierung geweiht werden können. Wie groß die wirtschaftliche Bedeutung des Pilgerwesens nicht nur für die Einnahmen des Klosters, sondern für den Markt Vézelay war, geht daraus hervor, daß sich der Ort von einer kleinen Ansammlung von Häusern um das Kloster zu einer Stadt von 10000 Einwohnern entwickelte, die selbstbewußt sich gegen die immer schwerer werdenden Abgaben für den Kirchenbau zur Wehr setzten und in einem Aufstand 1106 den Abt Artaud ermordeten. Damit kam der Neubau zum Erliegen. Der Kampf der Bevölkerung gegen die Äbte setzte sich allerdings noch durch Jahrzehnte fort, wobei die Grafen von Nevers, die das reiche Kloster gerne ihrer Herrschaft einverleibt hätten, die Bischöfe von Autun, in deren Diözese das Kloster lag, ohne ihnen zu unterstehen, schließlich auch die Äbte von Cluny, deren Ordensverband Vézelay angehörte, ohne sich der strikten Jurisdiktion von Cluny zu unterwerfen, in den verschiedensten Konstellationen in diese Auseinandersetzung verquickt waren, sie oft sogar veranlaßten.

Der Kampf gipfelte 1152 in der Ausrufung einer Kommune. Abt und Mönche mußten nach Paris fliehen und erst durch den Druck von König Ludwig VII. und Papst Eugen II. wurden ihre Rechte wieder anerkannt, sie erhielten sogar 1162 die vollständige Unabhängigkeit von Cluny. Trotz dieser Unruhen nahm die Bedeutung Vézelays unaufhörlich zu, es wurde der Sammelort für alle Santiago-Pilger aus Deutschland, Lothringen und der Schweiz, die von hier aus auf einer der großen Pilgerstraßen Frankreich durchquerten. Artauds Nachfolger, Renaud von Semur, ein Neffe des heiligen Abtes Hugo von Cluny, begann daher schon 1120 einen zweiten Neubau, nachdem am 21. Juli, am Vorabend des Patronatsfestes, die alte Abteikirche durch ein Feuer zerstört worden war, in dem mehr als tausend Pilger den Tod gefunden hatten. Der Neubau beginnt im Westen, um im Osten den Anschluß an den Neubauteil Artauds zu finden, er wird zügig durchgeführt, das Langhaus muß 1140 schon fertig geworden sein, im selben Jahr beginnt man im Westen mit dem Bau einer Vorkirche, für die die Arbeiten etwa zehn Jahre später abgeschlossen sein dürften. Nach einem Brand der Krypta 1165 beschließt man, den alten Chor Artauds abzureißen, er wird ab 1185 durch einen gotischen Neubau ersetzt, der nach einer Planänderung erst um 1215 mit seiner Vierung sich an das romanische Langhaus anschließt. Die Westfassade der Vorkirche wird in der Mitte des 13. Jahrhunderts durch ein großes Lanzettfenster und den Ausbau des südlichen Turmes gotisiert; ihre heutige Form erhält sie durch die Restaurierung Viollet-le-Ducs im 19. Jahrhundert.

Kurz nach Fertigstellung des Langhauses erlebte Vézelay den Höhepunkt seiner Geschichte: Ostern 1146 ruft Bernhard von Clairvaux auf Geheiß Papst Eugens III. vor einer riesigen Menschenmenge, die die Kirche nicht fassen kann und die sich daher auf dem Hang südlich der Kirche versammelt hat, im Beisein von König Ludwig VII., der Königin Eleonore von Aquitanien und der Großen des Reiches zum Zweiten Kreuzzug auf. Mehr als ein halbes Jahrhundert später, 1190, treffen sich in Vézelay die Könige Philippe-Auguste und Richard Löwenherz mit ihren Armeen zum Dritten Kreuzzug nach Palästina, ihnen folgt 1248 und 1270, ebenfalls aus Vézelay, König Ludwig der Heilige. Vézelay wird nicht nur Sammelort der Pilger, sondern auch der Ritter aus ganz Europa. 1166 flüchtet hierher Thomas Becket vor der Verfolgung des englischen Königs, der heilige Franziskus gründet hier 1217 seine erste Niederlassung in Frankreich. Das Ende der Blütezeit kommt rascher noch als der Aufstieg: 1267 tauchen Zweifel an der Echtheit der Reliquien auf, 1279 werden in Saint-Maximin in der Provence die vermeintlich echten Gebeine der heiligen Magdalena gefunden. Der junge Predigerorden der Dominikaner organisiert die Pilgerfahrten in die Provence, Vézelay ist gegen die neue Konkurrenz machtlos, die Anzahl der Pilger geht rapide zurück. Der Hundertjährige Krieg beendet den Niedergang des Klosters, das 1538 säkularisiert und in ein Kollegiatsstift umgewandelt wird. Seine geringe Bedeutung schützte es offensichtlich vor den zerstörerischen Ausschreitungen der Revolution, nur die Skulpturen der Westfassade des Narthex wurden zerschlagen, die Kirche selbst aber zur Pfarrkirche der Stadt erklärt, jedoch nicht vor dem langsamen Verfall geschützt. Als Prosper Mérimée 1835 nach Vézelay kam, befand sich die Kirche kurz vor dem Einsturz.

Trotz der engen Verbindungen zwischen Autun und Vézelay – durch Lage, Kirchenpolitik und Heiligenkult –, kann man sich doch, was den Kirchenraum angeht, keinen größeren Gegensatz innerhalb der romanischen Architektur denken: In Autun der enge Raumschacht cluniazensischer Prägung, von einer kühlen Eleganz, die den Hochmut des Vorbildes ahnen läßt, hier in Vézelay ein weiter lichter Raum von ›ausgeruhten Proportionen‹ und einer überraschend reichen Farbigkeit (Farbt. 8). Zehn Joche folgen einander bis zur Vierung, jedes in sich definiert durch ein Gratgewölbe zwischen Gurtbögen auf kräftigen Vorlagen, aber die Abfolge der breiten Gurtbögen

Vézelay, Sainte-Madeleine, Vorhalle und Schiff, Aufriß

aus braunen und weißen Quadern schließt sich vor dem Auge des von Westen die Kirche Betretenden fast wie eine Längstonne zusammen, deren außerordentliche Länge im noch helleren gotischen Chor ausläuft. Die Gliederung der Langhauswände ist denkbar einfach: kreuzförmige Pfeiler mit halbrunden Vorlagen tragen über den halbrunden Arkadenbögen eine Hochwand, die in jedem Joch von einem großen Obergadenfenster durchbrochen wird. Der Einfachheit des zweigeschossigen Aufbaus entspricht ein ebenso einfacher Plan: drei Schiffe, Hauptschiff und Nebenschiffe ungebunden einander zugeordnet. Das Nebenschiff (Abb. 114), ähnlich strukturiert wie das Mittelschiff durch Kreuzgratgewölbe, breite rechteckige Gurtbögen, Halbsäulenvorlagen an den Pfeilern und an den Außenwänden, große Fensteröffnungen unter dem Gewölbe, eine Raumstruktur, die den Besucher aus Deutschland an Speyer, Maria Laach oder eine der unzähligen deutschen Bauten der Romanik denken läßt, für die dieses Grundmuster verbindlich ist. Die Schlichtheit der Architektur, die allerdings auf wohlbedachten Proportionen beruht – Breite des Mittelschiffs 10 m, Höhe 18,5 m, also ein Verhältnis von 1:1,85, das fast das Raumideal der späteren Zisterzienserarchitektur vorausnimmt –, bildet die Folie für einen unerhörten Reichtum des Baudekors. Schon die Auswahl des Materials – gelblicher und brauner Stein für die Gurte, weißer und rosa Stein für die Arkaden, dazwischen changierend in allen Tönen, und kontrastiert von dem ganz weißen Kalkstein des Chores – und ihre höchst sorgfältige Verarbeitung beleben den Raum. Wichtigstes Element der Gliederung der Wand und der Rhythmisierung des Raumes ist der Rosettenfries, der die beiden Geschosse teilt und der, über die Vorlagen verkröpft, in die Tiefe läuft, und, höchst merkwürdig, unter

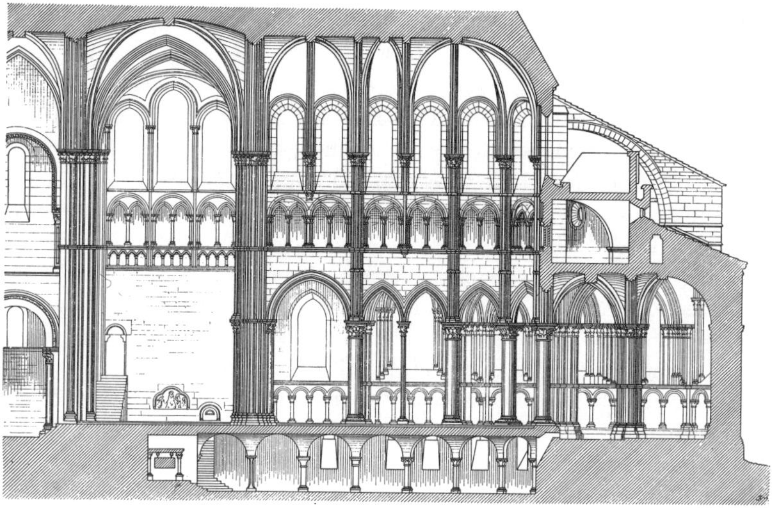

Vézelay, Sainte-Madeleine, Chor, Aufriß

dem Gewölbe ein Wellenband, das sowohl Schildbögen wie Gurtbögen begleitet und so zwar die Einheit jedes Joches, aber als durchlaufendes Motiv auch die Einheit des Raumes betont. Ein Band aus Palmetten begleitet die Arkaden, selbst die Basen der Halbsäulen sind noch mit Blumenmotiven geschmückt, während die Kapitelle Gelegenheit geben zur Entfaltung eines Bildprogrammes, wie es in diesem Reichtum nur noch die Kathedrale von Autun aufzuweisen hat. Durchgängig wird, schon fast ein wenig altmodisch für die Zeit, der Rundbogen gewählt, und es ist in der Forschung immer betont worden, daß Vézelay im Grundriß und Aufriß an eine alte burgundische Tradition anknüpft, die, zeitweise überstrahlt vom Glanze Clunys, vor allem in den kleineren Kirchen des Brionnais seit der Zeit des ›premier art roman‹ zu Hause war und in der Kirche von Anzy-le-Duc ihre bündige Formulierung gefunden hatte. Es ist kein Zweifel, daß Vézelay an Anzy anknüpft und damit diese Tradition zu ihrer letzten Vollendung bringt.

Nicht nur die Grundanlage der Kirche bindet sich an burgundische Tradition an, viele Einzelheiten und Besonderheiten lassen sich aus Burgund ableiten, so die Hell-Dunkel-Alternierung der Bögen aus St. Philibert in Tournus, das seinerseits diese farbliche Differenzierung wahrscheinlich aus seinen Kontakten mit der arabischen Welt kannte, z. B. aus der Moschee von Córdoba.

In Tournus, in der Oberkirche des Vorbaus, finden sich auch die Queranker, die Salet für Vézelay ermittelt hat. Sie verstärkten die Sicherheit der Hochwand des Langhauses, bevor von außen ein System von Strebepfeilern und Strebebögen den Schub der Gewölbe aufnahm. Daß trotz der andersartigen Raumstruktur das Vorbild von Cluny auch in Vézelay wirksam war, beweisen nicht nur viele Details des Baudekors, sondern auch die Anlage der Vorkirche, die ab 1140 dem Bau hinzugefügt wurde. Sicherlich von einem jüngeren Architekten, der sich zwar an das architektonische System des Langhauses anschließt, aber seinen Bau mit Mittelschiff, niedrigen Seitenschiffen, über denen sich Emporen befinden, die im letzten Joch vor der Fassade auch das Mittelschiff übergreifen, so daß sich eine umlaufende Tribüne ergibt, wesentlich straffer organisiert, mit Spitzbögen, gelängten Proportionen und schärferen Profilen. Diese Vorkirche, die nicht nur aus der Funktion der Büßerkirche, dem Ort für jene Gläubigen, denen es verwehrt war, im Kirchenraum selbst am Gottesdienst teilzunehmen, sondern auch aus der liturgischen Funktion als dem Sammelort der Pilger, die von hier zur Prozession in die Kirche einziehen, zu verstehen ist, ist der letzte geschlossene Narthex in Burgund; ihn löst die neue Tradition der offenen Vorhalle ab, wie in einem besonders schönen Beispiel in der Kirche Saint-Père-sous-Vézelay zu beobachten ist.

Es scheint übrigens, daß auch in Vézelay selbst ursprünglich nur eine niedrige offene Vorhalle geplant gewesen sei. Mit der Planänderung erklärt Salet die eigenartige Anlage des Hauptportals, das mit seinem riesigen Tympanon das gesamte Bogenfeld unter den Emporen des Narthex einnimmt (Abb. 102, 103). Salet nimmt an, daß das Portal ursprünglich niedriger gewesen sei, daß Tympanon und Türsturz direkt auf den Säulen des Gewändes aufgesessen hätten, und erst nach der Planänderung die Zwischenzone mit den Aposteln und dem hl. Johannes am Trumeaupfeiler eingefügt worden sei. Wie dem auch sei, das Hauptportal von Vézelay bleibt in Konzeption und Durchführung nicht nur eine der größten Leistungen Burgunds, sondern des romanischen Mittelalters schlechthin.

Thema des Hauptportal ist die Aussendung der Apostel, der Missionsauftrag der Kirche. Christus (Abb. 107) als überragende Figur, in der Mandorla auf einem Thron sitzend, breitet seine Arme über den sitzenden Aposteln aus, von seinen Händen gehen Strahlen zu ihren Häuptern, er sendet ihnen den Heiligen Geist, damit sie in allen Sprachen das Evangelium verkünden und die Sünden vergeben können. Im Türsturz und in den Radialkassetten sind die Völker der Erde dargestellt in Bildern, deren Entschlüsselung der Wissenschaft größte Mühe macht und nur durch die Kenntnis nicht nur der mittelalterlichen, sondern auch der antiken ethnischen Vorstellungen zu leisten ist. Der weltumfassende Missionsauftrag erhält in den Rundmedaillons der Archivolte kosmologische Dimension durch die Darstellung der Monatsarbeiten und des Tierkreiszeichens. Die monumentale Gestalt Johannes des Täufers (Abb. 103), die unter Christus am Trumeaupfeiler steht, stellt die gedankliche Verbindung zwischen Altem und Neuem Testament her. Das zentrale Thema der Aussendung der Apostel, das nicht einfach die Pfingsterzählung der Apostelgeschichte wiedergibt, sondern eine geniale Synthese der verschiedenen Glaubenssätze zur Begründung der katholischen Kirche darstellt (weswegen man die Hypothese aufgestellt hat, daß das Tympanon seine endgültige Form erst im Zusammenhang mit der Vorbereitung des Kreuzzuges 1146

Vézelay, Sainte-Madeleine, Vorhalle

gefunden habe), ist eingebettet in weitere christologische Bezüge an den seitlichen Portalen, auf der Südseite die Jugend Christi (Abb. 106), auf der Nordseite die Taten Christi (Abb. 105) nach seiner Auferstehung. Auf der Außenseite der Vorkirche befand sich über dem Hauptportal in einem monumentalen Tympanon, das die Revolution zerstört hat, ähnlich wie in Autun, das Jüngste Gericht.

Nie wieder ist im Mittelalter ein in seiner theologischen Konzeption wie in seiner künstlerischen Ausführung so anspruchsvolles Bildprogramm realisiert worden. »Der Blick vom Narthex aus auf das Tympanon vor dem lichtvollen freudigen Innenraum dieser wahren Pfingstkirche, durch die ständig ein Windrauschen spielt, gehört zu den großen Eindrücken der Kunstgeschichte. Einer riesigen Elfenbeintafel gleich schwebt das Tympanon über dem offenen Hauptportal (Abb. 103). Es scheint, der Wind könnte es von hinten aufblähen, so unsteinern ist seine Substanz. Tatsächlich: dieses Tympanon ist kein Werk der Plastik, es ist eine unmittelbare bildliche Umsetzung der Worte der Apostelgeschichte ›und es geschah schnell ein Brausen vom Himmel als eines gewaltigen Windes und erfüllte das ganze Haus, da sie saßen‹. Der geformte Stein ist nur ein gefügiges Medium, dessen sich die eminent bildhaltige Vision bemächtigt hat« (Gosebruch, S. 22). Das hohe Maß an Vergeistigung, das dem Thema angemessen ist, und das sich in der erregten Linienführung der Gewandfalten ausdrückt, schließt doch eine gegenüber Autun verstärkte Körperlichkeit der Figuren nicht aus. Die Komposition lebt aus der Spannung »zwischen Sturm und Gebrechlichkeit«, sie ist als eine einheitliche, übergreifende konzipiert, nicht, wie beim Tympanon des Meisters Gislebertus, als eine Addition von Teilstücken. Die plastisch durchgearbeiteten Gestalten bewegen sich frei vor dem dunklen Reliefgrund, sie beziehen sich aufeinander und auf die zentrale Figur Christi. Die Befreiung der Figur aus der Bindung des Reliefs wird besonders deutlich bei den beiden Gruppen der Apostel unter dem Türsturz (Abb. 113), die in erregten Gesten das Ereignis diskutieren, bevor sie aufbrechen, um aller Welt das Evangelium zu verkünden.

In der Verbindung von plastischer Körperlichkeit und graphischem Linearismus stehen die Figuren von Vézelay den Arbeiten in Cluny näher als dem Meister Gislebertus, wobei natürlich die Unterschiede zu Cluny als auch zwischen den Arbeiten der verschiedenen Meister in Vézelay nicht zu übersehen sind. F. Salet hat in Vézelay mindestens neun verschiedene Bildhauer am Werk sehen wollen. Sicher ist, daß nur wenige vom Hauptportalmeister, dem des Christus vom Tympanon, selbst geschaffen worden sind. Schon am Tympanon ist die Gruppe der Apostel rechts von Christus schwächer in Komposition und Durcharbeitung als die linke, während der größte Teil der Szenen in den Kassetten, am Türsturz und in den Figurengruppen unter dem Bogenfeld vom Hauptmeister selbst geschaffen kein könnte. Die Nebenportale (Farbt. 9, Abb. 105) zeigen die größte Nähe zu Cluny und den von dort aus die südburgundische Skulptur repräsentierenden Meistern: so erinnert im Nordportal die Himmelfahrt Christi an das Tympanon von Montceaux-l'Etoile (Abb. 51), ebenso der zum Weltgericht rufende Engel (Abb. 115) unter dem Tympanon des Südportales, während die Szenen des Tympanons selbst, mit der Verkündigung, der Geburt (Abb. 106) und der Anbetung der Könige, jene Mischung aus naiver Erzählfreude und drastischer Deutlichkeit zeigen, die die Vielzahl der Arbeiten des Brionnais auszeichnet und sich selbst bei einigen Kapitellen in Autun findet.

Die Skulpturen der Kapitelle im Inneren der Kirche und auch der Vorkirche sind von allergrößtem ikonographischen Interesse, aber durchweg von geringer künstlerischer Qualität als in Autun, oder auch als die Arbeiten an den Portalen von Vézelay. Sie sind weniger stilisiert, sie verzichten auf die Ausbildung komplizierter und höchst differenzierter formaler Struktur wie in Autun und Saulieu, sondern geben in szenischer Deutlichkeit und naiver Erzählfreude ihre Inhalte dem Betrachter preis, aber nicht immer zu verstehen, denn Thematik und symbolische Anspielung sind häufig nicht nur für den modernen Betrachter ohne Interpretationshilfe nicht zu entschlüsseln. Auch der mittelalterliche Gläubige war auf diese Hilfe angewiesen, soweit die Darstellungen nicht schon durch beigefügte Beschriftungen (die durchweg heute verschwunden sind) sich verständlich machten. Leitthemen der Kapitelle von Vézelay sind die Darstellungen des Guten und des Bösen in den vielfältigen Beispielen, wobei Themen des Alten Testamentes, verstanden als Vordeutung des Neuen Bundes, im Langhaus der Kirche besonders häufig sind, während die Themen des Neuen Testamentes sich vor allem auf der Fassade und in der Vorkirche finden. Ein Kapitell gibt symbolisch das Verständnis des Mittelalters von der Beziehung zwischen Altem und Neuem Testament wieder:

Vézelay, Sainte-Madeleine, Grundriß

Kapitelle der rechten Seite

1 *Ein Duell*
2 *Luxuria und Verzweiflung*
3 *Legende des hl. Hubertus*
4 *Tierkreiszeichen: Die Waage*
5 *Die mystische Mühle*
6 *Der Tod des bösen Reichen und des Lazarus*
7 *Lamech tötet Kain*
8 *Die vier Winde des Jahres*
9 *David bezwingt einen Löwen*
10 *Der hl. Martin wehrt einen Baum ab, der ihn im Fall zu treffen droht*
11 *Daniel in der Löwengrube*
12 *Der Kampf Jacobs mit dem Engel*
13 *Isaac segnet Jacob*

Kapitelle der linken Seite

14 *Befreiung des hl. Petrus aus dem Gefängnis*
15 *Adam und Eva*
16 *Die Legende des hl. Antonius*
17 *Der Tod Agags*
18 *Die Legende der hl. Eugenie, die durch Verkleidung Abt eines Männerklosters wurde: angeklagt, eine Frau belästigt zu haben, öffnet sie ihren Rock, um ihre Unschuld zu beweisen*
19 *Tod des hl. Paul Eremit, für den die Löwen das Grab graben*
20 *Moses und das Goldene Kalb*
21 *Tod des Absalon*
22 *Kampf Davids gegen Goliath*
23 *Moses' Mord am Ägypter*
24 *Judith und Holofernes*
25 *Die Falschheit und Der Geiz*

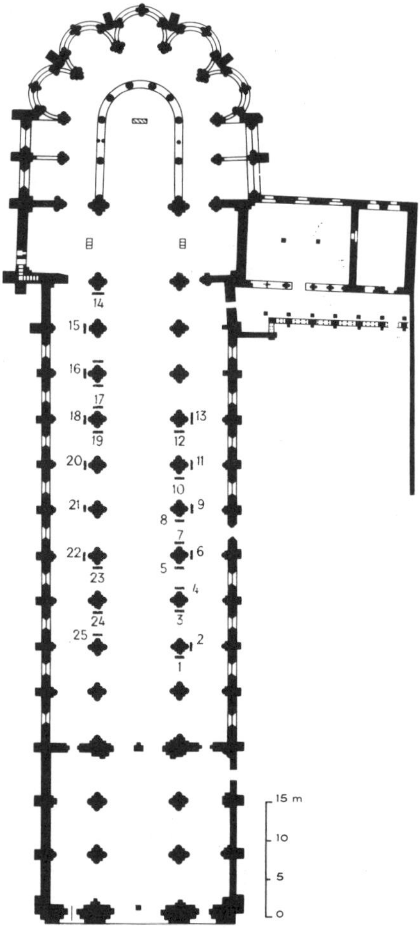

Ein Prophet schüttet Korn in eine Mühle, der Apostel Paulus sammelt das Mehl (Abb. 112).

Doch es sind nicht nur Themen der Bibel, die ihre Darstellung an den Kapitellen finden, sondern auch Heiligenlegenden, Szenen antiker Mythologie, vor allem aber symbolische und allegorische Themen aus der ›Psychomachia‹ des Prudenz, deren Kenntnis aus den Manuskripten der Klosterbibliothek vermittelt wurde. Der Kampf des Guten und des Bösen spielt sich in der Beschwörung von Dämonen, Teufeln und Ungeheuern ab, die mit einer selbst für das Mittelalter seltenen Schrecklichkeit und Grausamkeit viele der Kapitelle beherrschen (Abb. 108–111).

Es scheint, daß der Verteilung der Kapitelle im Kirchenschiff kein übergreifender Plan zugrunde lag, der jeder einzelnen Darstellung ihren inhaltlich bestimmten Platz in der Kirche zuwies, doch gilt als sicher, daß das Gesamtprogramm wie auch der ikonographische Gehalt der Einzeldarstellung nur auf die theoretischen Vorarbeiten eines gelehrten Theologen zurückgeführt werden können. Salet schlug als Autor dieses ikonographischen Programms Prior Pierre de Montboissier vor, den Bruder des Abtes Ponce und Lehrer der Konversen, einen der gelehrtesten Mönche des Klosters, der später als Abt von Cluny, als Petrus Venerabilis, zu den angesehensten Männern seiner Zeit gehörte.

Ist die Portalskulptur zwischen 1125 und 1130 entstanden, so dürften sich die Kapitelle zeitlich anschließen, bis 1140, wobei sicherlich eine Entstehung von West nach Ost anzunehmen ist.

Avallon
Saint-Lazare

Die Collegiale *Saint-Lazare* in Avallon verdankte ihre Bedeutung im Mittelalter ebenso wie Autun dem Kult des Heiligen Lazarus und den Pilgerfahrten, vor allem der Leprakranken zu den Gebeinen des Heiligen, von dem die Kanoniker in Avallon glaubten, den Kopf zu besitzen nach einer Schenkung durch den burgundischen Herzog Henri le Grand. Die Pilgerkirche, die um 1100 nach dem Vorbild von Anzy-le-Duc und Vézelay begonnen wurde, konnte 1106 durch Papst Paul II. geweiht werden. Sie wurde mehrmals nach Westen verlängert (im Osten, hinter dem Chor, fällt das Gelände steil ab zum Tal des Cousin) und nach 1150 mit einer großen dreiteiligen Portalanlage versehen. 1562 von den Protestanten beschädigt, mehrmals umgebaut, der Nordteil der Portalanlage nach dem Einsturz des Nordturms 1633 zerstört, wirkt die Kirche heute von außen uneinheitlich, doch bleiben die Reste der Portalanlage bewundernswert (Farbt. 6, Abb. 117–119). Ursprünglich ein Stufenportal mit Säulenfiguren, einem Tympanon und der Trumeaufigur des hl. Lazarus, steht die Portalanlage in enger Beziehung zur Entwicklung, die sich im Herzen Frankreichs mit der aufkommenden Gotik vollzogen hatte in den großen Stufenportalen von Chartres und Saint-Denis. Die einzige erhaltene Säulenfigur eines Propheten ist in ihrer länglichen schmalen Gestalt, den Parallelfalten des Gewandes und dem profilierten Kopf in diesem Zusammenhang zu sehen (Abb. 117), zu dem Burgund, vor allem mit dem Portal von Saint-Bénigne in Dijon in Wechselbeziehungen wichtige Beiträge geliefert hatte. Die Einzelformen des Portals, der Reichtum seiner Ornamente vor allem, stellen allerdings eine letzte Hochblüte der burgundischen Romanik dar mit einer nicht zu übertreffenden Fülle von formalen Einfällen, zu denen es nur in Charlieu in Südburgund eine Parallele gibt. Von den Archivoltenskulpturen haben sich eine Reihe von Einzelkompositionen erhalten: Engel, die Alten der Apokalypse, Tierkreiszeichen, Monatsbilder (Abb. 118). Im südlichen Nebenportal kann man, wenn auch schwer beschädigt, auf dem Tympanon die Anbetung der Könige, die Darstellung im Tempel und die Höllenfahrt Christi erkennen.

Der Kirchenraum selber, dreischiffig mit einfachen Chorapsiden und einem kaum hervortretenden Querhaus erscheint, bei gleicher Art der Kreuzgratwölbung, gegenüber seinen Vorbildern moderner durch die durchgängige Verwendung des Spitzbogens.

An der großen Verbindungsstraße zwischen Burgund und der Ile-de-France gelegen, markiert Avallon, ebenso wie das benachbarte *Vermenton* (Abb. 120) in seinen Fragmenten die letzte Blüte und zugleich das Ende der Romanik in Burgund. Die neue Entwicklung wurde nicht mehr von den großen Stiften und Kathedralen getragen, sondern von dem straff organisierten Orden der Zisterzienser, denen in ihrer strikten Ablehnung des überflüssigen Baudekors eine Anlage wie das Westportal von Avallon ein Greuel gewesen sein muß.

Canal de Bourgogne bei Venarey Les Laumes

Fontenay – der Zisterzienserorden in Burgund

Wenn sich der Burgundreisende aus vielen Fragmenten eine Anschauung bilden muß von dem, was das Kloster von Cluny einst gewesen ist, so hat er für den zweiten großen Reformorden, der von Burgund ausgegangen ist, den der Zisterzienser, das Glück, an Ort und Stelle noch ein authentisches Zeugnis aus der Entstehungszeit vorzufinden. Wer sich in dem endlosen Waldgebiet zwischen Montbard und Châtillon-sur-Seine dem Kloster Fontenay nähert, wird sich dem Eindruck der vollendeten Harmonie und Ruhe der Anlage nicht entziehen können: in vollkommener Einsamkeit am Ende eines kleinen Tales gelegen, dessen bewaldete Hänge rings um das Kloster aufsteigen und nur im Westen den Weg in die Ebene freigeben. Ausgedehnte Fischteiche weisen den Ankommenden auf ein wesentliches Merkmal zisterziensischer Einstellung hin, der tätigen Eroberung und Erhaltung des Lebensraumes im Dienste Gottes, als Teil eines durch strenge Vorschriften geregelten gemeinsamen Lebens in der Klostergemeinschaft.

Tritt man durch das Pförtner- und Gästehaus in den eigentlichen Klosterbezirk, der von einer hohen Mauer umgeben ist, so fällt zweierlei auf: der streng geschlossene Block von Kirche und Kloster in festem Mauergefüge und einfachsten Formen, und die freie, scheinbar keinem Plan unterliegende Gruppierung von Einzelgebäuden in der Weite des parkartig angelegten, von hohen Bäumen bestandenen Grüngeländes, das ein kleiner Bach durchfließt. Wenn auch ein Teil des mittelalterlichen Klosters im 18. Jahrhundert durch Neubauten ersetzt worden ist, so macht doch ein Rundgang mit dem Plan eines Zisterzienserklosters vertraut, das nur wenig vom Idealschema abweicht, nach dem seit dem frühen 12. Jahrhundert, von Burgund ausgehend, Hunderte von Klöstern in allen Ländern Europas, von Spanien bis Schweden und Rußland, errichtet worden sind. Im Gegensatz zum Mutterkloster Cîteaux, von dem die Revolution fast gar nichts verschont hat, und zum benachbarten Clairvaux, an dessen Stelle sich heute ein unansehnliches Zuchthausgebäude befindet, hat Fontenay die Profanierung zur Papierfabrik nach der Revolution leidlich überstanden; eine behutsame Restaurierung durch seine Besitzer seit 1906 hat so weit wie möglich den alten Zustand wiederhergestellt. Schon 1119 vom heiligen Bernhard von Clairvaux gegründet und von seinem Vetter Geoffroy de Rochetaillé mit großem Erfolg geführt, ist Fontenay mit den allerersten Anfängen des Zisterzienserordens verbunden, und seine Klostergebäude, die in ihrer jetzigen Gestalt ab 1139 entstanden, sind die ältesten erhaltenen Zeugnisse des Bauwillens dieses Ordens überhaupt. Schon 1147 konnte Papst Eugen III., selbst ehemals Mönch in Clairvaux, die Kirche weihen, deren Bau die reiche finanzielle Unterstützung durch den englischen Bischof Evrard von Arundel, der sich von seiner Bischofsstadt Norwich nach Fontenay zurückgezogen hatte, ermöglich hatte. Diese Kirche spiegelt, besser als irgendein anderes erhaltenes Bauwerk, in ihrer Strenge und Geschlossenheit den Geist und den Anspruch des heiligen Bernhard von Clairvaux, auf dessen Anregungen ihre Form zurückgeht: Die Westfassade von äußerster Schlichtheit, mit zweifach ansteigendem Giebel, den über einer einfachen Rundbogenöffnung eine Doppelreihe von vier und drei Lanzettfenstern durchbrechen, heute ohne den ursprünglich vorhandenen eingeschossigen Narthex, den man sich wohl als offene überdachte Halle denken muß in der ganzen Breite der Fassade. Das Schiff der Kirche ist relativ dunkel – es empfängt sein Licht nur von den Fenstern der Westseite und des Chores, denn das Hauptschiff ist fensterlos. Es besteht aus einer Folge von acht Jochen mit mächtigen eckigen Pfeilern und hohen Arkaden, über denen ein schmaler Mauerstreifen eine breite Spitztonne trägt, deren enorme Länge – über 50 Meter – von unterlegten Gurtbögen gegliedert wird. Das Langhaus läuft in einem niedrigen Chor mit plattem Abschluß aus, die Hochwand zwischen Chor und Langhaus ist durch die Fünfergruppe von ansteigenden Lanzettfenstern durchbrochen. Längs zum Hauptschiff verlaufen zwei Nebenschiffe, die man ebensogut als eine Abfolge von Kapellen bezeichnen könnte, denn sie öffnen sich eher zum Langhaus hin als zueinander. Die Eigenständigkeit der einzelnen Joche wird betont durch Quertonnen – ein Motiv, das seit Tournus in Burgund nicht mehr gebräuchlich war – und relativ niedrigen Öffnungen zu den Nachbarjochen hin. Das Querhaus bildet keine Vierung aus, es wird in der Längserschließung des Hauptschiffes kaum wahrgenommen, da es niedriger ist als das Langhaus. Dem sich anschließenden eingezogenen Chor sind am Querhaus je zwei Kapellen parallel zugeordnet. Die Strenge der Architektur wird gemildert durch ausgewogene harmonische Proportionen, die Weichheit der halbrunden Pfeilervorlagen und eine äußerst sorgfältige Behandlung des Steines, auf dessen Bearbeitung und Fügung die Zisterzienser, bei striktem Verbot von Bauzier, die allergrößte Mühe verwandten.

Die lapidare Formulierung des Grundrisses, die in ähnlicher Form auch die Kirchen von Cîteaux und Clairvaux geprägt hatte, bevor in einer zweiten Bauphase eine Vergrößerung der Chorpartie vorgenommen wurde – in Clairvaux mit polygonalem Abschluß des Chores, Umgang mit rechteckigen, radial geordneten Kapellen –, wurde durch den Willen des hl. Bernhard verbindlich für die Kirchen des Ordens. Er bestimmte von nun an die Form unzähliger Kirchen in Europa.

Die Verbindlichkeit, mit der der Orden Gesamtkonzeption und Details der Planung neuer Klöster festlegte, gehört zu den Voraussetzungen der ungeheuren Durchsetzungskraft dieses Ordens im Lauf des 12. Jahrhunderts. Die Anfänge des Ordens reichen in das Jahr 1075 zurück, als der Abt Robert sich mit sieben Mönchen aus seinem Kloster Saint-Michel in Tonnerre nach Molesme zurückzog, um in der Einsamkeit ein

Klosterleben nach reformierten Benediktinerregeln zu führen. Spannungen innerhalb der neuen Ordensgemeinschaft führten dazu, daß Robert 1098 mit einundzwanzig Gefährten aus Molesme auszog, um in den Sümpfen von Cîteaux südöstlich von Dijon eine neue Klostergemeinschaft zu gründen. Zwar mußte Robert schon 1099 auf Befehl des Papstes nach Molesme zurückkehren, doch konnte sein Nachfolger Alberich durch das sogenannte ›Römische Privileg‹ den neuen Orden direkt dem Schutze des Hl. Stuhles unterstellen und die ersten neuen Regeln festlegen, die für den Orden verbindlich wurden, so die Verpflichtung der Mönche zur Handarbeit, die Aufnahme von Laienbrüdern (Konversen) in das Kloster zur Unterstützung bei der Arbeit, das Gebot, Klostergründungen nur in abgelegenen unbewohnten Gegenden vorzunehmen. Äußeres Zeichen der Reform gegenüber dem reichen Cluny wurde der Verzicht auf das schwarze Ordenskleid, die weiten Chormäntel und winterliches Pelzwerk. Habit und Kukulle (Chorkleid) wurden nun aus heller Schafswolle hergestellt. Alberichs Nachfolger, der Engländer Stephan Harding (Abt seit 1108) erweiterte diese Regeln durch Bestimmungen zur Einfachheit des Klosterbaus und seiner Ausstattung, vor allem aber legte er in seiner Schrift ›Carta Caritatis‹ den Grund zur Organisation des Ordensverbandes. »Sie war gegen den Individualismus der einzelnen Klosterpersönlichkeiten gerichtet, gegen die Selbständigkeit der großen Abteien. Alle Äbte hatten jährlich auf dem Generalkapitel zu erscheinen, jeder mußte sich in seinem Kloster zweimal im Jahr die Visitation durch den Abt des Mutterklosters oder einen seiner Beauftragten gefallen lassen. Im eigenen Kloster war er nurmehr Vollstrecker von Anordnungen. Auch der Abt von Cîteaux konnte von den vier Äbten seiner vier ältesten Tochterklöster gemaßregelt, ja sogar abgesetzt werden. An die Stelle der vielen Einzelabteien trat hier zuerst der alle beherrschende Orden« (Braunfels, S. 112).

Auf den jährlichen Generalkapiteln wurden die Regeln ergänzt und präzisiert. Den entscheidenden Aufschwung erlebte das Kloster 1113 mit dem Einzug des burgundischen Adeligen Bernhard von Fontaines (bei Dijon) und dreißig seiner Freunde (darunter vier seiner Brüder). Das plötzliche Anwachsen der Klostergemeinschaft machte Neugründungen nötig. Noch 1113 entsandte Abt Stephan Harding zwölf Mönche zur Gründung des Klosters La Ferté (Firmitas) im Tal der Grosne, ein Jahr später folgte im Bistum Auxerre das Kloster Pontigny, 1115 im Bistum Langres die Klöster Clairvaux und Morimond, die ihrerseits rasch Keimzellen für neue Niederlassungen wurden. Allein Bernhard, die überragende Gestalt des neuen Ordens, konnte von seiner Gründung Clairvaux aus in kaum vierzig Jahren zweiundsiebzig Niederlassungen gründen. Bei seinem Tod umfaßte der Orden 343, am Ausgang des Mittelalters 742 Klöster und mindestens 761 Frauenklöster in ganz Europa, von Portugal bis nach Rußland, von Schottland bis Sizilien. Alle diese Filiationen, die wesentlich zur Kolonisierung kaum entwickelter Länder beitrugen, blieben dem burgundischen Ursprungsland verbunden durch die Genralkapitel, durch die gemeinsame Regel, nicht zuletzt durch die architektonische Form, in der sich das Leben der Ordensgemeinschaft vollzog. »Der Kampf des Ordens gegen jeden Aufwand, gegen alles, was die Aufmerksamkeit von der Betrachtung Gottes ablenken könnte, war ein radikaler. Eben sein Radikalismus vereinte die Jugend des 12. Jahrhunderts und ließ in ihr den Glauben entstehen, durch den extremen Verzicht auf alle weltlichen Güter die Welt erlösen zu können« (Braunfels, S. 114). Das Verlangen nach Armut und Flucht aus der Welt wurde zugleich die Grundlage für die ungeheure zivilisatorische Leistung des Ordens, aber auch des Reichtums und der wirtschaftlichen Macht, von denen die Klostergemeinschaften paradoxerweise eingeholt wurden. Für die Entwicklung der mittelalterlichen Wirtschaft wurden die Erfahrungen der Zisterzienser nicht nur im Bereich der Agrar- und Forstwirtschaft, sondern vor allem in der Nutzung der Wasserenergie der entscheidende Antrieb des Fortschritts. Die Klöster mit ihren Mühlen, Schmieden, Öfen, Brauereien und vielseitigen Werkstätten wurden die Fabriken der ersten Industrialisierung im Mittelalter. »Die Disziplin, die die Regel von Cîteaux auferlegte, der strenge Zeitplan und die Unmöglichkeit, von der Regel abzuweichen, ohne eine Strafe zu riskieren, erinnern in gewissem Maße an die Arbeitsnormen, die Henry Ford den Arbeitern an den Fließbändern auferlegt hat« (Jean Gimpel, ›La révolution industrielle du Moyen Age‹, Paris 1975, S. 10/11). Das Gebäude der Schmiede in Fontenay, südlich des Klosters in vier großen Sälen über dem umgeleiteten Bach errichtet, gibt eine Vorstellung von diesen frühen Zeugnissen mittelalterlicher Fabrikanlagen.

Das Paradox, daß aus Askese und Weltflucht ein um so größerer Erfolg in der Welt erwachsen, wurde auch das persönliche Schicksal Bernhards, der in einem Brief an seine Mitbrüder klagt: »Ich bin die Chimäre meines Jahrhunderts geworden – nicht Priester, nicht Laie. Ich trage zwar noch das Kleid eines Mönches, ohne dessen Leben zu führen« (Wienand, S. 32). Von Clairvaux aus, aber auch auf unzähligen Reisen, die ihn quer durch Europa führten, kämpfte er für das Papsttum, er entschied sich beim drohenden Schisma 1130 für den Reformpapst Innocenz II., er rief in Vézelay und in Speyer 1146 zum Kreuzzug, der allerdings in einer Katastrophe endete, er zog für die Rechtgläubigkeit gegen den Philosophen Abälard und seinen Schüler Arnold von Brescia zu Felde, er verfaßte Pamphlete gegen den Luxus und die Dekadenz von Cluny, ein Vorwurf, den Abt Petrus Venerabilis in vornehmer Entgegnung zurückwies.

Seine Äußerungen zur Rolle der Kunst im Leben der Klostergemeinschaft sind zahlreich, auf ihn gehen wesentliche Anregungen zurück, die den Idealplan eines Zisterzienserklosters bestimmen, wie er ab 1133 in Clairvaux realisiert wurde.

Eine Vorstufe zu diesem Plan stellt offensichtlich der Plan von Fontenay dar, der in wesentlichen Teilen mit Clairvaux übereinstimmt und heute noch in der Struktur des Baues ablesbar bleibt. Braunfels hat eine ausführliche Beschreibung dieses Idealplans gegeben, an Hand derer bei einem Rundgang durch Fontenay, auch im Vergleich der Abweichungen, sich der Sinn der einzelnen Bauteile erschließt. »Die Vorstellung vergegenwärtigt sich einen ausgereiften Klosterorganismus, in dem für alles gesorgt war, jeder Überfluß vermieden wurde und der sich aus lauter gleichartigen Bauelementen herstellen ließ, die der Kirche nur dank ihren größeren Ausmaßen den Ehrenplatz zuwiesen. Alles wird von dem rechten Winkel beherrscht; Strenge und Klarheit bestim-

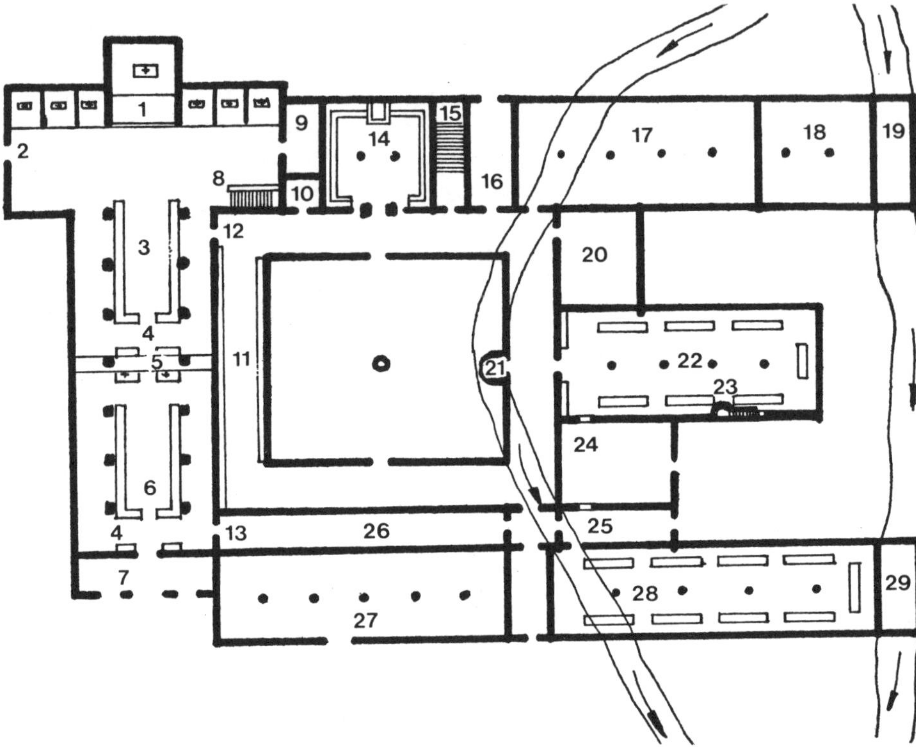

Idealplan eines Zisterzienserklosters
1 Sanktuarium 2 Totenpforte 3 Mönchschor 4 Krankenbänke 5 Lettner 6 Konversenchor 7 Narthex 8 Dormitoriumstreppe 9 Sakristei 10 Armarium 11 Mandatum – Steinbänke zum Lesen und zur Fußwaschung 12 Mönchspforte 13 Konversenpforte 14 Kapitelsaal 15 Dormitoriumstreppe 16 Auditorium 17 Mönchssaal 18 Noviziat 19 Mönchslatrine 20 Wärmeraum 21 Brunnen 22 Mönchsrefektorium 23 Lesekanzel 24 Küche 25 Sprechraum des Cellerars 26 Konversengasse 27 Vorratshaus 28 Konversenrefektorium 29 Konversenlatrine

men die Gliederung des Grundrisses. Dem benediktinischen Brauch gemäß hat man, wo irgend möglich, die Kirche im Norden, den Kreuzgang im Süden errichtet. Die unbedingte Notwendigkeit jedoch, den Flußlauf benachbart dem Refektoriumstrakt des Kreuzganges zu errichten, hat so zahlreiche Ausnahmen erzwungen, daß sie die Regel kaum mehr bestätigen. Die Kirche war nur für das Kloster bestimmt. Es gab keinen Raum für Volk und Pilger, und sie wurden lange auch nicht zugelassen. Deshalb sah das bernhardinische Kirchenschema, das unser Plan wiedergibt, auch keine Fassade, kein weites Westportal vor. Gestattet war eine Vorhalle, bis zu der die Gäste des Klosters gehen durften. Das Schema hält an der einfachen Pfeilerbasilika fest, besitzt ein Quer-

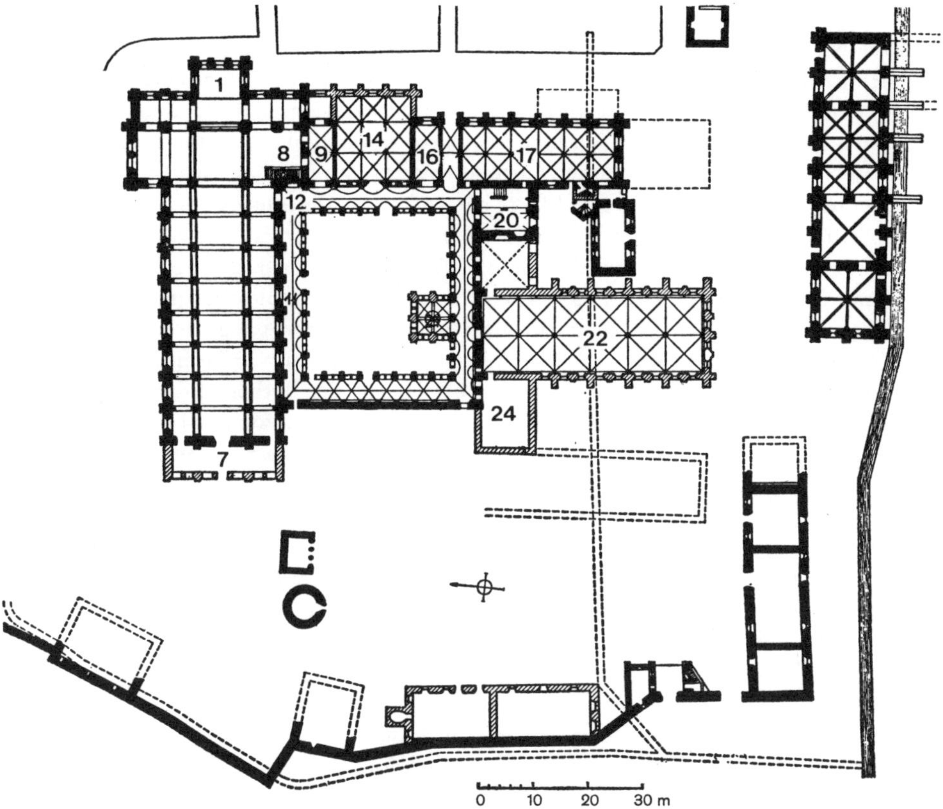

Fontenay, Grundriß (Auflösung der Ziffern siehe gegenüberliegende Seite)

haus im Osten und nach älterem burgundischen Brauch, zugleich einer Forderung des hl. Bernhard entsprechend, den kleinen, rechteckigen Chor. In den vier, häufiger sechs schlichten Kapellen des Querhauses konnten die Mönche ihre privaten Messen lesen.

Ein Lettner (5) unterteilte die Kirche in den Chor der Mönche (3) und den Chor der Konversen (6). Jedem Teil waren zwei Bänke für die Kranken zugeordnet (4). Während die Mönche dem Gottesdienst am Hauptaltar folgten, waren für die Brüder zwei Nebenaltäre am Lettner vorgesehen, der Altar der Madonna und der Altar für die Totenmessen. Mönche und Konversen betraten ihre Chöre durch verschiedene Eingänge, die Mönche vom Kreuzgang her (12), die Konversen durch jenen schmalen Gang (13), die ›Klosterstraße‹, dessen Hauptzweck es war, eine Zone der Ruhe zwischen ihrem Bereich und dem Kreuzgang zu schaffen. Die Mönche sollten die Brüder weder hören noch sehen. Für sie gab es zur Nachtzeit noch einen zweiten Zugang zur Kirche, die steile Treppe zum Dormitorium (8), über die sie um ein oder zwei Uhr zum Frühgottesdienst gingen. Sie hatten angezogen auf ihren Pritschen zwischen sechs und sieben Stunden geschlafen und mußten jetzt mit kleinen Unterbrechungen wiederum sechs bis sieben Stunden beim Chordienst in der unheizbaren Kirche ausharren. Gemeinsam war Brüdern und Mönchen nur der Ausgang (2), durch den man die Toten unmittelbar nach ihrem Abscheiden und einem kurzen Gottesdienst ins Freie und auf den Friedhof trug, der dicht hinter der Kirche lag. Die Pforte hatten keinen anderen Zweck.

Die Zisterzienser begnügten sich mit einer kleinen Sakristei (9), denn selbst die schmucklosen Meßgewänder wurden in den Altarkapellen aufbewahrt und vor dem Altar angezogen. Der Raum 10, das Armarium, enthielt die Bibliothek des Klosters und war nicht durch die Kirche, vielmehr nur durch den Kreuzgang zu erreichen. Wie schon in den älteren Benediktinerklöstern hat man an seinem Nordarm, der Kirche zu, steinerne Bänke angebracht (11), auf denen, benachbart der Bücherzelle, die Mönche im Freien und Offenen lesen sollten. Samstags wurden ihnen dort von den beiden Mönchen, die in der Woche vorher und in der kommenden Woche den Küchendienst versahen, die Füße gewaschen. Eine Badestube wie in St. Gallen und in Cluny war nicht vorgesehen. Man sang auch hier zur Fußwaschung das ›Mandatum‹. Der Sakristei schloß sich der Kapitelsaal (14) wie üblich an. Es folgte die Treppe zu dem großen Schlafraum im Obergeschoß (15) und der Sprechraum des Priors, in den die Mönche einzeln eintraten. Dort erhielten sie auch ihre Arbeit und die Arbeitsgeräte zugewiesen. Von dort aus konnten sie unmittelbar die Gärten im Osten des Klosters erreichen. Von Cluny übernahm man die Einrichtung des Mönchssaales (17). Er nimmt den Raum ein, den man gern dem Noviziat vorbehalten hätte. Eine rein bautechnische Notwendigkeit hatte ihn in den meisten Benediktinerklöstern entstehen lassen. Das zur Aufnahme einer wachsenden Zahl von Mönchen verlängerte Dormitorium bedurfte eines Untergeschosses, welches der Kapitelsaal, der Sprechraum und allenfalls noch die Dormitoriumstreppe nicht füllen konnten. In den Vorschriften Bernhards war für ihn kein Verwendungszweck vorgesehen. Unwahrscheinlich, daß noch unter seinen Augen den Mönchen gestattet wurde, auch dort zu arbeiten. Ein weiterer kleiner Raum für die Novizen (18) und die Latrine (19) der Mönche konnten sich ihm anschließen.

Besondere Aufgaben waren dem Wärmeraum als dem einzig geheizten Gebäude des Klosters zugewiesen (20). In einigen Klöstern gab es sogar zwei Räume, den kleineren Sommerraum und den größeren Winterraum. Dort sollten die Mönche sich aufwärmen können, dort Pergament und Tinten für den Gebrauch herrichten, ihre Schuhe einfetten, sich nach dem Regen trocknen. Dort wurden ihnen in der Frühzeit siebenmal, später zwölfmal im Jahr Haare und Bart geschnitten, dort wurden sie viermal im Jahr zur Ader gelassen. Auch die Wärmestube öffnete sich nur nach dem Kreuzgang. Man bemerkt, daß die Zisterzienser hygienische Maßnahmen, für die auf dem Plane von St. Gallen und in Cluny noch besondere Gebäude außerhalb der Klausur errichtet worden waren, in diese zurückverlegten. Alles, was die Regel vorsah, sollte sich am Kreuzgang vollziehen.

Eine Neuerung haben die Zisterzienser mit der Stellung ihres Refektoriums (22) eingeführt. Man baute es im rechten Winkel zum Kreuzgang, wohl weniger, wie man meist liest, um eine bessere Beleuchtung zu ermöglichen als um den Raum für eine Küche (24) zwischen Refektorium und Konversenhaus zu bewahren. Diese Form des Refektoriums wurde unmittelbar auch von einigen Benediktinerklöstern übernommen, die sich den Kluniazensern angeschlossen hatten. Ein berühmtes Beispiel ist das große Refektorium von Saint-Bénigne in Dijon, von dem wir genaue Pläne und Beschreibungen aus dem 17. Jahrhundert besitzen. Man weiß, daß der hl. Bernhard enge Beziehungen zu diesem Kloster der Hauptstadt seines Heimatlandes hatte, in dem seine Mutter, die selige Alette, begraben war. Der neue Gedanke hatte unmittelbar gezündet. Die Gestaltung des Obergeschosses in diesem ganzen Trakt ist nicht festgelegt worden. Über der Wärmestube wurde zuweilen eine Kleiderkammer eingerichtet. Die Küche konnte kein zweites Geschoß erhalten. Die freie Stellung des Refektoriums forderte jene monumentale Gestaltung heraus, die dann unter anderem im Maulbronner Herrenrefektorium verwirklicht worden ist. Der Saal wurde doppelgeschossig, erhielt nahezu Kirchenhöhe. Es entsprach einer allgemeinen Entwicklung, die nicht auf die Zisterzienserklöster beschränkt war, wenn es im Verlauf des 12. Jahrhunderts allgemein üblich wurde, gegenüber dem Eingang zum Refektorium einen Klosterbrunnen (21) als Anbau zum Kreuzgang selbst auszugestalten. Für die Zisterzienser mußte das Lavabo die Bäder ersetzen. Sie wuschen sich täglich das Haupt und vor jeder Mahlzeit die Hände, ehe sie den Eßsaal betraten. Weniger Hygiene, wie noch von den römischen Badesitten her in St. Gallen, als Sauberkeit war ihnen wichtig. Rechts vom Refektorium befand sich die Küche (24), die eine Durchreiche sowohl zum Mönchsrefektorium wie auch zu dem Refektorium der Konversen besaß. Es versteht sich von selbst, daß sie von außen betreten und versorgt werden konnte. Von Ostern bis zum 14. September aß man zweimal am Tage, am Mittag und am Abend. Im Sommer wurde das Mittagessen auf 14 Uhr verschoben, damit man die Feldarbeit nicht unterbrechen mußte. Von Mitte September an begnügte man sich mit nur einer Mahlzeit um 14 Uhr, die man in der Fastenzeit auf den Abend nach der Vesper gegen 18 Uhr verschob. Ein Frühstück war unbekannt.

Die Stellung der Küche wurde mitbedingt von dem Bestreben, dem Kloster der Patres ein Kloster der Fratres zuzuordnen, das in einem genau durchdachten Bezug zur Kirche und zu dem Kreuzgang liegen sollte. Man wollte sie dabei haben und dennoch von ihnen getrennt sein. Sie wollten sich, ebenso wie die Mönche, von der Welt abkehren, doch erforderten ihre Arbeiten, daß sie mit ihr häufigere Verbindungen aufnahmen. Deshalb war ihnen der Westen von Kirche und Kloster zugewiesen worden. Die Disziplin des Planungsdenkens bezeugt vor allem die Gestaltung des Konversenklosters. Hier war in Cluny noch alles offen geblieben. Die Konversen wie die Knechte lebten über den Stallungen. Die Betreuung des großen Klosterkellers im Osten (27) war ihnen seit langem überlassen gewesen. In der Verlängerung dieses Kellers erhielten sie nun ihr eigenes Refektorium (28). Erst dadurch, daß auch ihre Eßsitten genau festgelegt wurden, die Stunden, das Maß und die Art der Speisen, wie die Gebete, die ihnen vorangingen und folgten, wurden aus Klosterknechten echte Mitglieder der Gemeinschaft. Die Speiseordnung forderte eine ihr angemessene Architektur heraus. Ob dann das Dormitorium der Konversen sich über die ganze Länge des Traktes oder nur über das Refektorium erstrecken sollte, richtete sich nach Anzahl der Brüder. Nie hat man sich vermessen, auch ihren Eßsaal durch zwei Stockwerke hinaufzuziehen.

Noch einmal muß ich auf die Gasse der Konversen zu sprechen kommen (26). Sie vertritt hier gleichsam den großen Hof von Cluny, der die Knechte von den Mönchen trennte. Sie veranschaulicht die ganze Problematik einer Ständeordnung im Kloster. In die Kirche mußte man die Konversen lassen, an den Kreuzgang nicht. Die ›Klosterstraße‹ ist freilich nicht in allen Niederlassungen erbaut worden. Der Plan für das erweiterte zweite Kloster von Clairvaux sah sie von vornherein vor.

Außerhalb jedes Schemas lagen die Bauten im Osten der Anlage, in deren Mittelpunkt das Krankenhaus erstellt wurde, und jene im Westen mit der Herberge und den Wirtschaftsgebäuden. Sie alle gehörten nicht zum zisterziensischen Idealplan. Wenn die Regel auch vorschrieb, für Kranke und für Gäste zu sorgen, in das Bild Bernhards von dem Leben der Klostergemeinschaft fügten sich diese Aufgaben schwer ein. Hier konnte sich wie in älteren Abteien ein freies Wachstum entfalten. Doch schlossen sich die Klausurgebäude strenger und härter gegen diese niederen Zonen ab. So wurde das Krankenhaus nur selten, wurden die Gäste- und Wirtschaftsgebäude nie ›große‹ Architektur.«

Nicht in allen Teilen wird man beim Rundgang durch das Kloster der Beschreibung folgen können. Schon 1745 ließ der damalige Kommende-Abt das große Refektorium des 13. Jahrhunderts abreißen und durch ein komfortables Palais ersetzen. Mit dem Refektorium verschwand auch das Brunnenhaus, der Kapitelsaal hat drei Joche auf der Ostseite verloren, im 17. Jahrhundert entstand das Gebäude der Infirmerie. Trotz dieser Veränderungen bleibt Fontenay mit seiner Kirche (Abb. 125), dem Kreuzgang (Abb. 123), Kapitelsaal, Schreibsaal und Dormitorium, aber auch den Nebengebäuden, vor allem der Schmiede und der Mühle aus dem späten 12. Jahrhundert, das besterhaltene authentische Zeugnis des großen burgundischen Reformordens aus der Zeit seiner Anfänge, nur verständlich aus der strengen Organisation des Ordenslebens als dem Ausdruck eines mittelalterlichen Funktionalismus, dem die Verbindung von rationaler Organisation und transzendental begründetem Schönheitsanspruch selbstverständlich war.

Pontigny

Die Weiterentwicklung des Zisterzienser-Kirchenbaues nach dem Tode des hl. Bernard belegt in Burgund, nach der Zerstörung der Kirchen von Cîteaux und Clairvaux, die Kirche der *Abtei von Pontigny* (Abb. 126–128), am Ufer des Serein 1114 gegründet als ›zweite Tochter‹ von Cîteaux. Die Grenznähe zur Champagne und zur Ile-de-France wurde für die Entwicklung von Pontigny entscheidend. Die Grafen der Champagne, vor allem Thibault le Grand, ermöglichten den großzügigen Ausbau des Klosters, das ab 1150 eine neue Kirche von den Ausmaßen einer Kathedrale erhielt. Um 1185 wurde der schlichte Rechteckchor nach bernardinischem Plan durch einen großen Chor mit drei Jochen, halbrunder Apsis mit Chorumgang und elf Radialkapellen ersetzt, die jedoch nach außen durch eine umlaufende polygonal gebrochene Wand zusammengefaßt wurden. Dem Umbau des Chores von Pontigny war, schon kurz nach Bernhards Tod 1153, der Umbau des Chores in Clairvaux vorausgegangen, ausgelöst durch die praktische Notwendigkeit, für die ständig ansteigende Anzahl von Mönchen Kapellen und Altäre für ihre Meßfeiern zu schaffen; Struktur und Anlage – Radialkapellen am Chorumgang, Kreuzrippenwölbung über Spitzbögen – sind nicht ohne Einfluß aus der Ile-de-France, wo seit 1140 der Neubau der Abteikirche von Saint-Denis unter Abt Suger neue Formulierungen des alten Schemas entwickelte, die die Grundlagen der gotischen Architektur werden sollten. Der Zisterzienserorden hat die neuen Möglichkeiten der Kreuzrippenwölbung über Spitzbogen sehr schnell begriffen, sie in die Strenge und Einfachheit seines Architektursystems integriert und einen Bautypus daraus entwickelt – wie er in Pontigny in der ältesten erhaltenen Form vor uns steht –, der sich rasch in ganz Europa ausbreitete dank der straffen Organisation des Ordens und der leichten Handhabung des Systems, das auf die technisch komplizierten Aufrißlösungen und statischen Experimente der Wandauflösung der Ile-de-France verzichtete zugunsten eines soliden, kraftvollen Aufbaus der Wand, der der burgundischen Tradition entsprach und den Bausitten fremder Länder entgegenkam: ein zweigeschossiger Aufriß aus Arkadenzone und Obergaden mit großen einfachen Lanzettfenstern, eine kräftige Durchbildung der einzelnen Joche mit eckigen Gurtbögen auf Halbsäulenvorlagen, die häufig nicht bis zum Boden herabreichen, sondern auf Konsolen abgefangen werden, einfachen, wenig profilierten Rippen auf diagonalgestellten Kämpfern über

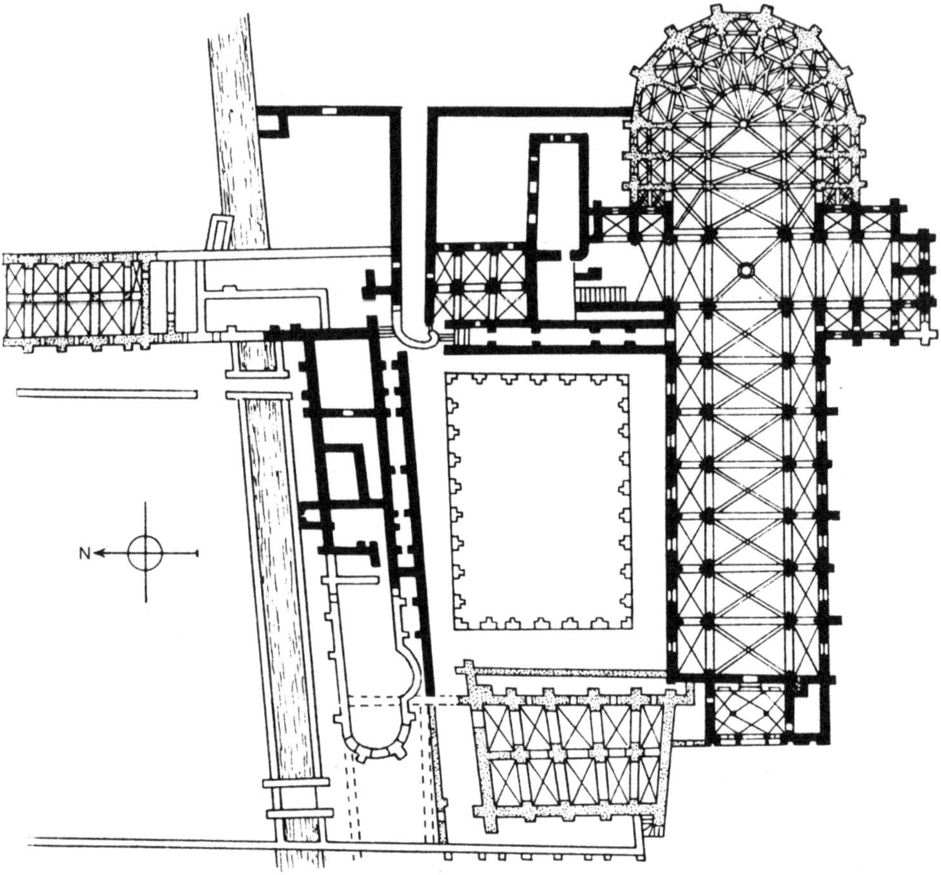

Pontigny, Grundriß

ebenfalls diagonal gestellten Kapitellen, die auf den eckigen Pfeilervorlagen aufsitzen. Die Kreuzrippen des Gewölbes entstammen in Pontigny erst aus der Zeit der Erweiterung des Chores 1185–1212, vorher scheint das Langhaus mit Gratgewölben ausgestattet gewesen zu sein, wie es die Joche des Querhauses sind, das auf beiden Seiten mit je drei rechteckigen Kapellen ausgestattet ist. Der Einfachheit der Gesamtanlage, die mit ihren 108 m Länge des Innern und 23 m Breite fast die Ausmaße von Notre-Dame in Paris hat, entspricht die Schmucklosigkeit des Baudetails: keine reichskulptierten Kapitelle, die den Mönch im Gebet hätten stören können, keine Bildfenster, ein Minimum an Ausstattung (freilich aus späterer Zeit, aus dem 17. Jahrhundert, eine barocke Abtrennung von Langhaus und Mönchschor, der über das Querhaus nach Westen vorstößt und somit den größten Teil der Kirche einnimmt – ein Hinweis darauf, daß ursprünglich in die Kirchen der Zisterzienser Frauen und Kinder keinen Zutritt hatten, sie mußten im Narthex bleiben). Die gleiche Strenge und Sparsamkeit im Äußeren, das von Süden, von den Feldern her, einen großartigen Anblick bietet (Abb. 126). Die ganze Länge des Baukörpers wird erst hier faßbar, vor allem, da das Querhaus niedriger ist, sich unterordnet unter das gewaltige Dach des Mittelschiffes, das ohne Unterbrechung von der Westfront bis zur Spitze der Chorapsis durchläuft und begleitet wird auf halber Höhe des Baues von den Dächern der Seitenschiffe. Die Wände sind streng rhythmisiert im Wechsel von einfachen Fenstern und Strebepfeilern, nur die Fassaden des Querhauses haben eine schlichte Rosette, und in der Chorpartie lockern Strebebögen die Geschlossenheit des Baublocks ein wenig auf. Einzig die Westfront der Kirche, auf die eine Allee mit schönen alten Bäumen zuführt, ist reicher ausgestattet mit einem breiten Narthex, dessen Front eine Blendarkatur mit zierlichen gekoppelten Säulen gliedert, unter der sich in der Mittelachse ein Eingangsbogen, den rechts und links zwei Doppelbögen begleiten, in das Innere der Vorhalle öffnet. Über diesem Narthex wächst die schmale Fassade des Mittelschiffs hoch, auch sie gegliedert von einer Dreiergruppe aus Arkaden auf hohen schmalen Säulen. Die mittlere, etwas breitere Arkade öffnet sich in dem großen Lanzettfenster, durch das von Westen das Licht in das Mittelschiff einfällt. Im Giebel der Fassade ein Okulus, an der südlichen Ecke ein Treppenturm, der die strenge Eleganz der Komposition ein wenig stört. Von den nördlich anschließenden Klosterbauten hat sich aus dem Mittelalter fast nichts erhalten, doch geben Reste des Kreuzganges aus dem 17. Jahrhundert und der Westflügel des gotischen Klosterneubaus noch eine Vorstellung von der einstigen Größe dieses Klosters, dessen Ausstrahlung von Spanien bis England reichte, mit dem es besonders verbunden war durch Thomas Becket, der von 1164 bis 1170 in Pontigny Zuflucht fand, und zwei andere Erzbischöfe von Canterbury, die sich im 13. Jahrhundert hierher zurückzogen: Stephan Langton und der hl. Edmund Rich, der in Pontigny gestorben ist und dessen Grab noch heute Ziel zahlreicher Wallfahrten ist.

Die Kathedrale von Sens – Beginn der Gotik

Die kleine Provinzstadt Sens im äußersten Nordwesten Burgunds, an der Grenze zur Ile-de-France und zur Champagne, weist nur noch durch ihre *Kathedrale Saint-Etienne* (Farbt. 4, Abb. 130, 131) den Rang aus, den sie im Mittelalter als geistliche Metropole des Kronlandes innehatte. Schon seit der Merowingerzeit war Sens Sitz eines Metropoliten, dessen Devise ›CAMPONT‹ sich aus den Anfangsbuchstaben der stolzen Zahl von sieben Suffraganbistümern herleitete, nämlich Chartres, Auxerre, Meaux, Paris, Orléans, Nevers und Troyes. Als Metropolit des königlichen Kernlandes und, zeitweilig, auch weltlicher Herrscher in seiner Stadt, trug der Erzbischof von Sens den Titel eines Primas von Gallien und Germanien (der ihm übrigens von seinem Confrater in Lyon streitig gemacht wurde), ihm stand das Recht der Salbung des Königs zu, er unterhielt die diplomatischen Beziehungen zwischen der französischen Krone und dem Heiligen Stuhl; schließlich kam es ihm zu, die französischen Bischofssynoden einzuberufen (so z. B. die von 1140, die Abälard als Ketzer verdammte). Erst 1622 gelang es Paris als der politischen Hauptstadt, in den Rang eines Erzbistums aufzusteigen. Das Hôtel de Sens im Pariser Maraisviertel bezeugt im übrigen noch die Bedeutung, die die Erzbischöfe von Sens auch für Paris hatten.

Nur vor dem Hintergrund dieser historischen Rolle ist die Entstehung und die Bedeutung der Kathedrale von Sens zu verstehen. Mit ihr beginnt die Geschichte der gotischen Kathedralen Frankreichs, wenn auch ihre Bedeutung innerhalb dieser Entwicklungsgeschichte ambivalent bleibt, wie unten erläutert wird.

Der Anlaß des Neubaus, dem drei Vorgängerbauten vorangegangen waren, ist unklar. Fest steht, daß Erzbischof Henri Sanglier, der seit 1122 residierte, sich um 1130 entschloß, eine neue Kathedrale zu bauen. Man begann mit den Außenmauern des Chores. Fast gleichzeitig unternahm Abt Suger von Saint-Denis, jener königlichen Abtei nördlich von Paris, die als Nekropole den französischen Königen diente und deren Abt zugleich Kanzler des Reiches war, den Neubau seiner Abteikirche nach Plänen, in denen die Forschung einhellig den entscheidenden Schritt zum System der gotischen Architektur sieht. An der Chorweihe von Saint-Denis 1144 nahm Hugues de Toncy, der Nachfolger Henri Sangliers teil; es ist sicher, daß dieses Ereignis – gewissermaßen der Startschuß für eine Reihe von Baukampagnen – das Stimulans wurde, die eigene Kathedrale so schnell wie möglich fertigzustellen. Schon 1164 konnte Papst Alexander III., der sich im Exil in Sens aufhielt, den Hauptaltar weihen. Zwischen 1175 und 1180 wurde das Langhaus vollendet, die Westfassade 1230. Die Aufmerksamkeit, die man der Baustelle von Sens schenkte, schlägt sich nieder z. B. im Auftrag an einen seiner Architekten, Guillaume de Sens, zum Neubau der Kathedrale von Canterbury 1175, die wesentliche Anregungen aus Sens übernimmt. Der ursprüngliche Plan sah ein dreischiffiges Langhaus (Abb. 130) vor aus einem einfachen und sechs Doppeljochen unter sechsteiligen Gewölben, einen Chor unter einem siebenteiligen, jedoch sehr komplizierten Gewölbe, einen Chorumgang ohne Kapellen, nur einen kleinen Annex in der Mittelachse der Kirche. Es entstand auf diesem Plan ein sehr geschlossener Raum von breiten, gar nicht gotischen Proportionen (Verhältnis Breite zu Höhe: 15,25 : 24,50 bei einer Länge von 113,50 m), dessen Einheitlichkeit dadurch verstärkt wurde, daß ursprünglich kein Querschiff das Langhaus unterteilte. Die sehr kleinen Obergadenfenster wurden im 13. Jahrhundert nach einem verheerenden Brand von 1184 vergrößert, zuerst im Chor, um 1300 auch im Langhaus, und die zugehörigen Gewölbeteile höher gezogen, so daß sie heute wie Einschnitte in die breite Rundung des Gewölbes erscheinen. 1268 stürzte der südliche Turm ein und mußte erneuert werden. Erst um 1490 erhielt der Architekt Martin de Chambiges den Auftrag, das Querschiff zu bauen, dessen Flamboyant-Fassaden auf der Nord- und Südseite um 1520 vollendet wurden, ebenso wie der obere Teil des südlichen Turms der Westfassade, dessen kleine Bekrönung von 1537 schon die ersten Anzeichen der aufkommenden Renaissance trägt.

Von den Veränderungen der späteren Zeit bleibt die Neugestaltung des Chores bemerkenswert, die nach der Zerstörung des gotischen Lettners erfolgte, mit eleganten vergoldeten Gittern im Stil Louis XV. und einem sehr barocken Baldachin des Pariser Architekten Servandoni, dem Schöpfer von St. Sulpice in Paris und zahlreicher Theaterdekorationen.

Nach den Zerstörungen der Revolution, die vor allem die Ausstattung der Kathedrale und die Portale der Fassaden trafen, vernichteten die Restauratoren des 19. Jahrhundert die gotischen Kapellen der Seitenschiffe, die sie durch neo-romanische Arkaden ersetzten, und das Mobiliar des 18. Jahrhunderts, doch bleibt St. Etienne trotz allem noch eine Fülle an bemerkenswerten Ausstattungsstücken. Die ambivalente Stellung, die die Kathedrale von Sens in der Entwicklung der gotischen Architektur einnimmt, wird deutlich im Urteil eines der besten Kenner der gotischen Architektur und auch ihrer burgundischen Sonderentwicklung, Hans Jantzen: »(es) geht vom Langhaus der Eindruck einer großartigen Bauschöpfung aus dem 12. Jahrhundert aus. Was ist aber ›gotisch‹ an diesem Sakralbau? Der ursprüngliche Grundriß, dreischiffig, gehört dem querschifflosen Typus an, der den Vorzug einheitlich durchlaufender Ordnung durch das Innere bis zum Chor gewährt. Die Seitenschiffe sind im einfachen Umlauf um das Chorrund herumgeführt, mit nur einer Scheitelkapelle, so daß der Chor stark von der reichen und lichten Chorbildung von St. Denis abweicht. Er erstrebt also gerade hier nicht diejenige Wirkung, die in St. Denis als ›gotisch‹ aufzufassen ist. Auch die Gewölbekonstruktion der Seitenschiffe (die ursprünglich gar nicht auf Gewölberippen angelegt sind) besitzt nicht die Reife wie in St. Denis. Erst im Hochschiff wird sie erreicht. Der Aufriß des Langhauses überrascht durch die Konzeption einer wahrhaft monumentalen dreigeschossigen Ordnung über Doppeljochen unter sechsteiligen Rippengewölben. Doch enthält der Wandaufbau nichts, was auf die Bildung des Diaphanen hinweist. Die Zwischenstützen in dem vom Stützenwechsel beherrschten Arkadengeschoß sind wirkungsvoll als gekuppelte Säulen gebildet. Die Wandfläche zwischen Erdgeschoß und Hochschiffenstern ist durch Zwillingsarkaturen geöffnet, hinter denen der dunkle Dachstuhl der Seitenschiffe liegt (›falsche Emporen‹ wie etwa in Mont Saint-Michel). Die ursprünglich niedrigeren Fenster stehen in keinem überzeugenden Verhältnis zu den großen Arkaden unten.

Die architekturgeschichtliche Stellung der Kathedrale von Sens ist verschieden beurteilt worden. O. von Simson (1956) nennt sie ›the first Gothic cathedral‹. Ernst Gall (1925) sagt von ihr: ›Unter allen Kirchen des XII. Jahrhunderts wirkt diese am wenigsten gotisch‹. R. de Lasteyrie erkennt ihr keinen entscheidenden Einfluß auf den Gang der Entwicklung zu. Und dies ist richtig.

Die Bedeutung der Kathedrale von Sens liegt in der großartigen Baugesinnung des unbekannten Baumeisters. In gewisser Weise erstrebt er etwas, was erst die klassische Hochgotik zu erreichen imstande war. Die Größe der Baugesinnung in Sens spricht sich in der gewaltigen Arkadenbildung des Erdgeschosses aus, wie sie erst wieder (in anderer Formensprache) vom Meister der Kathedrale von Chartres erreicht wird. Dazu die Klarheit einer dreigeschossigen Ordnung und das über den Chor hinweg beizubehalten. Man muß dem Bau eine baukünstlerisch hohe Bedeutung zusprechen. Aber doch führt von Sens aus kein Weg zum Ziel des gotischen Sakralbaus. Entwick-

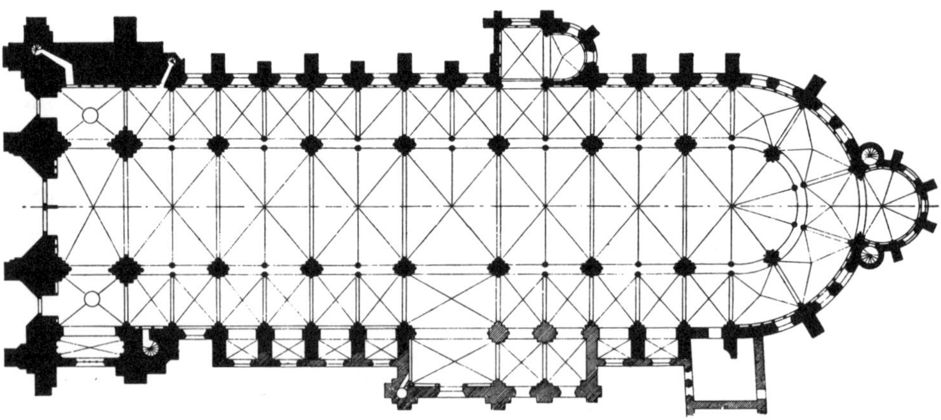

Sens, Kathedrale, Grundriß

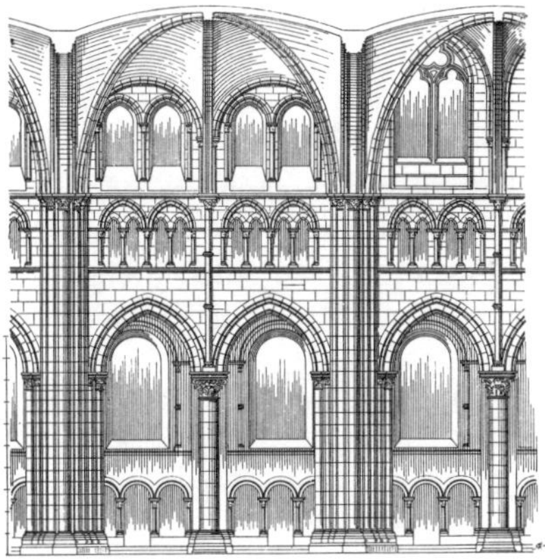

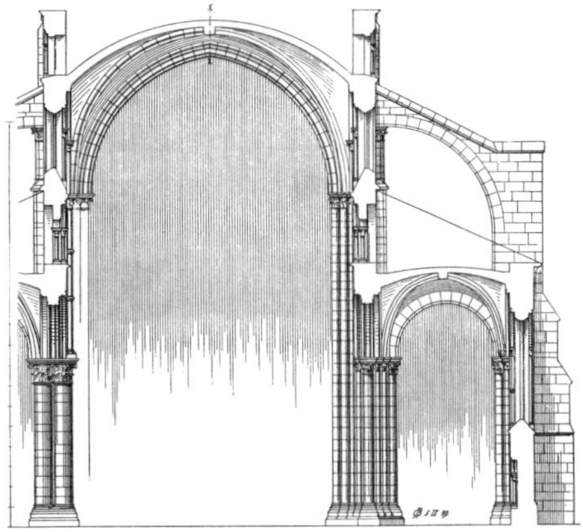

Sens, Kathedrale, Aufriß und Schnitt

lungsgeschichtlich gesehen kommt dieser Meister gewissermaßen zu ›früh‹. Zwar wirkt er mit einzelnen großen Motiven auf spätere Meister. Die hintereinander stehenden gekuppelten Säulen als Stützen erscheinen in den Chören von Le Mans, Caen, Coutances, und das dreigeschossige System ist in England unmittelbar vom Chorbau der Kathedrale von Canterbury übernommen (1175 von einem Meister Wilhelm von Sens, der 1178 vom Baugerüst stürzte). Aber der Weg der französischen frühgotischen Kathedrale geht nicht vom dreigeschossigen, sondern vom viergeschossigen Aufriß aus und sucht die Vergitterung der Hochschiffwand im Sinne der diaphanen Struktur. Auch der Meister von Chartres hätte nicht ohne das voraufgehende immer neue Durchdenken der frühgotischen viergeschossigen Wandentwicklung (mit Triforium) seine große und für die Hochgotik entscheidende dreigeschossige Konzeption gefunden« (Jantzen, S. 55–57).

Sicherlich ist trotz aller Übereinstimmung im Raumgefühl, das Sens mit den burgundischen Bauten der Zeit verbindet, mit Pontigny und auch mit dem viel ›altmodischeren‹ Langres, die Kathedrale von Sens ein Teil der Kunst der Ile-de-France. Burgund verhielt sich in der Entwicklung der gotischen Kathedrale ausschließlich rezeptiv, wie die Beispiele der Kathedralen von Auxerre und Nevers zeigen. Selbst die ersten rein gotischen Bauten, die nicht das komplexe System der Kathedrale übernehmen, wie der Chor der Abteikirche von Vézelay, hängen direkt von der Ile-de-France ab. Doch entwickelt sich aus diesen Anregungen in Burgund des 13. Jahrhunderts eine regionale Sonderform der Gotik, die in den Pfarrkirchen von Notre-Dame in Dijon und in Semur ihre prägnanteste Formulierung findet.

Die großartige Westfassade (Abb. 131) der Kathedrale, die von vier mächtigen Strebepfeilern straff gegliedert wird, ist nach dem Brand von 1184 entstanden. Ihre ursprüngliche Gliederung ist deutlich am Nordturm abzulesen, während das Mittelteil und der Südturm die hoch- und spätgotischen Formen der späteren Überarbeitungen und Erweiterungen zeigen. Ein breites Stufenportal mit fünf Archivolten öffnet den Eingang zum Mittelschiff, von zwei kleineren Portalen für die Seitenschiffe begleitet.

Der Skulpturenschmuck der um 1184 begonnenen Fassade hat unter den Zerstörungen von 1793 im Gefolge der Revolution stark gelitten. Sämtliche Gewändefiguren der drei Westportale wurden zerschlagen, nur den hl. Stephanus am Mittelpfeiler des um 1200 entstandenen Hauptportals rettete eine phrygische Mütze, die ihm ein verständiger Bürger aufgesetzt hatte, vor dem Untergang.

Dieser hl. Stephanus (Abb. 133) gehört zu den Meisterleistungen der gotischen Skulptur in Frankreich, die um 1200 unter dem Einfluß eines neuen Interesses für die antike Skulptur die Körperlichkeit des Menschen neu entdeckte und neue sinnliche Qualitäten leibhafter Erfahrung der Ausdrucksweise des Beseelten hinzufügte. »Der Stephan am Trumeau des Mittelportals zeigt an der Dalmatik keine gerade verlaufende Falte, aber auch keine heftige Kurvung. In ruhigen Schwüngen und weiten Bögen breitet sich das Tuch aus, weich umfassen die Hände das Buch, und das Antlitz mit den mandelförmigen Augen ist von einer fast akzentlosen Sanftheit« (Sauerländer, S. 49). Die »Zartheit und Subtilität der Formensprache«, die um 1200 von Sens und von Laon ausging, hat wesentlich die gotische Skulptur des 13. Jahrhunderts bestimmt.

Das nördliche Seitenportal der Westfront von Sens – um 1185 entstanden, wahrscheinlich von einer Werkstatt, die vorher in Mantes gearbeitet hatte – weist noch einen Stil auf, der auf die Frühzeit der gotischen Skulptur zurückgeht mit einem Selbstwert der Draperien, die die Körperlichkeit durch die Form der Gewandfalten bezeichnet. Das Portal weist einen ungewöhnlich ausführlichen Zyklus zum Leben und den Predigten des hl. Johannes des Täufers auf mit Christus zwischen Engeln im Tympanon, darunter der Taufe Christi, dem Gastmahl des Herodes und der Enthauptung des Täufers. In die Archivolten werden nicht mehr Einzelfiguren, sondern ganze Gruppen eingestellt mit Szenen aus dem Leben des hl. Johannes und, in der äußersten Archivolte, Szenen des Johanneskultes.

Für die Entwicklung des gotischen Portals ist bedeutsam, daß hier zum erstenmal das Gewände nicht abgestuft in die Tiefe führt, sondern in einer schrägen Fläche, was den Statuen potenziell größeren Bewegungsspielraum gibt. Diese Lösung setzte sich im 13. Jahrhundert bei den gotischen Kathedralen durch, ebenso die Vereinheitlichung des oberen Bereiches des Gewändes, wo Baldachine und die Kapitelle in einer Zone zusammengefaßt werden. Der neue Stil des Mittelportals kündigt sich schon in den beiden Medaillons der Sockelzone an, der allegorischen Darstellung von Geiz und Freigebigkeit.

Trotz der Zerstörungen nach der Revolution bietet das Hauptportal noch eine Fülle von höchst bedeutenden Skulpturen. Ungewöhnlich ist schon das Thema des Portals: es ist nicht, wie sonst üblich, dem Weltgericht, sondern dem Martyrium des Titelheiligen der Kirche gewidmet. Diese Besonderheit erklärt sich daraus, daß offensichtlich nicht nur für die drei Portale, sondern für die Gesamtfassade ein Bildprogramm vorlag, das Christus als Weltenrichter hoch oben, über der Rosette erscheinen läßt. Das Tympanon des Hauptportals mit der Predigt und dem Steinigungstod des hl. Stephanus ist später als die übrigen Teile des Portals entstanden; es wurde nach 1268, nach dem Einsturz des Südturms in hochgotischen Formen erneuert, ebenso wie das südliche Seitenportal mit der Marienkrönung. Alt, d. h. aus der Zeit um 1200, sind die Archivolten, deren Figuren – Engel, Diakone, Märtyrer – sich auf den Heiligen beziehen.

In flachen Reliefs erscheinen an den Türpfosten die klugen und die törichten Jungfrauen, auf die auch die beiden Rundmedaillons in den Zwickeln über dem Portal anspielen: sie zeigen links über den klugen Jungfrauen ein geöffnetes Stadttor, in dem der wartende Bräutigam zu sehen ist, rechts über den törichten Jungfrauen dasselbe Stadttor, aber mit geschlossenen Türen. Ganz ungewöhnlich und im Reichtum des Programms einmalig ist der Gewändesockel. In einer Doppelreihe von kleinen Kassetten wird eine ganze Enzyklopädie des mittelalterlichen Wissens geboten.

»Am Gewändesockel in der oberen Zone rechts Kalender, links Freie Künste. Der Kalender beginnt neben dem Türpfosten mit dem thronenden Janus bifrons (Januar) und endet außen neben dem Strebepfeiler mit dem Schweineschlachten (Dezember). Der Zyklus der Künste beginnt außen – drittes Feld vom Strebepfeiler aus – mit Grammatik, Dialektik und Rhetorik. Auf die Grundwissenschaften folgt das Quadrivium: Arithmetik, Geometrie, Astronomie und Musik. Es schließt sich die Philosophie an, die mit Szepter, Buch und Krone genau der Beschreibung bei Boethius entspricht. In Halborte und Saum des Obergewandes sind die Buchstaben Θ (Theorie) und π (Praxis) eingemeißelt. Die vier Figuren, welche den Zyklus der Künste flankieren, sind vielleicht Autoritäten aus dem Klassischen Altertum. In der unteren Zone anscheinend ein kosmographischer Zyklus. Einzelheiten sind oft nicht mehr zu erkennen. Links sind noch zu identifizieren: Schwan, Löwe, Bär, Kamel, Kranich mit Pygmäe, Greif und Basilisk, Elefant und Skiapode (nach Ktesias Bewohner Indiens, welche ihren einzigen Fuß als Sonnenschirm benutzen). Rechts an erster Stelle Mare mit dem Ruder in der Hand auf dem Delphin reitend, daneben eine Sirene, weiter außen Terra als nährende Erdmutter. Kosmographische Zyklen, welche die Elemente, Tiere, Monstren und Fabelwesen aus der geographischen Literatur und Naturgeschichtsbeschreibung der Antike zeigen, begegnen wiederholt in der romanischen Bauskulptur, nicht jedoch an gotischen Kirchenportalen. Das Sockelprogramm des Senser Mittelportals ist einmalig.« (Sauerländer S. 100/101)

Die außerordentliche Qualität und der Erfindungsreichtum der Portalskulpturen macht noch einmal deutlich, welchen Rang Sens in der französischen Kunst des 12. und 13. Jahrhunderts einnimmt, ein Rang, der bestätigt wird durch eines der ungewöhnlichsten Profangebäude, die sich aus dem 13. Jahrhundert erhalten haben: das *Palais Synodal* (Abb. 132), das sich auf der Südseite der Kathedrale anschließt und zusammen mit den Flügeln des erzbischöflichen Hofes (16. Jh.) ein eindrucksvoller Zeuge für die Macht des Metropoliten von Sens ist. Wenn auch durchgreifend von Viollet-le-Duc im

19. Jahrhundert restauriert, so daß man den Details nicht unbedingt vertrauen muß, bleibt doch die Struktur des Baues mit dem Leitmotiv der monumentalen Fenster in der vollkommen plastisch durchgearbeiteten Wand authentisch. Das Innere, ein einschiffiger Saal aus sechs Jochen über einem Untergeschoß, das Arbeitsräume, Gefängnis, Folterkammer umfaßt, hat die bemerkenswerte Sammlung des Musée archéologique aufgenommen, in der auch Fragmente der Kathedralskulptur verwahrt werden. Zusammen mit dem Schatz der Kirche, dem größten und reichsten aller französischen Kathedralen, vervollständigt diese Sammlung das Bild, das man sich von Bau, Skulptur und künstlerischer wie liturgischer Ausstattung einer mittelalterlichen Kathedrale machen muß, auf das vollkommenste.

Auxerre, Ansicht von V. A. Malte-Brun, Mitte 19. Jh.

Auxerre

Der Einfluß des Kernbereiches der gotischen Kathedrale ist auch für den Neubau der *Kathedrale Saint-Etienne* (Farbt. 2, Abb. 139) von Auxerre bestimmend gewesen, doch weist dieser Bau eine Reihe von Eigenheiten auf, die man als typisch burgundisch ansehen kann.

Begonnen um 1215 vom Bischof Guillaume von Seignalay, kann sein Nachfolger Henri de Villeneuve 1234 schon im Chor des Neubaus beigesetzt werden. Seit der Mitte des 13. Jahrhunderts geraten die Bauarbeiten ins Stocken, gegen Ende des Jahrhunderts werden die unteren Teile der Fassade errichtet, erst gegen Ende des 14. Jahrhunderts das Langhaus, das aber vollständig im 15. Jahrhundert gewölbt wird. Bis zur Mitte des 16. Jahrhunderts arbeitete man am nördlichen Turm der Fassade, dann versiegten endgültig die Geldmittel, der südliche Turm wurde nicht vollendet. Es ist der Chor des 13. Jahrhunderts, der die Bedeutung der Kathedrale von Auxerre ausmacht, die mit ihren drei Schiffen, dem Querhaus, der raschen Abfolge von querrechteckigen Jochen dem üblichen Schema der klassischen gotischen Kathedrale entspricht. Man hat den Einfluß von Chartres und Reims in vielen Einzelheiten der Planung nachgewiesen, doch unterscheidet sich die Kirche in einigen wesentlichen Merkmalen von der klassischen Gotik des Kronlandes. »Das Triforium beispielsweise steht, wie gern im Burgundischen, mit größerer Selbständigkeit im System, und alle Teile der Aufrißgliederung verzahnen sich nicht mit der unerbittlichen Logik wie in Chartres und Reims. Die Vertikalen der Dienste und die Horizontalen der Simse verkröpfen sich nicht, sondern die Vertikalen laufen glatt über die Horizontalen hinweg. Entscheidend ist jedoch, daß die burgundische Kathedrale schon von der Abmessung der Arkadenzone her gar nicht jene Großheit des kultischen Ausdrucks sucht, die in den nordfranzösischen Kathedralen von vornherein in der Distanz zwischen Mensch und Bau empfunden wird. Der burgundische Sakralbau erstrebt eine menschlichen Maßen vertrautere Haltung« (Jantzen, S. 88).

So ist das Maßverhältnis zwischen den drei Zonen des Wandaufbaus 2 : 1 : 1. Der größte Unterschied liegt jedoch in der Durchstrukturierung der Wand, die sich über den Arkaden und auch in den Außenmauern des Chorumgangs als doppelte Schale aufbaut, so daß in Triforium und Obergaden Laufgänge zwischen dem Skelett der

Dienste und Arkaden und der äußeren Wandschale verlaufen, so daß scheinbar die tragende Struktur der Dienste offengelegt wird, während, für das Auge unsichtbar, an den entscheidenden Stellen, an denen der Schub des Gewölbes ansetzt, verbindende Mauerstücke zu den Strebepfeilern vermitteln. Damit wird zugleich der Eindruck außerordentlicher Leichtigkeit und Transparenz, aber auch einer plastische Durchformung aller Bauglieder erweckt. Das Äußerste an gewagter Verringerung der Wandmassen erzielt der Architekt von Auxerre im Chorumgang, wo in der Achse des Langhauses zwei hohe schmale Säulen die Öffnung zu einer quadratischen Kapelle freigeben und scheinbar das gesamte Gewicht der von beiden Seiten auf sie aufsetzenden Gewölberippen tragen. Man nimmt an, daß, wie in Sens, auch in Auxerre ursprünglich Doppeljoche mit sechsteiligen Gewölben geplant waren; die schwächeren Pfeiler des letzten Joches von der Apsis sprechen dafür – fest steht, daß schon im Laufe der ersten Baukampagne die Höhe der Gewölbe um einiges angehoben wurde,

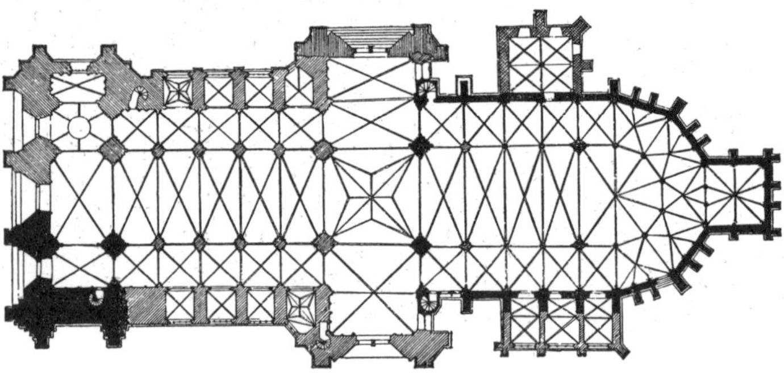

Auxerre, Saint-Etienne, Chor und Längsschnitt; Grundriß

123 FONTENAY Abtei, Kreuzgang, 12. Jh.

124, 125 FONTENAY Abteikirche, Madonna, 13. Jh. und Inneres nach Westen, 12. Jh.

126 PONTIGNY Abteikirche von Süden

127, 128 PONTIGNY Abteikirche, Chor und Langhaus, 12. Jh.

130, 131 SENS Kathedrale, Langhaus (ab 1130) und Westfassade, Ende 12. Jh. und 13. Jh.

◁ 129 In FLAVIGNY

132 SENS Palais Synodal, 13. Jh.

133 SENS Kathedrale, Hl. Stephan, um 1200

134 MONTRÉAL Westfassade, um 1200

135 AUXERRE Saint-Etienne, Krypta, 11. Jh.

136 AUXERRE Saint-Etienne, Langhaus, 13. Jh. ▷

P

138 AUXERRE Saint-Germain, Vierung

139 AUXERRE Saint-Etienne

◁ 137 AUXERRE An der Yonne

140 AUXERRE Fresko in der Krypta der Kathedrale, um 1100

142 SAINT-SEINE Ansicht von Kirche und Dorf
◁ 141 Blick auf CHABLIS
143 SEMUR-EN-AUXOIS Kollegiatskirche, 13. Jh.

144 SAINT-THIBAULT Chor der Kirche, Ende 13. Jh. – Anfang 14. Jh.

145, 146 SAINT-THIBAULT Nordportal und Altar

147 EPOISSES Das Schloß der Madame de Sévigné

148 TANLAY Vorgebäude des Schlosses, 16. Jh.

149 CHÂTEAUNEUF und Canal de Bourgogne ▷

was später nicht ohne Folgen für die Stabilität des Langhauses geblieben ist. An Eleganz und äußerster Leichtigkeit der Architekturglieder, der Vorlagen, Dienste, Säulchen, Rippen und Arkaden übertrifft der Chor von Saint-Etienne in Auxerre alle nordfranzösischen Kathedralen des frühen 13. Jahrhunderts. Die Auflösung der geschlossenen Wandfläche in eine doppelschalige, ›diaphane‹ Wandstruktur wird in vollster Konsequenz der Konzeption, die den Gesamtbau erfaßt, erst realisiert in der fünfzehn Jahre später begonnenen Pfarrkirche von Notre-Dame in Dijon (Abb. 151–153), die viele Forscher dem Meister des Chores von Auxerre zuschreiben möchten.

Gegenüber der geistreichen Architektur des Chores, der besonderen Reiz erhält durch eine umfangreiche Folge von erhaltenen Glasfenstern (Farbt. 1) aus der Zeit des Bischofs Henri de Villeneuve – der umfangreichste Zyklus nach Chartres und Bourges, der sich aus dem 13. Jahrhundert erhalten hat –, wirken Langhaus und Querschiff akademisch-langweilig, ebenso wie die äußere Gestaltung der Kathedrale, deren einziger Vorzug die große Einheitlichkeit ist. Endlose Reihen von Nischen und Blendarkaturen überziehen die Westfassade und die Türme, nur die Portale des späten 13. Jahrhunderts ragen durch die Qualität ihrer Reliefs aus dieser Monotonie heraus.

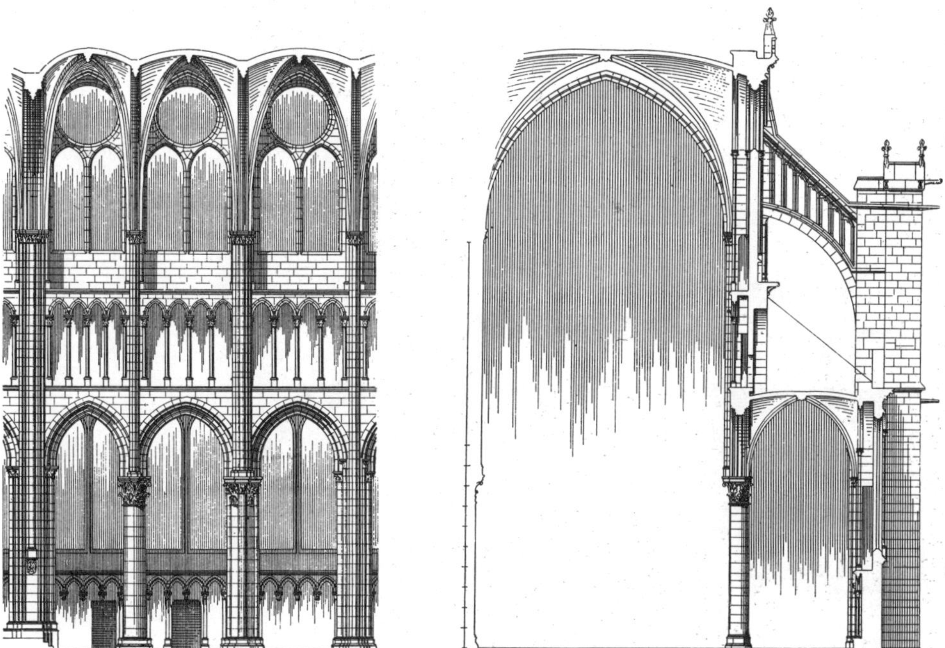

Auxerre, Saint-Etienne, Chor, Aufriß und Querschnitt

◁ 150 TALMAY Das elegante Schloß von 1760 mit dem mächtigen Donjon des 13. Jh.

Man darf die Kathedrale von Auxerre nicht verlassen, ohne in die Krypta hinabzusteigen, die dem Vorgängerbau von 1057 angehört.

Anlage und Ausmaße dieser Krypta (Abb. 135) bestimmten den gotischen Neubau des Chores: ein dreischiffiges Langhaus mit sechs Jochen, Gratgewölben auf Kreuzpfeilern mit Halbsäulenvorlagen, trotz einer gewissen Massigkeit von schönen Proportionen. Das Langhaus (Abb. 136) schließt die dicke Mauer des Umgangs ab, der sich im Osten in eine Absidiole verlängert. Auf dem runden Tonnengewölbe des Joches vor der Apsis hat sich eines der bedeutendsten Fresken Frankreichs aus romanischer Zeit erhalten: Christus auf einem weißen Roß, mit einer eisernen Rute, vor der Form des Kreuzes. Vier berittene Engel begleiten ihn (Abb. 140). Diese Vision der Apokalypse ist in der mittelalterlichen Malerei außerordentlich selten.

Noch älter sind die Fresken, die 1927 in der Krypta der alten Abteikirche von *St. Germain* entdeckt wurden. Drei Szenen der Stephanslegende, ornamentale Motive und die Darstellung der Bischöfe von Auxerre stellen die ältesten bisher in Frankreich aufgedeckten Fresken dar. Sie müssen vor 856 entstanden sein, denn damals wurde der Neubau der Kirche fertig, den Graf Robert I. 841 in Auftrag gegeben hatte und der die alte merowingische Basilika der Königin Clothilde aus der Zeit um 500 ersetzte. Wegen des abfallenden Geländes war die Kirche im Osten mit mehreren übereinandergebauten Krypten ausgestattet, von denen die untere sich unter dem gotischen Neubau erhalten hat und den bedeutendsten Komplex karolingischer Architektur darstellt, den es in Frankreich gibt. Alle Krypten haben das Grab des hl. Germain respektiert, dem Bischof von Auxerre (418–448), der nach seinem Tode in Ravenna mit großem Pomp nach Gallien zurückgeführt worden war und über dessen confessio sich die

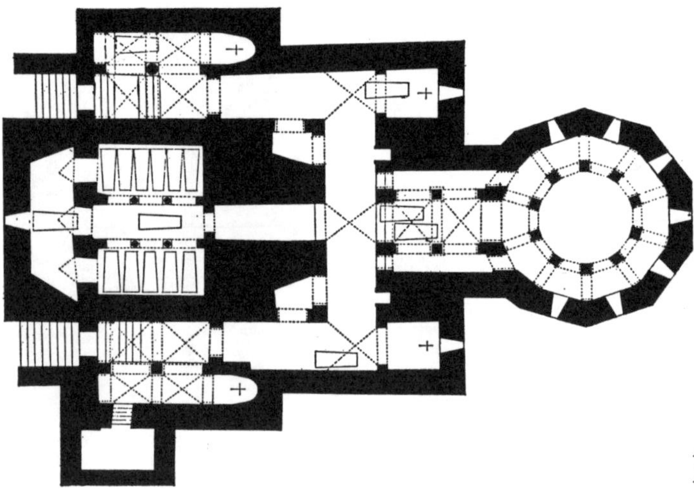

Auxerre, Saint-Germain, Krypta, Grundriß

Basilika der Königin Clothilde erhoben hatte. Der Kern der Krypta besteht aus einem mittleren tonnengewölbten Schiff, das Säulenreihen mit einem geraden Architrav aus Eichenholz von den Seitenschiffen trennen. Ein Korridor umgibt diese Kernzelle und verbindet sie im Osten über einen Zwischenraum mit einer Rotunde, der *Chapelle St. Maxime,* die beim gotischen Neubau durch eine zehneckige Kapelle unter einem großen zehnteiligen Rippengewölbe ersetzt wurde. Der Ostteil dieser gotischen Kirche in den großzügigen Formen des style rayonnant, die 1277 begonnen wurde, aber erst um 1400 vollendet, ist eine technische Meisterleistung. Um den Druck der großen Chorkapelle aufzufangen, die über der karolingischen Rotunde errichtet werden sollte, war es nicht nur nötig, den karolingischen Bau zu erneuern, sondern man mußte wegen des abschüssigen Geländes eine dritte Kapelle unter die Rotunde setzen, die *Chapelle St. Clément,* die auf der Ostseite ebenfalls noch Tageslicht erhält.

Die hohe, lichte gotische Kirche (Abb. 138), die nicht mehr dem Kult dient, sondern in nächster Zeit gemeinsam mit der barocken Abtei, die sich auf der Nordseite anschließt, das Museum der Stadt Auxerre aufnehmen soll, hat im 19. Jahrhundert ihre westlichen Joche verloren, so daß der schöne romanische Nordturm der früheren Westfassade heute beziehungslos isoliert von der Kirche steht. Er verdankt seine Formen Anregungen aus Chartres und Vendôme, hat aber seinerseits mehrere Türme in Burgund beeinflußt (Vermenton).

Das Ensemble der drei hoch über der Yonne aufragenden Kirchen St. Germain, St. Etienne und St. Pierre, die alle drei ihre reichausgebildeten Chorpartien dem Tal zuwenden und mit ihren hohen Türmen die Stadtsilhouette markieren, gehört zu den großartigsten gotischen Städtebildern in Frankreich (Farbt. 2).

Die gotischen Kirchen Nordburgunds

Auf dem Wege zum dritten Hauptwerk der burgundischen Gotik, Notre-Dame in Dijon, das ebensoviele Stilmerkmale mit Auxerre und Semur verbinden wie andere sie voneinander trennen, hat man Gelegenheit, am Beispiel von sehr gegensätzlichen Bauten die Spannweite der Gotik im Burgund des 13. und frühen 14. Jahrhunderts zu studieren, der letzten großen Bauphase, bevor die große Pest und der Hundertjährige Krieg fast aller Bautätigkeit ein Ende setzten.

Montréal

Das kleine mittelalterliche Städtchen Montréal, das seinen Ursprung auf den ›Mont royal‹ der Königin Brunhilde zurückführt, macht innerhalb der verfallenen Stadtmauern mit den beiden gotischen Toren porte d'En Bas und porte d'En Haut und seinen ockerfarbenen Steinbauten wie wenige Orte in Burgund den Eindruck einer vollkommen unberührten, wenn auch ein wenig verlassenen mittelalterlichen Siedlung. Außerhalb des Tores liegt die *Kollegiatskirche Notre-Dame* (Abb. 134) inmitten eines Friedhofs, auf der Terrasse eines Abhangs, von der man weit in das Tal des Serein zu den Bergen des Auxois hinüberblickt.

Der Bau hat die Schlichtheit und die strenge Logik von Zisterzienserkirchen. Der einzige Schmuck seiner Fassade ist ein Stufenportal mit eleganten Säulchen, die vierfach abgestufte Archivolten tragen, unter den zwei wie ausgestanzt wirkende Arkaden eine Doppeltüre einfassen. Im Inneren ein Raum, dessen Gegensatz zum benachbarten Semur man sich nicht größer denken kann: weit und hell, ohne überzogene Höhe und komplizierte Wandstruktur, eine ruhige Folge von breiten quadratischen Jochen mit tief herabsteigenden Kreuzrippengewölben, ein flacher Chorabschluß mit Rosette und drei schlichten Lanzettfenstern. Der Einfluß der Zisterzienser auf den Plan und die Baugesinnung dieser Kirche, die ab 1170 entstanden ist und in den ersten Jahrzehnten des 13. Jahrhunderts zu Ende geführt wurde, ist nicht zu übersehen: der Grundriß mit den quadratischen Jochen – drei im Langhaus, begleitet von Seitenschiffen, drei im Querhaus einschließlich der Vierung, zwei im Chor, von denen nur

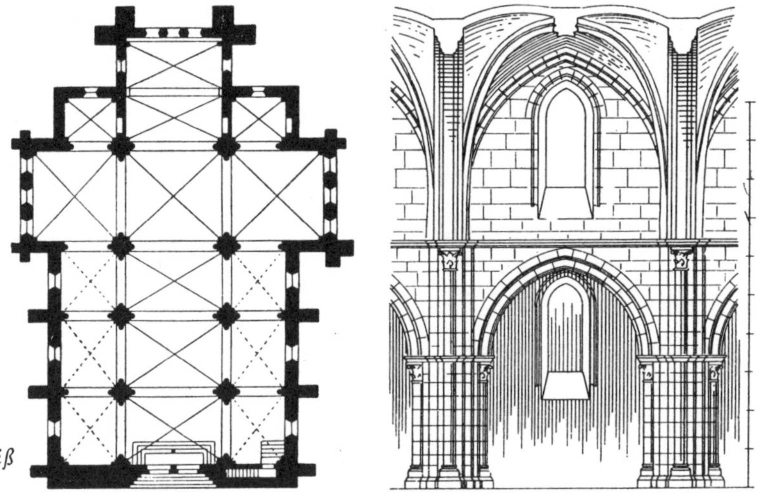

Montréal, Grundriß und Aufriß

das erste seitlich von Kapellen begleitet wird. Die kreuzförmigen Pfeiler mit den halbrunden Vorlagen, die breiten Gurtbögen, der schlichte Baudekor, der zweigeschossige Aufbau, schließlich das Raumgefühl, das von der alten burgundischen Tradition getragen wird, die von Anzy-le-Duc über die Kirchen des Avallonais und Vézelay zur frühen Architektur der Zisterzienser vermittelt worden war. Ganz ungewöhnlich ist auf der Innenseite der westlichen Abschlußwand des Langhauses die breite Tribüne auf mächtigen Konsolen und einer zarten mittleren Säule, die, nach Ausweis des Altares, der sich auf ihrer Balustrade befindet, als Kapelle dem Schloßherren diente, in dessen Burgbereich die Kirche lag.

Höchste bemerkenswert ist die Ausstattung der Kirche mit einem vielfigurigen Alabasteraltar aus Nottingham mit der Darstellung des Marienlebens (15. Jh.) und den großartigen Schnitzereien des Chorgestühls von 1522, die den Brüdern Rigoley aus Nuits-sous-Ravières zugeschrieben werden, die sich selbst dargestellt haben sollen in einer Szene, die zwei zechende Männer mit Bechern und Weinkrug an einem länglichen Tisch zeigt.

Saint-Seine

Die *Abteikirche* von *Saint-Seine* (Abb. 142), Anfang des 13. Jahrhunderts entstanden, zeigt im Inneren verwandte Züge zu Montréal: breite, nicht zu hohe Joche, ein zweigeschossiger Aufbau, nur hier mit dem für die burgundische Gotik charakteristischen ›chemin de ronde‹, dem Laufgang zwischen Pfeilern und Wand im Obergaden oberhalb der Arkadenzonen. Den flachen Chorabschluß schmücken eine schöne Rosette des späten 13. Jahrhunderts und die Reste des ehemaligen Lettners, den man hierher versetzt hat. Im Unterschied zu Montréal wird hier das Motiv des sechsteiligen Gewölbes von Sens wiederaufgenommen, doch ist die kraftvolle Sprache der Bauglieder Montréal und den Zisterzienserbauten aufs engste verwandt. Besonders eindrucksvoll ist die Doppelturmfassade (der südliche Turm wurde allerdings nie vollendet), die sich gegen die massiven Bauten des ehemaligen Klosters zu beiden Seiten behauptet und den kleinen, ansteigenden Platz beherrscht, den auf der Südseite ein eleganter Brunnen von 1715 ziert mit dem Bronzerelief der Begegnung Christi und der Samariterin am Brunnen.

Saint-Thibault

Gegenüber der sehr bodenständigen, ein wenig massiven Architektur von Montréal und Saint-Seine ist die *Kirche* von *Saint-Thibault* von einer nicht mehr zu übertreffenden Leichtigkeit und Zerbrechlichkeit. Von der Pilgerkirche, die im 13. Jahrhundert über dem Grab des hl. Thibault errichtet worden war, hat sich, nach einem Einsturz von 1712, nur die Apsis des Chores, eine Kapelle und das Nordportal des ehemaligen Querhauses erhalten. Über die untergegangene Kirche weiß man nichts Genaues. Es scheint ein wenig anspruchsvoller Bau des frühen 13. Jahrhunderts gewesen zu sein, dem man um 1270 die Chapelle St. Gilles in den Formen des von Kronland bestimmten style rayonnant und ab 1290 den Chor anfügte, der den style flamboyant vorwegzunehmen scheint (Abb. 144). In vier Geschossen baut sich das Gitterwerk der Wand auf mit einer Sockelzone, deren Blendarkaturen das Maßwerk des folgenden doppelschaligen Geschosses vorbereiten, ein kompliziertes Maßwerk, das sich mit dem Maßwerk der Fenster in der zweiten Zone vielfach überschneidet und wie eine Spitzenarbeit wirkt. Das Triforium steht vor einer dunklen, geschlossenen Wandfläche, während die hohen oberen Fenster, aus je vier Lanzetten, einer Rose und einem Okulus gebildet, die innere Wandschicht abschließen. Der Wechsel von Licht- und Dunkelzone vermag nicht die alles überstrahlende Helligkeit des Raumes zu mildern, die die Kirche wie einen Glaskasten wirken läßt, ein diaphanes Gebilde, dessen außerordentliche Höhenerstreckung (27 m) durch die klare Geschoßteilung und die strenge Rhythmisierung der Teilflächen erträglicher gemacht wird, wenn auch die Dienste ohne Unterbrechung vom Boden bis zum Ansatz der Rippen aufsteigen. Dank der Doppelschaligkeit der Wand, die einen Teil der Strebepfeiler in sich aufnimmt und kaschiert, und auf höchst rationelle Weise die Lasten und Spannungen verteilt, kommt der Bau ohne Strebebögen aus, so daß er von außen wie ein kompakter blockartiger Turm wirkt.

Die vielen Stifter, die den Bau ermöglicht haben, unter ihnen Herzog Robert II. von Burgund, haben die Kirche mit einer Reihe von Kunstwerken ausgestattet, die, glücklicherweise den Zerstörungen der Revolution entgangen, zum Besten gehören, was sich aus dem 14. Jahrhundert in Burgund erhalten hat: der Hauptaltar, Retabel und Antependium (Abb. 146) – farbig gefaßte Schnitzreliefs mit Szenen aus dem Leben des hl. Thibault –, in der Tiefe des Chores ein großartiges, sehr realistisches Kruzifix, eine Madonna mit Kind, das mit einem Vogel spielt, sehr verwandt der Madonna von Fontenay, der Schrein des hl. Thibault in der Kapelle St. Gilles, eine eucharistische Taube, eine Reihe von Grabmälern, ein aufwendiges Portal auf der Nordseite der Kirche mit den monumentalen Statuen der Patrone und einem hochgotischen Tympanon mit Szenen des Marienlebens (Abb. 145). Nirgendwo sonst in Burgund kann man, in so qualitätvoller Weise, eine Vorstellung von der Ausstattung einer gotischen Kirche erhalten wie hier.

Semur-en-Auxois

Zu den schönsten Städtebildern nicht nur Burgunds, sondern ganz Frankreichs, gehört der Blick auf Semur-en-Auxois vom gegenüberliegenden Ufer des Armançon aus, der sich hier tief in das Hochplateau des Auxois einschneidet und in einem Mäander den Felsrücken umschließt, auf dem sich Semur aufbaut in einer höchst malerischen Komposition von Zitadellen und Festungswällen, behäbigen bürgerlichen Häusern, deren Gärten in Terrassen den Fels herabsteigen, und der *Kollegiatskirche Notre-Dame,* deren spätgotischer Vierungsturm die Steigerung der Baumassen vollendet (Farbt. 12).

Semur war im Mittelalter die am stärksten befestigte Stadt des Herzogtums, ähnlich wie das benachbarte Flavigny aufgrund seiner topographischen Lage fast uneinnehmbar. Die schmalste Stelle des Bergrückens nahm eine Zitadelle ein, deren vier runde Türme noch heute aus der engen Bebauung herausragen. Nach Westen schloß sich mit eigener Befestigungsmauer das Schloß an, hoch über der steil zum Fluß abfallenden Felsklippe gelegen, während im Osten auf dem breiter werdenden Bergrücken der bourg sich ausdehnte, als deren Pfarrkirche Notre-Dame im 11. Jahrhundert gegründet wurde. Wenn auch die mittelalterlichen Häuser im Laufe der Jahrhunderte moderneren Bauten Platz machen mußten, vor allem im 17. und 18. Jahrhundert bequemen kleinen Hôtels mit Ehrenhof und großem Portal, so haben sich doch nur wenige Städte die Geschlossenheit ihres Ortsbildes so intakt erhalten wie Semur. Tritt man aus den engen, belebten Gassen auf den kleinen dreieckigen Platz vor der Kirche, so ist man geneigt, die Kirche für größer zu halten, als sie in Wirklichkeit ist. Sie erscheint mit ihrem weit vorspringenden Narthex, den zwei schlanken Türmen der Fassade, zwischen denen man über dem Mittelschiff den hohen Vierungsturm erkennt, wie eine kleine Kathedrale, und tatsächlich stellt sie, in reduzierter Form, das Modell vor, das dem Architekten des Chores von Auxerre vorgeschwebt haben wird.

Im Inneren überrascht zunächst die ungewöhnliche Enge und Höhe (6,30 m : 21,20 m bei 60 m Länge), die selbst den Raumschacht von Cluny noch übertrifft (Abb. 143). Die schwindelerregende Höhe des Innern wird noch unterstrichen durch die Dienste, die im Langhaus ohne Unterbrechung vom Boden bis zu den Gewölberippen aufsteigen und dadurch, daß man bei einem Umbau des 14. Jahrhunderts die Arkatur des Triforiums beseitigt hat, so daß über dem Untergeschoß sogleich die Obergadenzone mit langen schmalen Fenstern aufsetzt. Die ursprüngliche Dreigeschossigkeit hat sich noch im Chor erhalten. Hier wird der Zusammenhang mit Auxerre deutlich: über den Arkadenzonen mit kräftigen runden Pfeilern und gestelzten Bögen, die den Durchblick zum Chorumgang freigeben, erhebt sich über einem schmalen Gesims das Triforium: eine Reihe von höchst eleganten Säulchen trägt Dreipaßbögen, die jeweils pro Achse zu einer Zweiergruppe zusammengefaßt sind. Das Zusammentreffen der Bögen ist durch schön skulptierte Köpfe markiert, die über den Kapitellen der Säulchen angeheftet sind. Über dem Triforium der hohe schmale Obergaden, wie dieses zweischalig, mit einem umlaufenden Gang zwischen den Diensten und der Wand, auf der die hohen Fenster aufsetzen. Die Rippen der Chorapsis enden in einem runden skulptierten Schlußstein mit der Darstellung der Krönung Mariens, den schon Viollet-le-Duc, dem die Restaurierung der Kirche im 19. Jahrhundert anvertraut war, für den gelungensten des ganzen 13. Jahrhunderts hielt. Die außerordentliche Leichtigkeit und Transparenz der Architektur, die die burgundische Gotik bis zur totalen Negierung der Wand in dem erstaunlichen Glashaus des Chores von Saint-Thibault (Abb. 144) führen sollte, verbindet sich hier noch mit einem starken Sinn für die plastische Durcharbeitung der Bauglieder, der Säulen, Dienste, Gesimse und Kapitelle, deren Blattwerk noch die Frische der frühen Gotik hat. Der Grundriß der Kirche ist aufwendig wie bei einer Kathedrale. Drei Schiffe mit seitlichen Kapellen, ein Querhaus mit je zwei Jochen, ein Chor mit Umgang, drei Radialkapellen und je zwei seitlichen Schiffen, die die ganze Breite des Querhauses bis zur Apsis weiterführen.

Wenn auch, wie schon erwähnt, Veränderungen des 14. und 15. Jahrhunderts vor allem das Langhaus getroffen haben, so verdankt die Kirche ihre Einheitlichkeit doch dem ersten Entwurf eines Architekten, der um 1225 mit dem Bau begann. Die letzten drei westlichen Joche des Langhauses ebenso wie die Fassade und die offene Vorhalle wurden erst im 14. Jahrhundert hinzugefügt.

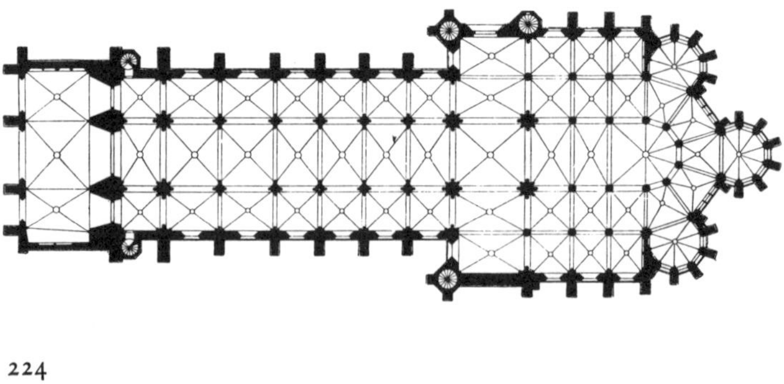

Semur, Grundriß

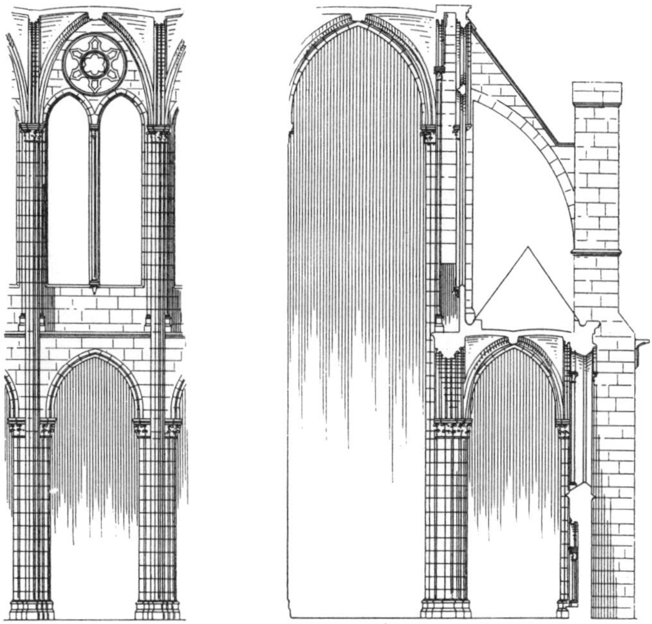

Semur, Langhaus, Aufriß und Querschnitt

Die Skulpturen der Westportale haben die Revolution nicht überstanden, nur das Portal auf der Nordseite des Querhauses, die sogenannte ›porte des Bleds‹, weist noch Skulpturen der Entstehungszeit, des späten 13. Jahrhunderts auf mit einem Tympanon, das die Legende des hl. Thomas zeigt, der Darstellung der Monate in den Archivolten und einige ein wenig schwerfällige, doch sehr phantasievolle Gestalten, die an die Skulpturen von Notre-Dame in Dijon erinnern.

Von der immer noch sehr reichen Ausstattung der Kirche sei verwiesen auf die Scheiben des 14. Jahrhunderts in den Apsidialkapellen und die Zunftscheiben der späten Gotik in den nördlichen Seitenkapellen, vor allem aber auf die Grablegung aus der ehemaligen Carmeliterkirche, um 1490, die in der dramatischen Drapierung der Gestalten, in den ausdrucksstarken Gesten und den schmerzerfüllten Gesichtszügen das Weiterwirken der Kunst Claus Sluters in Burgund bezeugt.

Notre-Dame in Dijon

Der Ruhm von *Notre-Dame* (Farbt. 14, Abb. 151–153) in Dijon reicht weit zurück in die Zeiten des klassischen Frankreichs, in denen im allgemeinen die gotische Architektur des Mittelalters als barbarisch verachtet wurde. Vauban, der große Festungsbaumeister Ludwigs XIV., rühmt die Kirche als Juwel, Soufflot, der Architekt des Pantheons

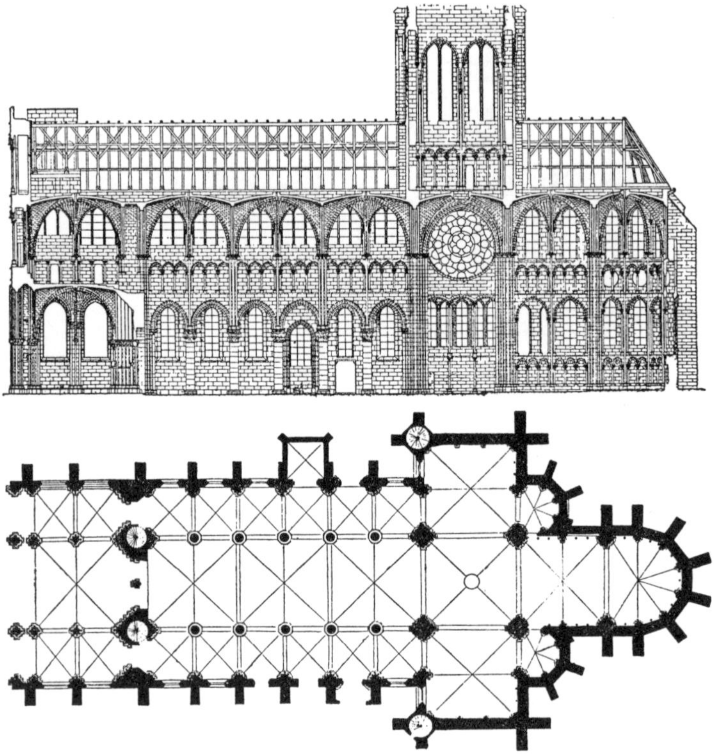

Dijon, Notre-Dame, Längsschnitt und Grundriß

in Paris und Begründer des französischen Klassizismus, (er stammte übrigens aus dem burgundischen Irancy bei Auxerre) besaß ein Holzmodell der Kirche und Pierre Patte nahm es in seine ›Cours d'architecture‹ auf, die er in der Nachfolge Blondels im späten 18. Jahrhundert herausgab. Die Bewunderung galt nicht dem Stil der Kirche, sondern der technischen Meisterschaft, ja Raffinesse der Konstruktion des Gebäudes, in der das burgundische Prinzip der Zweischaligkeit des Wandaufbaus konsequent und logisch zu Ende gedacht wurde. Auch die moderne Forschung hat sich diesem Urteil angeschlossen. So schreibt Yvan Christ im Dictionnaire des églises de France: »... elle incarne le génie gothique dans une de ses expressions les plus subtiles«, und Jantzen: »So ist denn auch die baukünstlerisch schönste, in den Abmessungen ausgewogenste Kirche Burgunds im 13. Jahrhundert nicht eine Kathedrale, sondern eine Pfarrkirche, die Liebfrauenkirche in Dijon: ›Schon der Grundriß enthüllt einige von den meisterhaften Zügen dieses Architekten. Der Grundriß entwickelt sich mit einer vollendeten Klarheit aus dem Vierungsquadrat als maßgebender Einheit sowohl für das Langhaus, für die Kreuzarme des Querschiffs und für das Chorquadrat, ja sogar für die dem Langhaus aufs engste verbundene Vorhalle. Da die Seitenschiffe in halber

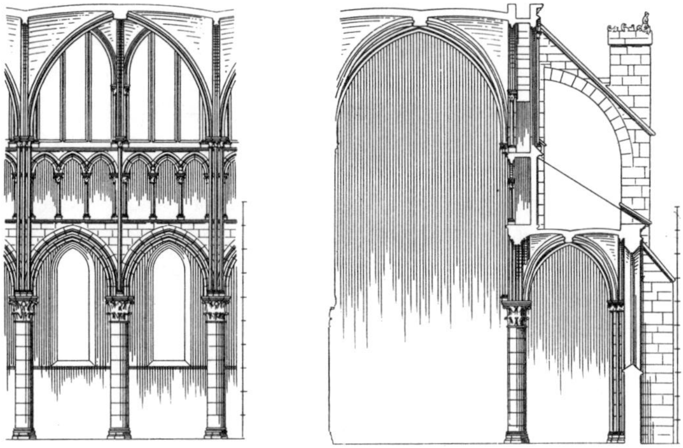

Dijon, Notre-Dame, Aufriß und Querschnitt des Langhauses

Breite des Mittelschiffs angelegt sind, ergibt sich der Grundriß des sogenannten gebundenen Systems. Im Osten schließt der Bau mit einem Chorpolygon und zwei in die Winkel zwischen Langchor und Querschiff gestellten Kapellen. Der Aufriß spricht mit der gleichen durchsichtigen Klarheit wie der Grundriß, burgundisch im Langhaus, insofern als das dreigliedrige basilikale System ein hohes, weit geöffnetes Triforium mit der zweischalig gebildeten Fensterzone verbindet‹. Stilgeschichtlich – von der Formgeschichte der Kathedrale her – ließe sich sagen, daß Notre-Dame in Dijon einen frühgotischen Raum hochgotisch zu steigern versucht, mit vollem künstlerischen Erfolg in der Art, wie die zweischalige Raumgrenze im Sinne des diaphanen Prinzips um den ganzen Raum mit Laufsteg im Lichtgaden herumgelegt wird« (Jantzen, S. 88/89).

Der Laufgang des Obergaden, der im Langhaus (Abb. 152) innen verläuft, wechselt im Chor auf die Außenseite, deren Strebepfeiler in dieser Zone durchbrochen werden. Man hat schon früh die Abhängigkeit dieser Chorapsis von der Kirche St. Yved in Braine erkannt, wie überhaupt der Einfluß der Architektur der Gegend um Laon und Soissons, die eines der Zentren der frühgotischen Architektur war mit den Kathedralen von Soissons, Noyon und Laon, mit St. Léger in Soissons und St. Yved in Braine, aber auch der Champagne, mit St. Remi in Reims zum Beispiel, für die Entwicklung der Gotik in Burgund von allergrößter Bedeutung gewesen ist, und sich auch in Notre-Dame von Dijon in vielen Merkmalen nachweisen läßt. Verstärkt wurde dieser Einfluß möglicherweise noch durch die Heirat des burgundischen Herzogs Hugues IV. 1229 mit Yolande von Dreux und Braine. Die Kapelle des Herzogsschlosses in Dijon, die nach der Revolution zerstörte Sainte-Chapelle, hing direkt mit Braine zusammen und hat möglicherweise auch die Anregung für Notre-Dame vermittelt, die sich die Bürger der Stadt zwischen 1230 und 1251 errichteten als Ausdruck neuen Selbstbewußtseins, nachdem gegen Ende des 12. Jahrhunderts Herzog Hugues II.

der Bürgerschaft neue Freiheiten und Rechte zugestanden hatte in einer Charta, die der der Stadt Soissons glich. Ob die Beziehungen zu Braine soweit gingen, wie die Restauratoren des 19. Jahrhunderts annahmen, als sie nach dem Muster von St. Yved die Vierung von Notre-Dame, die ein einfaches Kreuzrippengewölbe abschloß, zu einer hoch in den Turm aufsteigenden Laterne öffneten, ist allerdings fraglich. Gewisse Anachronismen, wie die sechsteiligen Gewölbe, die jeweils zwei Joche überspannen (Abb. 152), und, dank der Doppelschaligkeit, wie zwischen die Hochwände des Langhauses eingespannt wirken, oder der Wegfall eines Umganges um die Chorapsis herum sind Charakteristika der burgundischen Sondergotik, die in ihrem Einfallsreichtum Lösungen findet, die innerhalb der französischen Architektur einmalig sind. Das gilt vor allem für die Fassade (Abb. 151) von Notre-Dame: von der Anlage her eine Zweiturmfassade über einem nur nach Westen geöffneten dreischiffigen Narthex, über dessen drei hohen Bögen sich jedoch zwei gleich breite Geschosse von triforiumähnlichen Arkaturen aufbauen, in einer dichten Abfolge von schmalen eleganten Säulchen mit schönen Blattkapitellen, die die lange Reihe der Bögen tragen, über denen das Gesims in einer ganz ungewöhnlichen Weise mit einer Reihe von falschen Wasserspeiern besetzt ist. Die drei Reihen von Wasserspeiern, die die einzelnen Geschosse der Fassade trennen, haben auf den unter der Fassade stehenden Betrachter die überraschendste Wirkung. Sie sind zwar die Schöpfung eines Herrn La Goule aus dem 19. Jahrhundert (nomen est omen: im französischen heißen diese Wasserspeier fausses gargouilles), doch scheint die Existenz dieses merkwürdigen Bildprogramms für die Fassade des 13. Jahrhunderts gesichert. Wenn auch die Türme, die nicht ausgeführt wurden, den Gesamteindruck der Fassade anders akzentuiert hätten als der vorhandene flache Abschluß, so bleibt doch die rechteckige Form des Aufrisses in der Herkunft ihrer künstlerischen Konzeption rätselhaft: Man hat Verbindungslinien konstruiert zur Toskana, zu den Kirchen St. Martin und St. Michael in Lucca oder Santa-Maria in Arezzo, auch Einflüsse festgestellt von der Kathedrale in Lincoln in England, fest steht jedoch, daß keine dieser Fassaden das direkte Vorbild für Notre-Dame abgibt, und daß diese Fassade ohne Parallele in der europäischen Architektur der Gotik ist.

Die Fassade ist Teil eines Vorbaues, der ebenso ungewöhnlich ist: er verbindet die burgundische Übung der offenen Vorhalle (St. Père-sous-Vézelay, Beaune, Auxonne, Semur-en-Brionnais) mit der älteren, aus der karolingischen Westwerkidee erwachsenen Tradition der mehrstöckigen Vorkirche, denn über der Halle befindet sich eine Kapelle, die sich zum Langhaus der Kirche öffnet, sogar in gewisser Weise das Mittelschiff mit gleicher Wand- und Wölbungsstruktur über die Vorhalle fortführt.

Von eher anekdotischem Interesse ist die Gruppe des Glockenschlägers Jacquemart und seiner Familie an der Uhr auf dem südlichen Treppenturm der Fassade. Von Philippe dem Kühnen 1382 in der flandrischen Stadt Kortryk erobert bei seinem Sieg über die aufständischen Flamen, den Bürgern der Stadt Dijon geschenkt und auf der Stadtkirche montiert, erhielt Jacquemart 1610 eine Frau, die ihm auf dem Turm

Gesellschaft leistete, 1714 durch die Einsicht des Dichters Piron einen Sohn, Jacquelinet; schließlich wurde die Familie 1881 durch eine Tochter, Jacquelinette, vervollständigt. Mit den Bürgern von Kortryk machte man, im Zeichen der europäischen Einigung, 1961 Friede, in dem man ihnen eine Replik der Gruppe für den Belfried ihres Stadthauses schenkte.

Die hervorragende städtebauliche Situation der Kirche Notre-Dame, inmitten eng an der Kirche gerückter alter Bebauung, die Fassade als Abschluß der rue Musette, wird in Dijon nur noch übertroffen von dem städtebaulichen Ensemble der Straßen- und Platzabfolge Rue de la liberté – Place de la Libération (der Schloßplatz), Rue Rameau, Place du Théâtre mit den beiden hintereinander gestaffelten Kirchen St. Etienne und St. Michel, deren Fassade die gesamte Abfolge auffängt und als point de vue dominiert. Mit Notre-Dame hat die Fassade von *St. Michel* (Abb. 171) gemein, zu den ungewöhnlichsten Kirchenfassaden Frankreichs zu gehören, von der Struktur her eine gotische Zweiturmfassade, aber in reinen Renaissanceformen, eine letzte große Leistung der burgundischen Kunst des 16. Jahrhunderts.

Dijon – Hauptstadt der Großen Herzöge

In einer Zeit des allgemeinen Niedergangs in Europa, der Pest in Frankreich und Deutschland, der Kriege zwischen der englischen und französischen Krone, der blutigen Niederschlagung der ersten Bauern- und Bürgeraufstände in England und Flandern, beginnt für Burgund der letzte glanzvolle Höhepunkt seiner Geschichte. Diesmal nicht aus religiöser Erneuerung, sondern auf der Grundlage einer ungeheuren Konzentration von Reichtum und Macht seiner Herzöge.

Die alte Linie der Capetinger war 1361 mit dem Tode des jungen Philippe de Rouvres ausgestorben. Das Herzogtum fiel damit an die französische Krone zurück. König Jean le Bon (Johann der Gute 1350–64) gab es seinem vierten Sohn, dem 1342 geborenen Philippe zum Lehen. Philippe übernimmt nicht nur das Herzogtum und bindet es damit an das in Paris regierende Haus Valois, es gelingt ihm auch, mit Unterstützung durch seinen Bruder, König Charles V., und nach langen Verhandlungen, in den Ehekontrakt seines Vorgängers einzusteigen: Philippe de Rouvres war verlobt gewesen mit Marguerite von Flandern, der Erbtochter Ludwigs von Maele, Graf von Flandern. Am 9. Juni 1369 wird in Gent die Hochzeit gefeiert und damit die Grundlage gelegt für die Bildung des reichsten und zeitweise mächtigsten Staatenkonglomerats des späten Mittelalters.

Zwar kann Philippe erst 1384 nach dem Tode seines Schwiegervaters die Erbschaft antreten und seinem Kernland Burgund die Grafschaft Flandern samt der Freigrafschaft Burgund, des Artois und verschiedener anderer Territorien angliedern, doch schafft er schon bald nach seinem Regierungsantritt in Dijon durch Reorganisation der Verwaltung und diplomatische Absicherung die Grundlage für die Bewältigung des Machtzuwachses.

Ausdruck der Neuordnung des Staates wird das Schloß der Herzöge in Dijon, von dem später die Rede sein wird. Ausdruck des Selbstbewußtseins Philippes, der schon in seiner Jugend den Beinamen Le Hardi, der Kühne bekam, wird die *Kartause von Champmol* (Abb. 154, 155), südlich vor den Toren der Stadt. Zeichen des Neubeginns auch, denn es soll Cîteaux als Grabstätte der Herzöge ablösen. Wie sehr sich die Gewichte vom Religiösen zum Weltlichen verschoben haben, wird hier deutlich. Nicht mehr die Herzöge zu Gast im mächtigen Kloster, sondern die Mönche angestellt zum ewigen Gebet am Grabe des Herzogs. Kein Orden eignete sich für diese Aufgabe besser

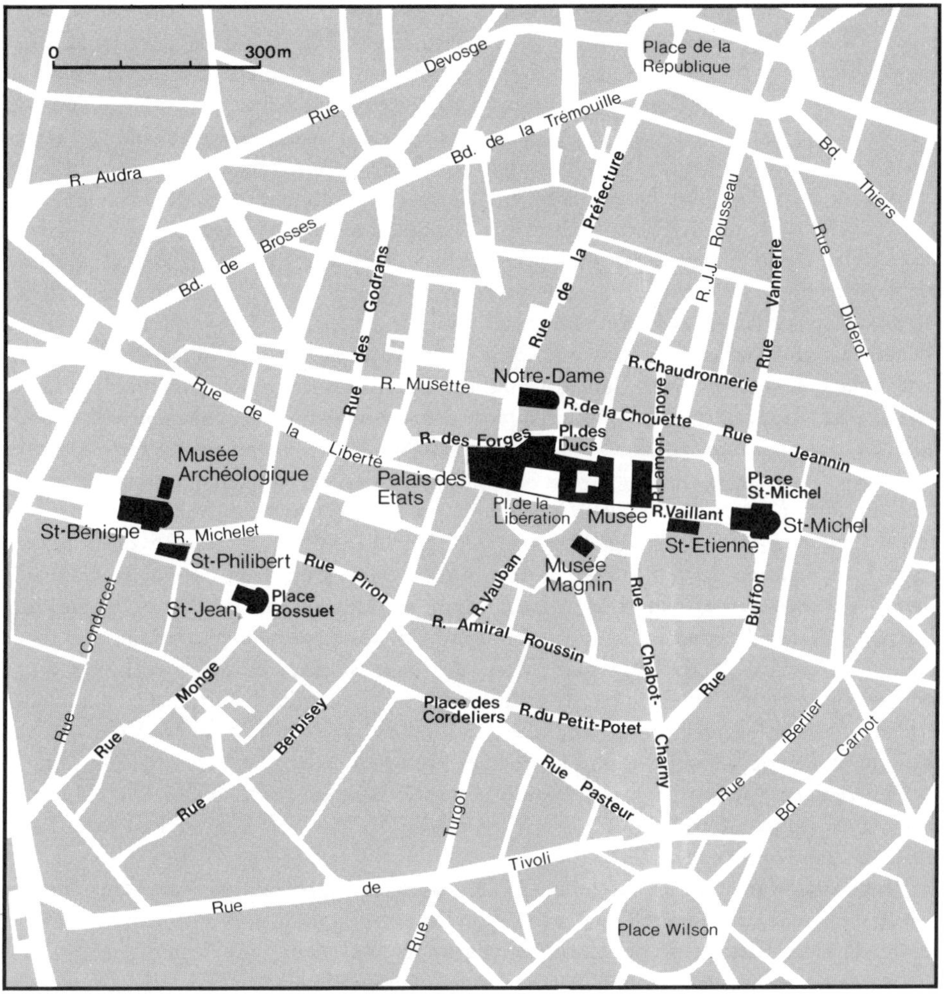

Stadtplan von Dijon

als der der Kartäuser. »Für das Seelenheil gibt es nichts Besseres als die Gebete der frommen Mönche, die aus Liebe zu Gott freiwillig Armut erwählen und alle Nichtigkeiten und Freuden der Welt fliehen«, heißt es in der Stiftungsurkunde. »Da die Kartäuser unablässig Tag und Nacht für das Heil der Seelen und für die gedeihliche Entwicklung des öffentlichen Wohles und der Fürsten beten«, so wolle er, Philippe, »aus seinen Mitteln für vierundzwanzig Mönche, fünf Laienbrüder und ihren Prior eine Kartause zu Ehren der Heiligen Dreifaltigkeit stiften« (Braunfels, S. 163).

Die Planungen gehen bis 1377 zurück, doch erst die flandrische Erbschaft 1384 versetzt Philippe in die finanzielle Lage, sein ehrgeiziges Projekt zu realisieren. In Burgund selber war die große künstlerische Tradition seit über einem halben Jahrhundert abgebrochen, so daß Philippe für Planung und Ausführung Künstler aus Paris und den Niederlanden kommen lassen mußte: den königlichen Architekten Drouet de Dammartin, der eben gemeinsam mit Raymond du Temple für Charles V. den Neubau des Louvre in Paris errichtet hatte, und den flämischen Bildhauer Jean de Marville. Der Bau von Kloster und Kirche ist schon 1388 abgeschlossen, die Ausstattung der Kirche mit Altären und Skulpturenschmuck, vor allem aber die Errichtung der Grabmäler ziehen sich über Jahrzehnte hin und machten aus der Kartause einen der Kristallisationspunkte der Kunst in Europa um 1400.

Der heutige Besucher Dijons hat es schwer, sich von der Größe und Pracht der einstigen Anlage noch eine Vorstellung zu machen. Die Kartause selbst wurde vollkommen zerstört ab 1792, nachdem der Orden von der französischen Revolution aufgehoben worden war. An ihrer Stelle wurde im 19. Jahrhundert eine Irrenanstalt errichtet, in deren Mauern jedoch noch die wertvollsten Reste des ehemaligen Klosters verwahrt werden: das *Kirchenportal* (Abb. 154) und der *Mosesbrunnen* (Abb. 157–159) von *Claus Sluter*. Die Gräber der Herzöge wurden ebenfalls von der Revolution zerstört, ihre Leichen nach St. Bénigne verbracht. Sehr früh freilich wurde man sich dieser Verluste bewußt, und es gelang schon im frühen 19. Jahrhundert, die zerstörten Teile zusammenzufügen und 1827 die restaurierten Grabmäler im ehemaligen Gardensaal des Herzogsschlosses, der dem Städtischen Museum hinzugefügt wurde, aufzustellen. In dasselbe Museum kamen auch einige der wichtigsten Altäre des Klosters, vor allem der reichgeschnitzte Hauptaltar der Kirche, während die meisten Kunstwerke verkauft wurden und heute über Museen der ganzen Welt verstreut sind.

Die wenigen Spuren der Kartause, auf die man in Dijon heute noch stößt, sind freilich Kunstwerke allerersten Ranges; sie gehören zu den wichtigsten Leistungen der europäischen Kunst um 1400.

Über Gesamtanlage und Aussehen des Klosters informieren alte Pläne und Ansichten des 18. Jahrhunderts. Entsprechend den Regeln des 1084 vom hl. Bruno aus Köln in der Grande Chartreuse bei Grenoble gegründeten Ordens gruppierten sich die Einzelhäuser der vierundzwanzig Mönche entlang dem quadratischen Kreuzgang um einen riesigen Innenhof, der als Friedhof diente, und in dessen Mitte Claus Sluter seinen Kalvarienberg errichtete. In der Nordostachse schloß sich einschiffig die Kirche an mit zugefügten, teils zweigeschossigen Kapellen und Oratorien für das Herzogspaar. Südlich der Kirche gruppierten sich um einen kleinen Kreuzgang Kapitelsaal, Haus des Priors und verschiedene Nebengebäude. Der einfache Saalbau der Kirche mit dreiseitigem Chorabschluß wurde ganz beherrscht von dem riesigen Chorgestühl, in deren Mitte die Herzogsgräber standen. »Der Gedanke war – in einem fast frevelhaften

151 DIJON Notre-Dame, Fassade, 13. Jh. ▷

CORDONNERIE
ADELSHOFFEN
SOFIL

152, 153 DIJON Notre-Dame, Langhaus und Ansicht vom Turm des Herzogsschlosses

154 DIJON Kartause von Champmol, Portal von Claus Sluter, Ende 14. Jh.

155 DIJON Kartause, Detail des Portals

156

159 DIJON Mosesbrunnen von Sluter, um 1400 ▷

156–158 DIJON Kartause, Christus und die Propheten Moses und Jesaias vom Mosesbrunnen

prophe Jeremias prophe

160 DIJON Jacques de Baerze, Schnitzaltar aus der Kartause von Champmol. Musée des Beaux-Arts

161 DIJON Claus Sluter und Jean de Marville, Trauernde Mönche von den Gräbern der Herzöge. Musée des Beaux-Arts

162 DIJON Grabmal Philippes des Kühnen. Musée des Beaux-Arts

163 BEAUNE Christus als Weltenrichter, Flügelaltar von Roger van der Weyden. Hôtel-Dieu

164 BEAUNE Weltgerichtsaltar von Roger van der Weyden. Hôtel-Dieu

165 DIJON Meister von Flémalle (Robert Campin), Geburt Christi. Musée des Beaux-Arts

166 DIJON Melchior Broederlam, Verkündigung und Heimsuchung; Außenseite (links) vom Flügelaltar mit Kreuzigung des Jacques de Baerze aus der Kartause von Champmol. Musée des Beaux-Arts ▷

167 DIJON Melchior Broederlam, Darbringung im Tempel und Flucht nach Ägypten; Außenseite (rechts) vom Flügelaltar mit der Kreuzigung des Jacques de Baerze. Musée des Beaux-Arts ▷▷

168 DIJON Place de la Libération von Hardouin-Mansart

169, 170 DIJON Marktszene und Hôtel de Vogüe ▼

171 DIJON Fassade von Saint-Michel, 16. Jh. ▷

Champigneulles
BANQUE
CHANGE
P

172 DIJON Renaissanceerker, Place des Ducs

173 Schloß Posanges

174 ANCY-LE-FRANC Renaissanceschloß

175 SULLY Größtes Renaissanceschloß Burgunds

176 COMMARIN Wasserschloß

177 BEAUNE Notre-Dame, 12.–15. Jh.

178 BEAUNE Hôtel des Ducs de Bourgogne, Weinmuseum

180 LE CLOS DE VOUGEOT Innenhof des Weingutes

◁ 179 Weinbau, Côte-d'Or 182 LA ROCHEPOT Die Ritterburg des Seneschalls Philippe Pot ▷

181 BEAUNE Weinabfüllung vom Faß in die Flasche

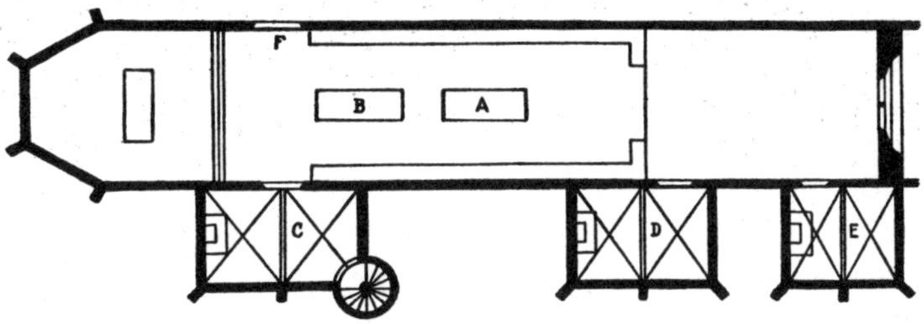

Dijon, Kartause von Champmol (Rekonstruktionsversuch) A Grabmal Philipps des Kühnen B Grabmal Johanns ohne Furcht C Chor- und Engelskapelle D Petruskapelle E Agneskapelle F Tympanon über der Tür zum kleinen Kreuzgang

Erlösungsverlangen –, die Fürstengräber im Chor der Kirche so zwischen das Gestühl der Mönche zu stellen, daß die Wechselgebete über sie hinweg und durch sie hindurch dringen mußten« (Braunfels, S. 163).

In seinem Testament von 1386 bestimmt Philippe, daß sein Leichnam, in eine Kartäuserkutte gekleidet, in Champmol beigesetzt werden solle, ganz gleichgültig, wo der Tod ihn träfe. Er stirbt 1404 in Halle bei Brüssel, von wo ein langer Trauerzug ihn nach Dijon bringt. Noch 1522 äußert Kaiser Karl V. in seinem Testament den Wunsch, neben seinem burgundischen Vorfahren in Champmol beigesetzt zu werden.

Die Gräber der Herzöge

Schon 1381 hatte Philippe seinem Hofbildhauer *Jean de Marville* den Auftrag einer ›Sépulture d'Albâtre‹ gegeben. Marville, ein tüchtiger, aber eher konventioneller Bildhauer, der sich ausgezeichnet auf die dekorative Skulptur verstand, hatte, bevor er 1373 an den Hof von Dijon kam, bei dem berühmten Bildhauer Jean de Liège an der Fertigung eines Grabmals in Rouen gearbeitet. Ob von ihm die Konzeption des Grabmales für Philippe im ganzen und im einzelnen stammte, ist nicht sicher. Fest steht jedoch, daß bei seinem Tod 1389 von dem Sarkophag noch nicht allzuviel fertiggestellt war. Man möchte eher annehmen, daß schon wesentliche Elemente, auch der Konzeption, auf Marvilles Mitarbeiter (seit 1385) und Nachfolger zurückgehen, auf *Claus Sluter*, den größten Bildhauer Europas um 1400. Sluter, dessen Herkunft und Anfänge noch immer nicht ganz geklärt sind – es scheint, daß er im holländischen Haarlem geboren wurde und seine künstlerische Laufbahn in Brüssel begann –, wurde rasch die überragende Figur des Künstlerkreises, den Philippe nach Dijon gerufen hatte, aus Paris, Flandern, Brabant, dem Hennegau und Holland, aber auch aus verschiedenen deutschen Städten. Er wurde vom Fürsten mit Aufträgen überhäuft, so daß seine Arbeit am Sarkophag kaum vorankam. Beim plötzlichen Tod Philippes, 1404, sind erst zwei der Trauerfiguren fertig. Sluter muß sich in einem Vertrag mit Philippes

Sohn Jean verpflichten, innerhalb von vier Jahren das Grabmal fertigzustellen: die Liegefigur des Toten, vierzig Trauernde, vierundfünfzig Engelsfiguren (Abb. 161, 162). Sluter selbst stirbt schon am 31. Januar 1406, sein Neffe *Claus de Werve* führt bis 1410 wohl die Mehrzahl der Figuren aus, aber sicher nach präzisen Vorlagen, Zeichnungen oder Modellen seines Onkels.

Der Anblick der *Gräber Philippes und Jeans* im alten Gardensaal des Herzogsschlosses gehört auch heute noch zu den eindrucksvollsten Erlebnissen, die Burgund zu bieten hat. Die ungeheure Pracht der Sarkophage in Verbindung von schwarzen Marmorplatten, weißem Alabaster und goldener und farbiger Fassung der Fürstengestalten, ihrer Insignien, der Engel zu ihren Häuptern, vermittelt noch eine Vorstellung vom materiellen Reichtum und vom kulturellen Anspruch, der das Haus Valois in Burgund trug.

Rang und Originalität der Gräber, vor allem das Philippes – das zweite, Jean sans Peur und seiner Gemahlin Marguérite de Bavière, ist nur eine Replik aus der Mitte des 15. Jahrhunderts –, sind nicht so sehr in der Neuschaffung eines Typus begründet, denn weder die Darstellung des Toten auf der Grabplatte noch die architektonische Durchgestaltung der Wände der Tumba mit Arkaturen und Figuren waren neu. Neu und höchst originell freilich ist die Art, wie diese Arkaturen umgewandelt werden zu echter Architektur mit räumlichen Bezügen, zu einer Art umlaufendem Kreuzgang, der Platz bietet für den Zug der Trauernden. »Die Bearbeitung des Steines ist bis zu einem solchen Grade durchgeführt, daß alles Gewicht, alles Schwere genommen zu sein scheint, der feste Block ist aufgelöst zu einer überaus feinen und filigranartigen A-jour-Arbeit« (Troescher, S. 27/28). Es mischen sich Formen der Außen- und der Innenarchitektur in beständigem Wechsel der Ansicht, in vor- und zurücktretenden Pfeilerstellungen. Ist dieser raffinierte und elegante architektonische Rahmen das Werk von Marville, so geht sicher der entscheidende Kunstgriff der Erfindung auf Sluter zurück: die Figuren sind nicht mehr oder weniger beziehungslos nebeneinander angeordnet, sondern sie bilden einen in dramaturgisch geschickter Regie geführten Trauerzug von Meßknaben, Priestern, Männern des fürstlichen Gefolges und vor allem Kartäusermönchen, alle in Kutten verhüllt (Abb. 161). Der Ausdruck der Trauer, des Schmerzes und der Resignation spiegelt sich nicht so sehr in den Gesichtern, über die meist die tiefen Kapuzen fallen, sondern in Haltung, langsamem Schreiten oder dem gedankenverlorenen Stehenbleiben. Jeder der ›pleurants‹ ist, trotz der Uniformität der Kutte, eine individuelle Persönlichkeit mit einem genau bestimmten Platz im Trauerzug, der in strenger schwermütiger Choreographie um die Tumba herumgeführt wird. Kein Totentanz, sondern die getreue Wiedergabe der Prozession, die den toten Herzog von den Niederlanden nach Dijon zurückgebracht hat. Man hat immer wieder den Realismus bei Sluter gerühmt, doch ist das Höchstmaß an würdevoller Stilisierung, die formale Vollendung in der Behandlung der Gewänder nicht zu übersehen. Die szenische Regie des Schauspiels wird getragen von dem kunstvollen Verhalten der Kutten zueinander. Die Durcharbeitung der Figuren geht, wie gesagt, nur für einige ganz auf Sluter selbst zurück, die meisten wurden von Claus de Werve ausgeführt, doch ist die Einheit des Ganzen nie in Frage gestellt. Die Liegefigur des Herzogs ist, bis auf die Hände, eine Neuschöpfung des 19. Jahrhunderts nach altem Befund.

Um eine Vorstellung von Philippe zu gewinnen, muß man sich Sluters zweitem Hauptwerk, dem in situ erhaltenen Portal der Kartause, zuwenden.

Das Portal der Kartause von Champmol

Als Sluter 1389 die Nachfolge Marvilles antrat und damit auch den Auftrag für das Figurenportal von Champmol übernahm, setzte er sich souverän über das von seinem Vorgänger und vom Architekten Dammartin konzipierte Portalschema, das in der Tradition des 14. Jahrhunderts stand, hinweg. Statt aufrecht stehende Gewändefiguren in die Architektur einzufügen, inszenierte er auch hier lebhaft bewegtes geistliches Theater: die Empfehlung des Herzogspaares durch ihre Schutzpatrone an die Mutter Gottes. Links Herzog Philippe kniend, die Hände im Gebet gefaltet, begleitet vom hl. Johannes dem Täufer, rechts die Herzogin Marguerite von Flandern empfohlen von der Schutzheiligen Katharina. Am Trumeau-Pfeiler Maria, in Zwiesprache mit ihrem Kind, dem Zentrum dieser vollkommen einheitlichen Komposition (Abb. 154, 155).

Äußeres Mittel der Vereinheitlichung der Szene ist außer der Behandlung der Gewänder, deren Faltenschwung zur Mitte tendiert, auch die Drehung der Figuren, die nicht mehr frontal vor das Portalgewände gestellt werden, sondern sich frei vor der Architektur bewegen und ihrer Verehrung für die Gottesmutter durch Zuwendung, Kniefall oder, bei den beiden Heiligen, die leichte Andeutung einer Kniebeuge Ausdruck geben. Die Intensität der Blicke drückt nicht nur Verehrung aus, sondern auch Teilnahme an einem Geschehen, das sich zwischen Mutter und Kind abspielt: das Kind blickt erschreckt zu den (heute verschwundenen) Leidenswerkzeugen im Baldachin über dem Haupt seiner Mutter, die Mutter schaut voll Zärtlichkeit und Trauer auf das Kind, die lebhafte Bewegung ihres Körpers, verstärkt durch den Schwung ihres Gewandes, drückt innere Erregung aus.

Hat schon die sehr persönlich interpretierte Gestalt der Madonna in der zeitgenössischen Kunst keine Parallele, so schafft Sluter in den Gestalten des Herzogspaares »die ersten meisterhaften, lebensgroßen Bildnisse der Neuzeit von außerordentlicher Lebendigkeit und überzeugender Porträtähnlichkeit« (Troescher, S. 72).

Der Herzog in der modischen Tracht der ›houppelande‹, einem weiten, faltenreichen Überrock mit Hermelinkragen, blickt selbstbewußt, aus tiefliegenden Augen. Seinen breiten Schädel charakterisiert die stark vorspringende Nase, die später die Habsburger ihren burgundischen Vorfahren verdanken werden. Das stark beschädigte Gesicht der Herzogin läßt an die Einschätzung denken, die schon 1385 der Chronist Froissart von ihr gab: »Madame de Bourgogne était fort absolue et assez méchante«. Die individuelle Charakterisierung der Gesichter tritt auch bei den beiden Heiligenfiguren auf, die noch jugendliche Katharina und die großartige Figur des bärtigen Johannes, der auf Sluters reifste Leistung, die Gestalten des Mosesbrunnens, vorausweist.

Der Mosesbrunnen

Wohl 1395 hatte Sluter von Philippe den Auftrag bekommen, für den Kreuzgang der Kartause, der zugleich der Friedhof der Mönche war, einen großen Kalvarienberg zu schaffen. Die Arbeiten begannen schon 1396, wurden um 1400 durch eine längere Krankheit Sluters unterbrochen; 1405 wurde die Anlage vollendet durch eine sorgfältige Polychromierung durch *Jean Malouel*, Hofmaler des Herzogs und Onkel der Brüder von Limburg, die für den Bruder Philippes, den Herzog von Berry, das berühmteste Stundenbuch des Mittelalters geschaffen haben.

In seiner Konzeption war der *Kalvarienberg* ebenso ungewöhnlich wie in seinen Ausmaßen außerordentlich: das Kreuz von fast vier Metern erhob sich über einem Sockel von mehr als drei Metern. Dem komplizierten theologischen und ikonographischen Programm lag die Idee der Fons Vitae, des Lebensbrunnens, zugrunde, möglicherweise angeregt durch die Schriften des Kartäusermönches Rudolph von Sachsen: die Erlösungstat Christi als die Quelle allen Lebens, vorhergesagt durch die Propheten des Alten Bundes, die den Sockel umstehen, welcher das Kreuz trug. Der Sockel selber ist eingelassen in den Brunnen des Klosters, wodurch der symbolhafte Bezug seine realsinnliche Erfahrung erhielt.

Der Kalvarienberg selber, mit Kreuz, Maria, Johannes und Maria Magdalena, ist schon durch seine Aufstellung im Freien im 16. Jahrhundert der Witterung zum Opfer gefallen. Erst seit dem 17. Jahrhundert schützte man den Sockel des Brunnens durch einen sechseckigen Pavillon, in dem er sich noch heute befindet, umgeben von den Gärten der Heilanstalt. Bei einer Restaurierung im 19. Jahrhundert fand man auf dem Boden des Brunnens eine Reihe von Fragmenten, vor allem die Beine und den Oberkörper Christi (Abb. 156, heute im Musée Archéologique von Dijon).

Bleibt der Sockel mit den Statuen der sechs Propheten, über denen sechs trauernde Engel mit ihren ausgebreiteten Flügeln die weitausladende Plattform des Kalvarienberges tragen (Abb. 159). Diese Engel mit ihren expressiven Gesten und dem Gesichtsausdruck von Trauer, Resignation und Verzweiflung sind Meisterleistungen von Sluters Neffe Claus de Werve, entstanden wohl in der Zeit von Sluters Krankheit um 1399. Sluter selber lieferte die ersten drei Propheten, David, Jeremias und Moses (Abb. 157), 1402 ab, die drei anderen, Daniel, Jesaias (Abb. 158) und Zacharias, werden 1404 fertig. Die stark malerische Tendenz, die der Gesamtanlage zugrunde liegt, wurde noch durch die farbige Fassung verstärkt; der Realismus Sluters ging so weit, daß er den in einem Buche lesenden Jeremias mit einer kupfernen Brille versah. Malerisch freilich ist nur der bildmäßige, szenische Aufbau der Komposition, das Zusammengehen von Skulptur, Architektur und Dekoration – a gigantic showpiece, nennt es Panofsky –, die Haltung der Propheten selbst ist jedoch von einer Monumentalität, die die Konventionen des eleganten, harmonischen Internationalen Stils, der sonst die Kunst um 1400 in Europa prägt, vollkommen sprengt, und nicht nur wie ein Vorgriff auf die kommende Renaissance, sondern, im bewegten Pathos der Gewänder, schon die Aussagekraft barocker Inventionen ahnen läßt – Sluter als Vorläufer von Michelangelo und Bernini, nach der Interpretation Panofskys.

Anordnung und Zuordnung der Figuren zueinander folgen einer szenischen Regie, die schon am Portal der Kirche deutlich wurde. An der Hauptseite die beherrschende Gestalt des Moses, die dem Brunnen seinen populären Namen gegeben hat, die hochaufgerichtete Gestalt des alten bärtigen Führers der Juden, der, in der Rechten die Gesetzestafeln des Alten Bundes, in der Linken das Spruchband mit der Weissagung der Erlösung Israels, vom Berge Sinai herabsteigt. Wie der Moses von Michelangelo, gehört auch das gewaltige Haupt von Sluters Propheten zu den großen Eindrücken der abendländischen Kunst: »höchste Klugheit und tiefste Weisheit des Alters, eine unerhörte Kraft des Willens und vollkommene Selbstbeherrschung, unbestechliche Wahrheitsliebe und unendliches Verstehen formten dies Antlitz zu einer solchen übermenschlichen und erfurchtgebietenden Größe, daß der Bann, in dem jeder Besucher gefangen ist, wie eine unerlösliche Verzauberung wirkt. Wie ein Fels in der Brandung, wie ein zum Herrscher geborener Wächter der Urzeit, wie ein gewaltiger Riese, der die Welt trägt, eröffnet der erste Prophet die Reihe der Erzväter, sein Blick ist voller Wissen und gleitet erkenntnisgesättigt in die Ferne, zu den Schicksalen künftiger Geschlechter« (Troescher, S. 100). Die rechts und links sich anschließenden Propheten sind aufeinander bezogen, links Jesaias und Daniel, die Ankunft Christi diskutierend, rechts König David und Jeremias, den Opfertod Christi meditierend. Auf der Gegenseite zu Moses, wiederum als Einzelfigur, steht der alte Zacharias, »tief gebeugt von der Last der Jahre und von der ernsten Schwere seiner bitteren Erkenntnisse scheinbar niedergedrückt« (Troescher, S. 101). Verkörpert Moses trotz seines Alters Energie und Bereitschaft zum Handeln, so drückt Zacharias tiefe Resignation, Grübeln und Mitleiden aus. Am eindrucksvollsten neben dem Moses vielleicht der kahle Schädel des Jesaias (Abb. 158), mit hochgezogener Stirn, leicht vornüber gebeugt, in dem sich äußerster Realismus in der Detailzeichnung mit großartiger Ausdruckskraft verbindet.

Gegenüber den Kaskaden von Gewandfalten und höchst komplizierten Kurvaturen, die noch bei der Portalmadonna den Ausdrucksstil bestimmten, hat Sluter bei diesem letzten großen Gestalten zu einer großflächigen ruhigen Formensprache gefunden, die den Eindruck von Monumentalität steigert und die ein Jahrhundert lang die burgundische Skulptur geprägt hat, ohne je wieder in dieser Höhe erreicht zu werden.

Jacques de Baerze – Melchior Broederlam

Wieweit Claus Sluter sich vom Stil der Internationalen Gotik entfernt hatte, macht ein Vergleich deutlich mit dem Hauptaltar der Klosterkirche von Champmol, dem heute im Musée des Beaux-Arts in Dijon neben den Grabmälern der Herzöge verwahrten Schnitzaltar, den Philippe 1390 bei *Jacques de Baerze* in Dendermonde in Ostflandern in Auftrag gegeben hatte, zusammen mit einem zweiten Altar (Abb. 160), der ebenfalls in Dijoner Museum zu sehen ist. In Wirklichkeit sind diese beiden Altäre Repliken von Arbeiten de Baerzes für die Kirche seiner Heimatstadt und für das Kloster Biloke bei Gent, die die Aufmerksamkeit des Fürsten erregt hatten und dieser zu kopieren befahl. Die äußerste Verfeinerung der vergoldeten Schnitzarbeiten, das an Klöppelarbeit erinnernde Filigrannetz der Architektur haben eher Verwandtschaft mit den Arbeiten Marvilles. Die Fragilität der fast immateriell wirkenden Figuren hebt sich deutlich von Sluters lebensvollen Gestalten ab. Für Burgund allerdings war der Import dieser Schnitzaltäre eine Sensation. Der Typus dieser aus deutscher Tradition stammenden, architektonisch aufgebauten Flügelaltäre war bis dahin in Frankreich kaum verbreitet. Gegenüber der strengen Architektur der deutschen Altäre schafft de Baerze in den Dreiergruppen der Nischen einen Bühnenraum für Szenen aus dem Leben Christi – links die Anbetung der Könige, die Kreuzigung in der Mitte, rechts die Grablegung, letzteres eine Komposition, die in monumentaler Fassung als hl. Grab im Burgund des ausgehenden Mittelalters eine erstaunliche Popularität gewinnen sollte. Komposition der Szenen wie auch die Durcharbeitung der einzelnen Figuren haben viele Parallelen in der gleichzeitigen Malerei des sogenannten Weichen Stils, der höchst prominent auf den Außenseiten des mit Heiligen-Statuen versehenen Flügels des Altares in der Malerei des Melchior Broederlam vertreten ist. Philippe hatte, nachdem de Baerze die Altäre fertiggestellt hatte, die Flügel 1393 per Schiff nach Ypern bringen lassen zu dem damals berühmtesten Maler Flanderns, *Melchior Broederlam*, der schon 1384 in Sluis das herzogliche Schiff in Gold und Blau gefaßt hatte einschließlich der Flaggen und Segel, die übersät waren mit Margeriten (Marguerite von Flandern), den Initialen P. M. des Herzogpaares und Philippes Devise: »Il me tarde« (Es eilt mir). Diese untergeordneten Arbeiten gehörten zu den Obliegenheiten eines Hofmalers ebenso wie das Entwerfen von Kachelmustern (Ordonnance des Carrelages), wovon die höchst phantasievollen Fußböden auf den beiden Tafeln Broederlams in Dijon Zeugnis ablegen.

Mit Broederlams Tafeln, dem wichtigsten Zeugnis der Tafelmalerei nördlich der Alpen um 1400, beginnt die große Reihe von zentralen Arbeiten niederländischer Kunst in und für Burgund: die ›Anbetung‹ des Meisters von Flémalle (Abb. 165), wahrscheinlich für die Kartause, heute in Dijon, die ›Madonna‹ des Kanzlers Rolin für die Kathedrale von Autun (heute im Louvre in Paris), das ›Jüngste Gericht‹ von Roger van der Weyden im Hospice von Beaune (Farbt. 19, Abb. 163, 164). Die Reihe der für Champmol gemalten Altäre, die heute auf Museen der ganzen Welt verstreut sind, ist lang.

Die beiden *Tafeln Broederlams* zeigen Szenen aus dem Marienleben, links die Verkündigung und die Heimsuchung (Abb. 166), rechts die Darbringung im Tempel und die Flucht nach Ägypten (Farbt. 17, Abb. 167). Alternierend spielen die Szenen in einer Architekturkulisse oder in der freien Landschaft, wobei Broederlam geschickt den ungewöhnlichen und unregelmäßigen Zuschnitt der Tafel für Tiefen- und Höhenandeutungen zu nutzen weiß. Der für diese Zeit noch obligatorische Goldgrund ist weitgehend zurückgedrängt, er wird im übrigen nicht nur von Gottvater und Engeln, sondern auch schon von einem frei vom Felsen herabfliegenden Vogel bevölkert. Das Bemühen, den Raum zu erobern, Landschaft nicht nur anzudeuten, sondern auch deren Tiefenerstreckung nachzuvollziehen, ist überall deutlich, bei dem in die Höhe führenden Felsweg auf der ›Flucht nach Ägypten‹ ebenso wie in der unendlich komplizierten Anlage des diagonal gestellten Architekturkastens bei der ›Verkündigung‹, von dem aus durch eine halboffene Gittertür der Blick in die Tiefe eines zweiten Raumes geführt wird.

Sicherlich verdankt die Komposition viele Anregungen der italienischen Malerei, vor allem Lorenzetti sowie der damals in höchster Blüte befindlichen franko-flämischen Buchmalerei, doch findet sich nirgends dort ein so sensibler Ausgleich von Hell und Dunkel, von atmosphärischer Verdichtung. Bei allem Bemühen um realistische Darstellung bleiben die Tafeln hochstilisierte Bilderrätsel, voll symbolischer Anspielungen; so drückt sich der Gegensatz zwischen dem Alten und dem Neuen Bund, zwischen Judentum und Christentum in der Architektur der Verkündigungstafel aus: dem Tempel ist die Kapelle Mariens vorgelagert mit den Statuen der beiden Propheten, die die Ankunft Christi geweissagt haben; auf der ›Flucht nach Ägypten‹ zerbricht das heidnische Götzenbild in der Mitte des Weges beim Nahen des Jesuskindes. Die Gestalten der Tafel entsprechen mit ihren weich fallenden Gewändern, den verfeinerten Gesichtszügen und ihren typisierten Gesten ganz dem Ideal des sogenannten Weichen Stils. Einzig der Josef auf der ›Flucht nach Ägypten‹ paßt nicht in diese höfisch-kultivierte Gesellschaft. Sein rustikales Auftreten, die ganz und gar unheilige Art, wie er seinen Durst aus einem kleinen Fäßchen löscht, läßt den Realismus der nun folgenden Generation niederländischer Künstler ahnen, wie ihn mit einem hervorragenden Beispiel im Museum von Dijon das Bild der ›Geburt Christi‹ des Meisters von Flémalle präsentiert.

Meister von Flémalle

Das Überraschende am ›Weihnachtsbild‹ des *Meisters von Flémalle* (Abb. 165), das um 1425 wahrscheinlich für die Kartause gemalt worden ist, zeigt ein Vergleich zwischen der hochstilisierten Architektur auf den Tafeln Broederlams und dem in krassem Naturalismus wiedergegebenen halbverfallenen Holzhütten, zeigt aber auch ein Vergleich zwischen der dramatisch ansteigenden Felsszenerie und der weit in die Bildtiefe sich entwickelnden Flußlandschaft. Das heilige Geschehen wirkt hier wie aufgesetzt, nur die Gruppe der Hirten paßt sich ins Milieu ein. Maria, Josef und die zwei Frauen bilden einen eigenen Raum um das am Boden liegende Kind. Die Szene ist übrigens den Apokryphen entnommen: die beiden Frauen sind zwei Hebammen, Azel, die Gläubige, und Salome, die Ungläubige, deren rechte Hand gerade gelähmt wurde.

Der Meister von Flémalle, dessen Identität lange umstritten war – man neigt heute dazu, in ihm den Maler Robert Campin aus Tournai zu sehen, den Lehrer Roger van der Weydens und Jacques Darets –, zeigt in der Behandlung des Lichtes eine gewisse Nähe zu Broederlam, doch heben sich die Figuren und Gegenstände schärfer voneinander ab, die kühle, aber starke Farbigkeit der Gruppe im Vordergrund steht vor der silbrig getönten Hintergrundlandschaft, über der, durch die Berge noch halb verdeckt, metallisch strahlend die Sonne aufgeht, Symbol für die Ankunft Christi.

Herzogspalast und Hôtels

Die Geschicke Burgunds nach dem Ende des letzten Herzogs und nach der Integrierung in das zentralistische Frankreich sind nirgendwo sinnfälliger ablesbar als auf dem Schloßplatz von Dijon, der *Place de la Libération* (Abb. 168), früher Place royale: ein königliches Schloß hält durch einen halbrunden Platz Distanz von der Stadt, eine Idee des Absolutismus, wie auch der planende Architekt dieser Anlage, Hardouin-Mansart, Hofarchitekt Ludwigs XIV., in Paris und Versailles dem höfischen Absolutismus seinen adäquaten Ausdruck gegeben hat. Bei näherem Hinsehen erweist sich jedoch in Dijon die grandiose herrscherliche Geste als höfisches Theater, eher eine Attrappe als ein zentralistischer Eingriff, der die Struktur der Stadt neu ordnet, denn die Arkaden des Halbkreises halten nur mühsam das andrängende Gewirr von mittelalterlichen Häusern und Gassen zurück, sie sind nicht mehr als eine Kulisse, ein Paravent, der kaum die Quartiere verdeckt, die hinter ihm weiterleben und das Selbstbewußtsein der ehemaligen Hauptstadt bezeugen. Keine fünfzig Meter hinter dieser Mauer dokumentiert das *Palais de Justice,* der Sitz des burgundischen Parlaments, den Behauptungswillen des ehemaligen Herzogstums. Das *Schloß* selber ist mehr als eine Attrappe, aber es ist kein Königsschloß, sondern der repräsentitive Sitz der burgundischen Stände, die bis zum Ende des Ancien Regime die Autonomie der Provinz gegen Paris verteidigten.

Barock sind auch nur die Flügel des Schlosses, denn die Fassade des Mittelbaus kaschiert nur mühsam den ehemaligen Herzogspalast, der sich hinter ihr befindet und mit dem gotischen Turm aus der Zeit Philippes des Guten doch noch den Platz dominiert. Man muß auf die Rückseite des Schlosses gehen, auf die Place des Ducs, um eine Vorstellung vom ehemaligen Herzogspalast zu bekommen, der immer wieder erweitert wurde und Schauplatz eines höfischen Lebens war, das ganz Europa in Atem hielt, zuletzt beim ›joyeuse entrée de Charles le Téméraire‹, 1474, das mit großem Festbankett und Ball in der ›Salle des Gardes‹ (heute Teil des Museums, wie die ganze östliche Hälfte des Schlosses) gefeiert wurde. Die Tour Philippe le Bon (mit endlos aufsteigender Treppe, die zu einer Plattform führt, von der aus man den besten

Überblick über die Stadt hat) akzentiert die Baumassen, die sich um verschiedene Höfe herum lagern, von denen die cour de Bar noch am ehesten eine Vorstellung vom mittelalterlichen Palast gibt mit seiner massiven Tour de Bar (benannt nach dem ›guten König René‹, Herzog von Bar, Lothringen und Graf der Provence, der als Gefangener Philippes des Guten hier eingeschlossen war) und der herzoglichen Küche, um 1435 entstanden, an denen an sechs Herden unter riesigen Kaminen unter einem Rippengewölbe, das in der Mitte geöffnet ist für den Abzug der Luft, die Braten für die Tafel der Herzöge bereitet wurden. Von der ehemaligen Sainte-Chapelle, einem der Schlüsselbauten der frühen burgundischen Gotik, und, bis zur Revolution, Sitz des Ordens vom Goldenen Vlies, hat sich nichts erhalten als der Kapitelsaal aus dem 14. Jahrhundert (Teil des Museums).

Der immense Reichtum der burgundischen Länder wurde freilich nicht im alten Herzogtum produziert, sondern im neuerworbenen Flandern mit seiner blühenden Tuchindustrie und dem intensiven Warenverkehr seiner großen Städte. Es konnte nicht ausbleiben, daß sich der Schwerpunkt des Reiches nach Norden verlagerte. Schon ab 1420 residieren die burgundischen Herzöge vorwiegend in Gent und Brügge. Burgund selbst wird Nebenschauplatz, aber nicht Provinz. Die burgundischen Ritter, die wichtige Posten im neuen Staat innehaben, gewinnen aus dieser Allianz mit Flandern ebensosehr wie die Bürger von Dijon, die Bankiers, Handelsleute und Beamten, die im späten 14. Jahrhundert beginnen, sich höchst aufwendige Stadtpalais mit arkadenumstandenen Innenhöfen, reich geschmückten Wendeltreppen und üppig ausgestatteten Wohnräumen zu errichten. Die Häuser der Rue des Forges verdeutlichen diesen Reichtum gegenüber den bescheidenen, wenngleich sehr viel malerischeren Fachwerkhäusern, wie sie sich z. B. in der Rue Verrerie erhalten haben. Das *Hôtel Aubriot* (Farbt. 15), 40 rue des Forges, schon im 13. Jahrhundert erbaut von einem der ersten Bankiers von Dijon, weist noch eine sehr elegante Fassade mit gotischen Arkaturen auf, während das *Hôtel Chambellan,* das Haus eines reichen Tuchhändlers (34 rue des Forges) durch seinen Innenhof mit Laubengängen, gotischen Lukarnen und eine Wendeltreppe überrascht, die in der Gestalt eines Weinbauern endet, aus dessen Korb wie Rebstöcke die Rippen des Gewölbes erwachsen. Die Tradition des architektonisch anspruchsvollen Wohnhauses bürgerlicher oder aristokratischer Prägung (hier meist nach Pariser Vorbildern) hat sich in Dijon bis ins späte 18. Jahrhundert erhalten, mit einer Blüte im 16. Jahrhundert, in dem einige der schönsten Renaissancehôtels Frankreichs in dieser Stadt entstanden: *Hôtel de Vogüé* (Abb. 170) in der Rue de la Chouette 8, hinter dem Chor von Notre-Dame, mit einem malerischen Dach aus farbigen glasierten Ziegeln, oder das Hôtel *Fyot-de-Mimeure,* 23 rue de l'Amiral-Roussin, dessen Fassade dem bedeutendsten Architekten und Bildhauer Dijons in der Renaissance, Hugues Sambin, zugeschrieben wird, der auch das schöne Portal des Justizpalastes schuf – heute im Musée des Beaux Arts.

Es gibt kaum eine Stadt in Frankreich außer Paris, die so reich mit höchst anspruchsvoller Wohnbebauung ausgestattet ist wie Dijon (s. Liste der Bauten S. 275 f.).

Beaune – das Hôtel-Dieu

Wenn auch die Herzöge ab 1420 das Schwergewicht ihrer Regierung nach Flandern verlegt hatten, so kam doch das höfische Leben in Burgund nicht zum Erliegen. Jan Huizinga hat darauf hingewiesen, daß ein guter Teil des kulturellen Mäzenatentums jener Zeit von den Höflingen ausgegangen ist, die mit ihren Fürsten wetteiferten, und auf niemand trifft dieser Hinweis eher zu als auf *Nicolas Rolin*, den burgundischen Kanzler, der selbst in seiner Devise ›Seulle‹ das ›aultre l'auray‹ Herzog Philipps imitierte. Ein Emporkömmling aus bescheidenen Verhältnissen – sein Vater Jean war Advokat in Autun –, war er Berater des Herzogs Johann Ohnefurcht gewesen, bevor ihn Philipp der Gute 1422 zum Kanzler Burgunds machte. Ehrgeizig und hochmütig, bestimmt er einige Jahrzehnte lang die Politik in den burgundischen Staaten, betreibt die langsame Loslösung aus der englischen Allianz, ohne den Machtansprüchen des französischen Königs nachzugeben; im Gegenteil versucht er die Einheit des heterogenen Staates zu festigen, auch durch die Gründung der Universitäten in Löwen und Dôle. Persönlich habgierig, nicht vor zweifelhaften finanziellen Operationen zurückschreckend, entschließt er sich gegen Ende seines Lebens, für sein Seelenheil und das seiner Frau Guigone de Salins, der die Devise ›Seulle‹ galt, ein Hospital für die Armen zu gründen. Er setzte aus dem Ertrag der Salinen von Salins in der Franche-Comté, die seiner Frau gehörten, tausend Pfund ein zur Unterhaltung des Hospitals und zur Speisung der Armen, die darum baten. Die Gründung erfolgte in einer Charta 1443, doch bis zu seinem Tod 1462 gelang es Rolin, für das Hospital eine Reihe von kostbaren Weinfeldern in besten Lagen zu kaufen, die heute noch den Ruhm und Reichtum des Hospitals ausmachen. Die plötzliche Großzügigkeit des burgundischen Kanzlers veranlaßte den französischen König Ludwig XI., der freilich keinen Grund hatte, ihm wohlgesonnen zu sein, zu der spöttischen Bemerkung, der Kanzler habe so viele Menschen arm gemacht, es sei nur Recht, daß er vor seinem Tode für die Armen ein Asyl errichte.

Am 1. Januar 1452 wurden die ersten Kranken in das Hospital aufgenommen und betreut von Nonnen, die Rolin aus dem Hospital St. Jacques in Valenciennes hatte kommen lassen, aus dem Orden der hl. Martha, einer niederländischen Kongregation aus Mecheln, deren Beginen-Trachten noch heute die Kleidung der Schwestern des Hospitals bestimmen.

Ein Niederländer wurde auch als Architekt für das Hostel-Dieu berufen, Jacques Wiscrère, nach dessen Plänen das Hospital innerhalb weniger Jahre gebaut wurde, mit deutlich flämischen Zügen, doch in der Tradition der burgundischen Spätgotik mit seinen holzgeschnitzten Galerien und dem farbenprächtigen Dach aus glasierten Ziegeln. Daß Rolin nicht nur das Wohl der Kranken, sondern auch den Ruhm seines Namens im Auge hatte, dafür spricht der fürstliche Aufwand, mit dem das Haus gebaut wurde, die verschwenderische Dekorationsfülle, die Viollet-le-Duc zu dem Ausruf trieb, sie gebe einem Lust, in Beaune krank zu werden.

Von außen, vom Platz her gesehen, wirkt das Hospital eher abweisend: eine hohe, endlos lange Kalksteinfassade, darüber ein steiles Dach aus grauem Schiefer mit Lukarnen und Dachreiter, ein kleines Portal in der Mitte des Baues, akzentuiert durch einen Spitzbogen, über dem ein Baldachin schwebt mit spitzen, krabbenbesetzten Giebeln, deren Spitzsäulen kleine Statuetten tragen.

Man betritt den Innenhof durch einen zweiten, seitlichen Eingang, der früher der Durchfahrt der Fuhrwerke diente, und steht in einem längsrechteckigen Hof, dessen Nordseite der große Krankensaal abschließt, während auf der Süd- und Ostseite ein ganz ungewöhnliches Gebäude den Besucher mit der fast orientalisch wirkenden Pracht seiner Architektur blendet (Farbt. 18): der eigentliche Bau aus Stein verschwindet fast unter einem steilen Dach, das sich herabzieht bis zu einer Galerie aus Fachwerk, deren Brüstung auf einer Reihe schlanker Steinpfeiler ruht. Das Dach ist gedeckt mit farbigen glasierten Ziegeln, die wie ein Teppich mit komplizierten Rautenmustern wirken, eine Reihe von hochgiebeligen Dachgaupen setzt in regelmäßigen Abständen über der Galerie auf und rhythmisiert gemeinsam mit den höheren, versetzten Lukarnen die gewaltige Fläche. Das Spiel mit Licht- und Schattenzonen, mit farbigen Flächen und dem Steinton der Architektur, der Ausgleich von Horizontalen in den umlaufenden Bändern der Galerie und Vertikalen in den Dächern und Lukarnen, verstärkt durch zwei Ecktürme, die kostbare Durchgestaltung der Details, von den Einfassungen der Fenster und Türen zu den Krabben und Fialen der Dächer, all das ist meisterhaft und luxuriös.

Aufwand und Sorgfalt setzten sich in der Ausstattung des Inneren fort, in der Küche, der Apotheke, den Arbeitszimmern, schließlich im großen Krankensaal, der wie ein Kirchenschiff die Reihen der Krankenbetten mit einer Kapelle unter einem weiten offenen Dachstuhl zusammenfaßt gemäß der mittelalterlichen Vorstellung der Vereinigung Christi mit den Kranken und Leidenden. Für diese Kapelle hat Rolin 1443 ein Triptychon in Auftrag gegeben bei dem damals berühmtesten Maler Europas, *Roger van der Weyden* in Brüssel, der für Beaune mit dem Retabel des ›Jüngsten Gerichts‹ eines seiner Hauptwerke schuf (Farbt. 19, Abb. 163, 164). Roger van der Weyden, in Tournai geboren, war Schüler des Meisters von Flémalle gewesen, bevor er als Stadtmaler nach Brüssel gerufen wurde. Entscheidend wurde für ihn eine Reise nach Italien 1450. Es scheint, daß sein Beauner Triptychon erst nach dieser Reise vollendet wurde. Das Thema des Bildes war ebenso naheliegend für einen Krankensaal wie anspruchsvoll in einem Land, das eben dieses Thema zum Leitmotiv seiner Bilderwelt gemacht hatte: das Jüngste Gericht, die Belohnung der Guten, die die Leiden des Lebens getragen haben, und die Verdammung der Bösen: Auf der überhöhten Mitteltafel Christus (Abb. 163) auf einem Regenbogen, von seinem Haupt gehen Schwert und Lilie aus, seine Füße stehen auf der Weltkugel, unter der, streng auf die Mittelachse bezogen, der hl. Michael die Seelen der Toten wägt (Farbt. 19), die aus der aufbrechenden Erde heraussteigen. Auf den je drei seitlichen Flügeln assistieren, auf Wolken sitzend, die Heiligen dem Gericht, hervorgehoben aus der Menge, in nächster Nähe zu Christus, Maria und Johannes, dann die Apostel, hinter denen rechts drei heilige Jungfrauen, links vier männliche Heilige, Papst, Bischof, König und ein barhäuptiger Mann, dem Geschehen beiwohnen. Nach rechts bewegen sich die Verdammten mit dem Ausdruck des Schreckens, schmerzverzerrten Grimassen, schreiend und weinend dem Schlund der Hölle zu, der sich auf der äußersten Tafel mit giftiggelbem Feuer öffnet, während links die Gerechten im Gebet vor Christus niederknien oder sich langsam der Pforte des Himmels zuwenden, wo ein Engel sie empfängt.

In jüngster Zeit wurde das Retabel unter modernsten musealen Bedingungen im Westbau des Hospitals neu aufgestellt, so daß man bei bestem Licht eine Komposition studieren kann, die den Kranken im großen Saal Schrecken und Verheißung zugleich war. Die vielfigurige Komposition ist vollkommen übersichtlich streng gegliedert mit der starken Betonung der Mittelachse und der von ihr bestimmten Symmetrie, mit der klaren Scheidung der verschiedenen Zonen, die sich auch in den Licht- und Farbwerten unterscheiden. Trotz einer unglaublichen Präzision im Detail, die eines Miniaturisten würdig wäre, und eines Realismus, der auf genaue Naturstudien schließen läßt und der für das 15. Jahrhundert überraschend gewesen sein muß, bleibt die Monumentalität des Werkes erhalten in einer Vision, die noch ganz mittelalterlich ist.

Auf den Außenseiten des Klappaltars erscheint, in Grisaille-Malerei, der Stifter nicht nur des Altares, sondern des Hospitals und der guten Werke, die damit verbunden waren: im Gebet, kniend der Kanzler Rolin links, auf der anderen Seite, in großer flamo-burgundischer Tracht, Dame Guigone de Salins, seine Gemahlin, auf den Mitteltafeln die gemalten Statuen des hl. Sebastian, dem Schutzheiligen gegen die Pest, und des hl. Antonius, dem das Hospital geweiht war, in den kleinen Tafeln darüber Maria und der Engel der Verkündigung.

Mit seinem Auftrag an Roger van der Weyden nimmt Rolin eine Tradition auf, die Herzog Philipp der Kühne begründet hatte, und die Rolins Sohn, der Kardinal Rolin, in Autun fortsetzen sollte. Zeugnis dieses Mäzenentums sind nicht zuletzt die großartigen Tapisserien zum Marienleben, die der Kanoniker Hugues le Coq 1424 in Tournai für die Kollegiatskirche in Beaune in Auftrag gegeben hat, und die noch im Chor der Kirche zu bewundern sind.

La Rochepot und Châteauneuf-en-Auxois

In der Gegend von Beaune finden sich noch einige der interessantesten Zeugnisse profaner Architektur aus der Zeit der großen Herzöge, in Beaune selbst das verträumte ehemalige Hôtel der Herzöge, in dem sich heute das Weinmuseum befindet. Das berühmteste ist das malerisch auf einem der letzten Ausläufer der Côte d'Or gelegene Schloß von *La Rochepot* (Farbt. 20, Abb. 182) bei Nolay, eine Burg wie aus einem Bilderbuch in phantastischem Erhaltungszustand. Tatsächlich ist dieses Schloß, das in aller Welt ein Bildbegriff für Burgund geworden ist, eine Neuschöpfung aus dem Anfang dieses Jahrhunderts, in jahrzehntelanger Arbeit realisiert durch M. Sadi Carnot, den Sohn des 1894 in Lyon ermordeten französischen Präsidenten. Wenn auch der Traum zu schön ist, um wahr zu sein, wenn auch bei näherem Hinsehen vieles zu neu ist, zu glänzend, und auch nicht alle Details unbedingt zuverlässig restauriert wurden, so kann man trotzdem nirgendwo in Burgund ein lebendigeres Bild der Burg des burgundischen Feudaladels erhalten als hier.

Das Schloß, das der Neubau darstellt, stammte aus dem 15. Jahrhundert und war das Werk der Ritter Pot: Régniers, der 1403 das Schloß, einen Bau des 13. Jahrhunderts, aufkaufte und ausbauen ließ, seines Sohnes Jean und seines Enkels Philippe, dem berühmtesten der Familie, dessen Grabmal sich heute im Louvre befindet. Philippe Pot, Seneschall von Burgund, Ritter des Ordens vom Goldenen Vlies, Botschafter in England und Grand Maître d'hotel am herzoglichen Hofe, war der letzte in der glänzenden Reihe burgundischer Ritter, der auch nach dem Tode Karls des Kühnen die Ideale einer untergegangenen Kultur zu retten versuchte.

Philippe Pot besaß neben La Rochepot eine zweite Burg in der Nähe, in *Châteauneuf-en-Auxois* (Abb. 149), oberhalb von Pouilly, die bisher dem Zugriff der Restauratoren entgangen ist und, wenn auch teilweise als Ruine, mit ihrer Zugbrücke, dem eckigen Donjon, den dicken, mit Schießscharten versehenen Mauern, ein authentisches Zeugnis ist, das aus der Zeit des Seneschalls die ausgemalte Kapelle, vor allem aber das breite gotische Corp de Logis mit der schönen Fassade des Innenhofes erhalten hat und dem großen Gardesaal zwischen den massiven runden Ecktürmen, von deren Fenstern aus man weit in die Gegend des Auxois blicken kann, den der pappelbestandene Canal de Bourgogne durchzieht und, seit kurzem, auch das breite Band der Autobahn, die von Paris nach Lyon und in die Provence führt.

In Châteauneuf-en-Auxois

Das Schloß von Châteauneuf liegt auf halber Höhe eines Abhangs, an dem sich hinter dem Schloß ein kleiner mittelalterlicher Ort hochzieht, der nicht nur deshalb bemerkenswert ist, weil seine schön gemauerten, oft mit kleinen Treppentürmen und Galerien versehenen Häuser in letzter Zeit vorzüglich restauriert worden sind, sondern weil er ein weiteres Zeugnis für den Lebensstil der Oberschicht im herzoglichen Burgund ist. Seine Erbauer und Bewohner waren nämlich nicht Bauern und Handwerker der Gegend, sondern reiche Kaufleute aus Dijon und Weinhändler aus Beaune, die sich hier, im Schutz der Burg ihres Seneschalls, ihre Sommerwohnsitze, ihre ›Wochenendhäuser‹ errichtet hatten.

Renaissanceschlösser in Burgund

Ancy-le-Franc

Hatte Burgund schon mit der aufkommenden Gotik seine Stellung als die führende Kunstlandschaft Frankreichs an die Ile-de-France abtreten müssen, so war mit dem Ende des letzten Valois-Herzogs und der Einverleibung in den mehr und mehr zentralistischen französischen Staat das Land endgültig zu einer Provinz geworden, mit einem sehr regen kulturellen Leben zwar und einer Elite, deren ästhetische Ansprüche höher waren als in den meisten übrigen Provinzen, die aber nicht mehr die Kraft hatte – auch die wirtschaftliche nicht – zu künstlerischen Leistungen, die Europa hätten aufmerken lassen. Ludwig XI. hatte zwar 1480 in Dijon das Parlament von Burgund eingesetzt, die Stadt zum Sitz der Regierung und des Gouverneurs gemacht, und dadurch die Bildung einer mit den reichen Kaufleuten konkurrierenden Oberschicht der Aristocratie de robe ermöglicht, die im 16. Jahrhundert eine Fülle von prachtvollen Hôtels in der Stadt errichten ließ, doch blieb das alles von den Zeitströmungen abhängig, selbst das Werk eines so vorzüglichen Architekten und Bildhauers wie Hugues Sambin ohne richtungweisende Wirkung. Ein Bau freilich, der damals in Burgund entstand, ist eines der Schlüsselwerke der französischen Renaissance geworden, das *Schloß Ancy* (Abb. 174) bei Tonnerre, allerdings gänzlich ohne Voraussetzungen in der burgundischen Tradition.

1546 ließ der Graf Antoine III. von Clermont-Tonnerre, ›Grand Maître des Eaux et Forêts‹, das Schloß von dem Italiener *Sebastian Serlio* errichten für sich und seine Gemahlin Agathe von Poitiers, der älteren Schwester der berühmten Diane de Poitiers. Serlio war um 1540 von König Franz I. aus Italien berufen worden zur Beratung beim Neubau des Schlosses von Fontainebleau, wo er für Ippolito d'Este, den Kardinal von Ferrara einen Palast baute, ›Le grand Ferrare‹ und wo sicherlich der Graf von Clermont-Tonnerre, einer der Großen am Hofe Franz I., auf ihn aufmerksam wurde. Aus Fontainebleau brachte Serlio eine Reihe von Malern und Bildhauern mit für die Ausstattung des Schlosses, die in ihrer Einheitlichkeit zu den wichtigsten Zeugnissen jener Phase der französischen Renaissance gehört, in der italienische Konzeptionen sich dem französischen Geschmack anpaßten und einen ganz eigenartigen Mischstil hervorbrachten, der unter dem Begriff der ›Schule von Fontainebleau‹ in die Geschichte des europäischen Manierismus eingegangen ist. Serlios Bedeutung für die Ausbildung

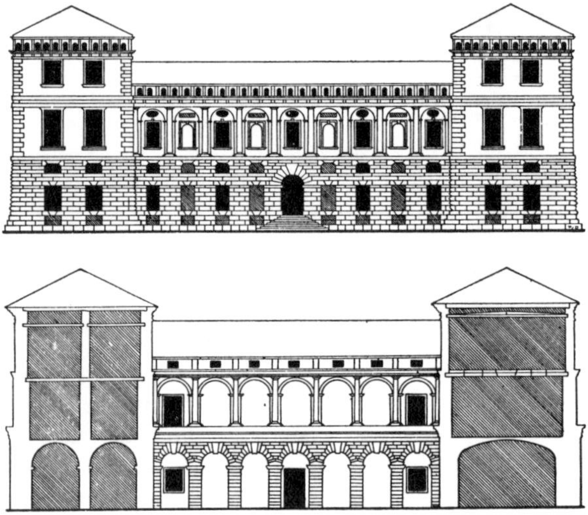

Ancy-le-Franc, Entwurf der Nordfassade und Schnitt

der klassischen französischen Architektur kann nicht unterschätzt werden – das Vorbild der beiden Bauten, die er in Frankreich ausführte, vor allem aber sein Architekturtraktat, von dem die letzten Bücher in Frankreich erschienen, eine Art von praktischem Handbuch mit unzähligen Bildbeispielen, wurde eine der wichtigsten Inspirationsquellen der französischen Architekten. Serlio war Schüler des römischen Renaissance-Architekten Peruzzi, er hatte lange in Venedig gelebt, er vermittelte also nicht nur die Kenntnis der strengen römischen Architekturkonzeptionen, sondern der undogmatischeren, mehr malerischen des italienischen Nordens, er war darüber hinaus anpassungsfähig genug, die französischen Traditionen und den französischen Geschmack zu respektieren, ohne sich auf das allzu Verspielte, oft Verworrene der ersten Phase der französischen Renaissance (wie es sich z. B. in einer Reihe der Loireschlösser zeigt) einzulassen.

Das Schloß von Ancy ist das Produkt dieser Mischung aus Flexibilität und Prinzipientreue, die Serlio auszeichnete. Sein ursprünglicher Entwurf sah ein strenges italienisches Kastell vor, mit vier Flügeln, die vier überhöhte Ecktürme einfaßten, mit hohem rustizierten Sockelgeschoß und einem piano nobile, mit der alternierenden Folge von Fenstern und Nischen unter Rundbögen zwischen den Pilastern der strengen toskanischen Ordnung. Im quadratischen Innenhof öffneten sich zwei Seiten in einer offenen Loggia über einer Arkadenstellung. Der Bau sollte mit einem nicht sehr steilen italienischen Dach abgeschlossen werden. Dieser sehr strenge, im Sinne der von der Antike bestimmten Architekturtheorie ›männliche‹ Entwurf wurde im Laufe der Planung, durch den Einspruch des Bauherrn, in ein elegantes Palais verändert, mit einer flachen Pilasterordnung auch im Sockelgeschoß, steilen französischen Dächern mit Lukarnen, einem auf allen vier Seiten gleich gestalteten Innenhof, mit einem sehr aufwendigen komplizierten Aufrißsystem, für das Anregungen aus dem Damasushof Bramantes im Vatikan kamen: keine gleichmäßige Abfolge von Bögen und Pilastern, sondern der Wechsel von Bogenfeldern mit Fenstern oder Türen und gekoppelten Pilastern, zwischen denen Nischen angedeutet werden. Die Gliederung in beiden Geschossen ist ausgeglichen, im Piano nobile sind statt der Portale tief herabreichende Fenster eingesetzt, die Nischen sind tatsächlich Vertiefungen, während im Erdgeschoß die Nischen nur durch intarsienartige flache Formen in dunklem Stein angedeutet sind. Bei allem Aufwand an Gliederungsmotiven ist die Gesamtwirkung der Innenhofgestaltung außerordentlich diskret, ein harmonisches Spiel von verschiedenen Reliefschichten, in einer Vergitterung der Wand mit einem fast graphischen Liniengefüge, die an die Wandstruktur cluniazensischer Mittelschiffe denken läßt.

Die Säle des Inneren sind über Galerien straff einander zugeordnet, die Dekoration, die Primaticcio, Niccolò dell'Abbate und ihren Werkstätten, aber auch einer Reihe von französischen Künstlern des 16. Jahrhunderts und 17. Jahrhunderts verdankt wird, läßt bei aller Pracht ein wenig kalt (wozu freilich eine nicht sehr glückliche Restaurierung des 19. Jahrhunderts beiträgt). Der heutige Besucher Ancys hat sicher eine gewisse Schwierigkeit, sich für dieses ein wenig akademisch-kühl wirkende Schloß zu begeistern, das allerdings für die französischen Architekten des 16. Jahrhunderts eine wichtige Lektion gewesen ist. Der nicht sehr gepflegte Zustand der Umgebung (die ursprünglich vorhandenen Gräben sind zugeschüttet), der die Strenge der Architektur durch die phantasievollen Muster eines Gartens oder die malerische Formation alter Bäume hätte mildern können, trägt sicher zu diesem Eindruck bei. Die Strenge der Konzeption ist auch in Burgund nicht ohne Nachfolge geblieben, so im Schloß des Clos de Vougeot, das freilich inmitten der Weinberge viel anmutiger wirkt, oder im Riesenbau des Schlosses von Sully (Abb. 175) nordöstlich von Autun, bei dem die Wirkung der Fassade noch durch die diagonal gesetzten Ecktürme gesteigert wird.

Tanlay

Unvergleichlich viel reizvoller, von einem etwas schwerfälligen Charme, wenn auch nicht ohne einige bizarre Einfälle, ist das unweit von Ancy gelegene *Schloß* von *Tanlay,* zu dem eine breite Allee von der Hauptstraße nach Tonnerre hinführt auf einen Vorbau, das *Petit Château* (Abb. 148), das mit seinen klassischen Formen und der kleinteiligen kostbaren Rustizierung, den delikaten Friesen und Profilen so etwas wie eine französische Reaktion auf die Strenge von Ancy darstellt. Durch diesen Vorbau gelangt man auf einen großen grünen Hof, den rechts Stallungen und Wirtschaftsgebäude, geradeaus eine schöngestaltete Mauer abschließen, während er links sich öffnet zum eigentlichen Schloß, das auf einen quadratischen Sockel inmitten einer breiten Wasserfläche liegt. Eine Brücke, die zwei Obelisken flankieren, führt zu einem hohen, isoliert stehenden Eingangspavillon, mit schweren rustizierten Halbsäulen, durch den man in den Schloßhof tritt, den Corps de Logis und seitliche niedrigere Flügel begrenzen. Die Flügel des Schlosses fassen auf allen vier Seiten mächtige runde Ecktürme mit kuppeligen Dächern ein, in den inneren Ecken, zwischen Hauptbau und Flügeln setzen Treppentürme einen vertikalen Akzent in die breit hingelagerte Anlage, die ein wohlgeordnetes System von Wegen mit dem regelmäßig gezeichneten Park verbindet. Man bemerkt sofort, daß der Schloßbau nicht ganz einheitlich ist. Tatsächlich stammen nur einzelne Teile, Petit Château, Eingangspavillon, Ecktürme und der rechte Flügel aus dem 16. Jahrhundert, während das Corps de Logis, vor allem mit seiner klassischen Gartenfassade, einem Um- und Ausbau unter dem Architekten Le Muet zu verdanken ist.

François d'Andelot, Bruder des Admirals Coligny und des Kardinals de Châtillon, hatte das Schloß um 1560 begonnen und zu einem Zentrum der burgundischen Protestanten gemacht. Die Religionskriege verhinderten eine schnelle Fertigstellung der Anlage, die auch noch nicht erreicht war, als das Schloß 1642 an Michel Particelli verkauft wurde, den ›Surintendant des Finances‹ des Königs, der bedeutende Geldsummen investierte, um das Schloß nach den Plänen Le Muets zu vollenden. Das Schloß, das in der Revolution nicht gelitten hat, konnte seine alte Ausstattung erhalten mit Boiserien, Fresken, Kaminen, Möbeln des 17. und 18. Jahrhunderts. Historisch besonders interessant ist der Rundraum in der 2. Etage der Tour de la Ligue, wo sich, unter einem Fresko aus der Schule von Fontainebleau, das in Allegorien das Haus Valois und den Hof der Catharine de Medici verherrlicht, im 16. Jahrhundert die Hugenottenführer zur Abstimmung ihrer Strategie im Religionskrieg trafen.

Weitere bedeutende Kunst- und Kulturdenkmäler Burgunds

Von Alise-Sainte-Reine bis Villeneuve-sur-Yonne

Alise-Sainte-Reine/Alesia (Côte-d'Or)

Am Fuß des Berges Auxois (407 m), ca. 50 km nordwestlich von Dijon, hält der Name des kleinen malerischen Ortes zugleich die Erinnerung wach an die hl. Reine, einer Märtyrerin des 3. Jahrhunderts und an die Schlacht und Belagerung von *Alesia* 52 v. Chr., in der Caesar mit 40 000 Legionären die Gallier unter Vercingetorix besiegte. Napoléon III. ließ 1861–65 systematische Grabungen durchführen, die die Richtigkeit von Caesars Schilderungen in seinem ›De bello Gallico‹ bestätigten; außerdem ließ er 1865 Vercingetorix, dem Verteidiger Galliens, der von Caesar im Triumphzug durch Rom geführt und sechs Jahre später in einem Gefängnis erdrosselt worden war, ein kolossales Denkmal errichten (vgl. das Hermannsdenkmal im Teutoburger Wald).

Ameugny (Saône-et-Loire)

Schlichte einschiffige Kirche cluniazensischer Prägung mit Vierungskuppel über Trompen und massivem quadratischem Turm.

Appoigny (Yonne)

Kirche *Saint-Pierre et Saint-Paul* (nördlich von Auxerre gelegen), bemerkenswerter dreischiffiger Bau aus der Mitte des 13. Jahrhunderts mit höchst elegantem Renaissancelettner von 1610.

Apremont (Cher)

Höchst malerisches Dorf zu Füßen einer mächtigen mittelalterlichen Burg mit pechnasenbewehrtem Donjon, kurz vor dem Zusammenfluß von Allier und Loire.

Arcy-sur-Cure (Yonne)

Eine der wichtigsten prähistorischen Stätten Burgunds mit ausgedehnten Grotten. Öffnungszeiten: Von Palmsonntag bis Ende Oktober tägl. 9.30–12 Uhr und 14–18 Uhr.

Autun (Saône-et-Loire)

Um die Kathedrale *Saint-Lazare* (Abb. 56) gut erhaltenes, z. T. mittelalterliches Stadtbild. Höchst eindrucksvoll die Stadtmauer mit *Tour des Ursulines* (12. Jh.) und den römischen Stadttoren *Porte d'Arroux* (Abb. 60) und *Porte Sainte-André*. Zeugnisse der römischen Zeit auch das *Théâtre Romain* und der rätselhafte *Temple de Janus* (außerhalb der Stadt in der Nähe der Porte d'Arroux und des Feinschmeckerlokals Hostellerie du vieux Moulin). Auf der Nordseite der Kathedrale der elegante Renaissancebrunnen

Fontaine St. Lazare und das *Musée Rolin,* eines der schönsten Provinzmuseen Frankreichs, eingerichtet in den Resten des Stadtpalais von Nicolas Rolin, dem burgundischen Kanzler. Außer den Skulpturenfragmenten aus der Kathedrale der großartige Christuskopf von St. Odeon aus dem ehemaligen Kloster St. Martin in Autun, das Tafelbild der Geburt Christi vom *Meister von Moulins* um 1480, Geschenk des Kardinals Rolin an seine Bischofskirche, eines der Hauptwerke der französischen Malerei des späten 15. Jahrhunderts (hintere Umschlaginnenklappe), außerdem eine Reihe von wichtigen Skulpturen des 15. Jahrhunderts, vor allem die ›Vièrge d'Autun‹. Am Rande des weiten Champs de Mars, der die Mitte der Stadt beherrscht, das ehemalige *Jesuiten-Kolleg* mit klassischer Kirche des 17. Jahrhunderts (heute Lycée Bonaparte, der hier einige Monate lang 1778 Schüler war).

Die Abteien Saint-Symphorien, Saint Martin und Saint-Andoche sind in der Revolution total zerstört worden.

Auxerre (Yonne)

Hauptstadt der Basse-Bourgogne, in malerischer Lage über der Yonne: Blick vom Pont P. Bertam auf *Saint-Germain, Kathedrale St. Etienne* und *Saint-Pierre-en-Vallée,* umgeben von z. T. frisch restaurierten Fachwerkhäusern (Farbt. 2). Man hat in den letzten Jahren begonnen, die sehr schlechte Bausubstanz der Altstadt durch Flächensanierung (fragwürdige Versuche an der Rue du Pont) und Restaurierungsmaßnahmen zu verbessern.

Von den einst siebenundzwanzig Kirchen Auxerres haben neben der Kathedrale und St. Germain nur St. Pierre und St. Eusèbe die Revolution überstanden. *St. Pierre,* ein interessantes Beispiel der französischen Nachgotik (1575–1656) mit Renaissancefassade und etwas älteren südlich an das Langhaus angefügten Turm im Flamboyant-Stil, der das Motiv des Nordturmes der Kathedrale aufnimmt. *St. Eusèbe,* Rest einer ehemaligen Priorei, mit schönem durchbrochenem Turm des 12. Jahrhunderts, einem Langhaus des 12. und 13. Jahrhunderts, an das sich ein sehr heller Chor des 16. Jahrhunderts anschließt. Auf halbem Weg zwischen St. Eusèbe und Kathedrale die *Tour d'Horloge,* schönes spätgotisches Torhaus mit berühmter Uhr.

Auxonne (Côte-d'Or)

Alte Festungsstadt an der Grenze zur Franche-Comté, deren gotische Kirche *Notre-Dame* aus dem 13. Jahrhundert einige sehr gute Skulpturen des 15. und 16. Jahrhunderts bewahrt hat, u. a. eine Madonna aus der Nachfolge von Claus Sluter. Der Narthex aus dem 16. Jahrhundert, der letzte gotische Narthex in Burgund, ist im 19. Jahrhundert mit Skulpturen von Propheten versehen worden, die historisierend auf den Moses-Brunnen in Champmol Bezug nehmen.

Avallon (Yonne)

Wegen seiner strategisch bedeutsamen Lage war Avallon schon früh von den burgundischen Herzögen zu einer Festung ausgebaut worden, in deren Innerem sich eine kleine Stadt ausbildete. Die Befestigungsanlagen haben sich durchweg erhalten, sie verstärken den malerischen Reiz der Ortslage auf einem Granitfelsen hoch über dem Tal der Cousin (Abb. 116). Die Stadt hat sich eine Fülle alter Profanarchitektur bewahrt, vor allem in der Grande Rue d'A. Briand: *Tour de l'Horloge,* spätgotische Häuser mit dem für Burgund typischen Treppenturm, der halbrund aus dem Baukörper herausragt, Hôtels des 18. Jahrhunderts mit Ehrenhof und hohem Portal (Farbt. 5).

Avenas (Rhône)
In der Kirche *Notre-Dame* höchst bemerkenswerter romanischer Altar in Form eines Sarkophages. Auf der Vorderseite Christus in der Mandorla, die Evangelistensymbole und in Zweierreihen die Apostel, an den Nebenseiten links Szenen aus dem Marienleben, rechts die Schenkung der Kirche von Avenas an das Kapitel von Saint-Vincent in Mâcon durch einen König Ludwig. Der Altar, der 1166 datiert ist, steht stilistisch den Kapitellen von Cluny näher als dem barocken Bewegungspathos der spätromanischen Skulptur Südburgunds (Charlieu, Saint-Julien-de-Joncy).

Beaune (Côte-d'Or)
Hauptstadt des burgundischen Weines, dessen Versteigerung jedes Jahr am dritten Sonntag im November stattfindet. Zahlreiche Kellereien laden zu Besichtigungen ein, der größte und berühmteste (neben dem des Hospitals) ist Patriarche Frères. Ein Rundgang durch die Altstadt oder über die größtenteils erhaltenen Remparts bietet eine Fülle von sehenswerten Bürgerhäusern und adligen Palais des 14. bis 18. Jahrhunderts.

Blanot (Saône-et-Loire)
Malerisches Dorf am Fuß des Mont St. Romain mit den Resten eines cluniazensischen Priorats, vor allem der Kirche mit hohem Glockenturm (premier art roman).

Bois-Sainte Marie (Saône-et-Loire)
Ehemals befestigte Stadt der Grafschaft Mâcon, heute kleines Dorf im Brionnais, mit eindrucksvoller, allerdings im 19. Jahrhundert stark restaurierter Kirche des 11. und 12. Jahrhunderts, auf einem kleinen Hügel in der Mitte des Ortes. Massiver zweigeschossiger Vierungsturm über Trompen, Chorumgang ohne Kapellen, aber mit höchst merkwürdiger Gruppierung von je fünf Säulen in der Apsis. Sehr archaische Kapitelle, die möglicherweise aus dem Vorgängerbau übernommen wurden. Beziehungen zu den ältesten Teilen von Saint-Fortunat in Charlieu.

Bourbon-Lancy (Saône-et-Loire)
Thermalbad auf einem Hügel oberhalb der Loire mit malerischem Ortskern (Abb. 84): Fachwerkhaus Nr. 3 Rue de l'Horloge und ehemalige Kirche *St. Nazaire,* cluniazensische Priorei, in der sich heute das Stadtmuseum befindet.

6 km südlich (über R. N. 79) das Schloß von *St. Aubin-sur-Loire,* ein einfacher, klassischer Bau der 2. Hälfte des 18. Jahrhunderts mit sehenswerter Inneneinrichtung (Tapisserien und Möbel).

Briare (Loiret)
Kleine Industriestadt an der Loire, die ihren Ruf den ›emaux de Briare‹, Porzellanknöpfen, Perlen und Mosaiksteinen, verdankt, die hier seit dem Ende des 19. Jahrhunderts hergestellt wurden aus norwegischem Feldspat. Von großer Bedeutung der ›Canal de Briare‹, der schon 1604 auf Initiative von Sully begonnen, 1642

über 57 km vollendet wurde, und den Seitenkanal der Loire mit dem Kanal des Loing verbindet. 1890 schuf Eiffel eine Kanalüberführung für den Seitenkanal über die Loire von 662 m Länge.

Bussy-Rabutin (Côte-d'Or)

Dreiflügelanlage des 16. und 17. Jahrhunderts, die zwischen die vier runden Türme einer älteren Burg eingespannt ist, mit niedrigeren seitlichen Trakten im Stil Henri II. und einem sehr schönen Corps de Logis im Stil Louis XIII., dessen reichskulptierter Mittelrisalit in das hohe Satteldach hineinreicht.

Bussy-Rabutin erhielt seine heutige Gestalt und seine Innenausstattung durch den Grafen Roger de Rabutin, den Cousin der Madame de Sevigné, der vom königlichen Hof verbannt worden war, weil er in einer Reihe von anzüglichen Couplets den jungen König Ludwig XIV. und seine Liebesaffären mit der Nichte Mazarins, Maria Mancini, lächerlich gemacht hatte. Im Exil in Burgund verfaßte er eine ›Histoire amoureuse des Gaules‹, eine satirische Chronik der galanten Abenteuer des Hofes, die ihm sechs Jahre Haft in der Bastille einbrachte.

Cervon (Nièvre)

Kollegiatskirche *Saint-Barthélémy* aus dem 11. und 12. Jahrhundert mit plattem Chorabschluß und höchst bemerkenswertem Tympanon vom Ende des 12. Jahrhunderts in der Nachfolge von Autun: Christus in der Mandorla mit den Symbolen der vier Evangelisten.

Chablis (Yonne)

An den Ufern des Serein gelegen. Hauptort des Weinanbaugebietes in Niederburgund (Abb. 141). Der trockene und leichte Weißwein von Chablis hat seine besten Lagen auf den Steilhängen des rechten Ufers. Hübscher kleiner Ort mit den typisch burgundischen weiß verputzten Häusern der wohlhabenden Bourgeoisie. Ehemalige Kollegiatskirche *St. Martin* aus dem 12. Jahrhundert; auf dem südlichen Seitenportal von 1225 befinden sich 96 Hufeisen, ex-voto, die dem hl. Martin gewidmet waren.

Chalon-sur-Saône (Saône-et-Loire)

Bis 1790 Bischofsstadt, seit dem Mittelalter berühmt für seine Märkte – foire aux Sauvagines –, die noch heute abgehalten werden (27. 2. und 25. 6.) und seinen Karneval. Geburtsort des Erfinders der Fotografie, *Nicéphore Niepce* (1765–1833), an den eine Dokumentation im Musée Niepce erinnert.

Die ehemalige Kathedrale *Saint-Vincent*, sehr heterogener Bau mit romanischen und gotischen Elementen, erhielt ihre Fassade erst um 1900. Langhaus und Seitenschiffe in der Tradition von Autun, mit stark überarbeiteten Kapitellen. Die oberen Partien des Langhauses, Triforium, Obergaden und Gewölbe, hochgotisch, ebenso der Chor aus dem 13. Jahrhundert, die seitlichen Kapellen teils mit sehr bemerkenswerten Gewölben des Flamboyant. Schöner Kreuzgang des 14. Jahrhunderts auf der Südseite der Kirche. Im Viertel um die Kathedrale haben sich einige alte Wohnhäuser erhalten, deren Fachwerkfassaden in den letzten Jahren restauriert worden sind (Abb. 11).

Châteauneuf (Saône-et-Loire)

Kirche *Saint-Paul.* Charakteristisches Beispiel für das Ausklingen der romanischen Architektur in Brionnais. Am Portal der Südseite Türsturz mit der archaischen Darstellung der Zwölf Apostel unter einer Arkadenreihe. Im 15. Jahrhundert Überarbeitung des Mittelschiffes, das einzustürzen drohte, und Ersetzung der romanischen Kapitelle durch solche im Flamboyant-Stil.

Châtel-Censoir (Yonne)

Kollegiatskirche *Saint-Potentieu.* Von der Kirche des 11. Jahrhunderts hat sich nur die Chorpartie mit drei Apsiden erhalten, mit schweren halbrunden Wandvorlagen und für Burgund ungewöhnlichen, dreigeschossigen Kapitellen, die vom Loire-Tal beeinflußt zu sein scheinen. Das Langhaus und der Turm wurden nach einem Brand im 16. Jahrhundert durch einen Neubau im Übergangsstil von Gotik zu Renaissance neu errichtet.

Châtillon-Coligny (Yonne)

Geburtsort des Admirals *Gaspard de Coligny,* dem Anführer der französischen Protestanten, der der Bartholomäusnacht zum Opfer fiel. Vom mittelalterlichen Schloß hat nur der polygonale Donjon die Revolution überstanden, außerdem Teile des Parkes mit monumentalen Terrassen, mit schöner Orangerie und einem Renaissancebrunnen, der Jean Goujon zugeschrieben wird.

Châtillon-sur-Seine (Côte-d'Or)

Hervorragend schöne Lage zwischen den Windungen der noch jungen Seine. Die Stadt, aus zwei ehemals selbständigen Orten zusammengewachsen, ist nach den Zerstörungen des Zweiten Weltkriegs mit viel Geschick wiederaufgebaut worden. Historisch bedeutend wurde Châtillon 1814 als Kongreßort für die Verhandlungen zwischen Frankreich und den Alliierten, und 1914 als Hauptquartier des Generals Joffre, der von hier aus den deutschen Vormarsch stoppte und die Gegenoffensive (Marneschlacht) befehligte.

Reste der alten Burg der Bischöfe von Langres, deren Kapelle heute die Krypta der Kirche *Saint-Vorles* bildet. Diese Kirche, ein vielfach umgebauter und veränderter Bau vom Ende des 10. Jahrhunderts, zeigt in den östlichen Partien – Chorapsis und Vierungsturm – die Merkmale des für Nordburgund ungewöhnlichen ›lombardischen‹ Stils.

Figurenfries von der Vase aus dem Schatz von Vix (s. S. 272)

Im Narthex, aus der Kirche der Cordeliers hierher überführte, lebensgroße Grablegung von 1527, Werk des Dehors de Châtillon.

Den Ruhm von Châtillon bildet das in dem sehr schönen Renaissancehôtel ›Maison Philandrier‹ untergebrachte Museum mit dem 1953 entdeckten *Schatz von Vix*. Das am Fuße des Mont Lassois bei Vix geöffnete Grab einer keltischen Prinzessin des 6. Jahrhunderts v. Chr. enthielt neben den Resten eines Totenwagens, Schmuck und kleinen Bildwerken in Bronze und Gold eine riesige Vase (Höhe 1,64 m, Breite 1,45 m, Gewicht 208 kg) in Form eines griechischen Kraters aus Bronzeblech, an dessen Hals sich ein Figurenfries von Kriegern auf vierspännigen Wagen befindet, während die Henkel von mächtigen Gorgonenhäuptern beherrscht werden. Der Krater, der möglicherweise aus dem griechischen Unteritalien stammt, gilt wegen seiner Größe und der Qualität der Figuren als das wichtigste Zeugnis griechisch-antiker Kunst, das jemals in Frankreich gefunden worden ist.

Cîteaux (Côte-d'Or)

Von dem Mutterkloster des Zisterzienserordens haben sich nur unbedeutende Reste der Nebengebäude erhalten. Die Kirche wurde nach der Revolution total zerstört. Moderne Gebäude des 18., 19. und 20. Jahrhunderts beherbergen das 1902 neu begründete Mutterkloster des Ordens.

Clamecy (Nièvre)

Die kleine Industriestadt an der Verbindungsstelle zwischen Morvan, Niederburgund und dem Nivernais verdankt ihren Reichtum der Holzindustrie, der schon von den Flößern des Mittelalters begründet wurde. Von 1225 bis zur Revolution war Clamecy Sitz der Bischöfe von Bethlehem, die nach dem Sturz des lateinischen Königreiches Jerusalem in das ihnen vom Grafen Wilhelm IV. von Nevers vermachte Hospital de Pantenor in Clamecy übersiedelten. In der ehemaligen Kathedrale von Bethlehem, ursprünglich die Hospitalskapelle, ist heute das Hotel ›La Boule d'or‹.

Wichtigstes Bauwerk ist die Kollegiatskirche *Saint-Martin*, eines der Hauptbeispiele der burgundischen Gotik, unter dem Einfluß der Kathedrale von Auxerre mit doppelschaligem, dreigeschossigen Wandaufbau, aber plattem Chorabschluß errichtet. Baubeginn Anfang 13. Jahrhundert. Der quadratische Westturm und die Fassade um 1500 in den reichen Formen des Flamboyant-Stils hinzugefügt. Der Turm zeigt große Ähnlichkeit mit dem Turm der Kathedrale von Nevers.

La Clayette (Saône-et-Loire)

Das *Schloß* von La Clayette (sprich: Klett), eine dreiflügelige Wasserburg des 14. Jahrhunderts, ist trotz der Restaurierung des 19. Jahrhunderts eine der eindrucksvollsten mittelalterlichen Profanbauten des Brionnais (Abb. 27).

Cluny (Saône-et-Loire)

Neben den Resten der ehemaligen Abtei (Farbt. 27–29, Abb. 16) bietet Cluny noch eine Fülle von Sehenswertem in einem sehr geschlossenen, guterhaltenen Ortsbild. Nordwestlich des Klosters das frühere Abtpalais von Jean de Bourbon (heute Musée Ochier) in der Spätgotik des 15. Jahrhunderts, verwandt dem Hôtel de Cluny in Paris, und das Logis der Äbte Jacques und Geoffroy d'Amboise aus dem frühen 16. Jahrhundert mit früher Renaissancedekoration. Die Pfarrkirche *Notre-Dame* neben dem mächtigen Tour des Fromages, ein gotischer Neubau, der nach einem Brand 1233 die romanische Vorgängerkirche ersetzte. Ein langes Mittelschiff mit sieben Jochen, kaum vorspringendem Querschiff und einer Vierungskuppel über einem achtteiligen Gewölbe. Enge Verwandschaft zu Notre-Dame in Dijon, aber kein Triforium. Der Narthex bis auf Reste verschwunden.

Das Stadtbild wird zum Fluß hin beherrscht vom Turm der Kirche *Saint-Marcel,* einem achtseitigen romanischen Bau mit drei Etagen, den eine hohe gotische Spitze aus Backsteinen krönt. Im Innern der Kirche sehr schöner, mit Masken geschmückter Taufstein des 13. Jahrhunderts. Cluny hat eine Reihe von, allerdings restaurierten, Häusern des Mittelalters erhalten, so 25 rue de la République (12. Jahrhundert) und l'hôtel des Monnaies, 6 rue d'Avril (13. Jahrhundert).

Commarin (Côte-d'Or)

Wasserschloß inmitten eines Parks mit prächtigem alten Baumbestand. Dreiflügelanlage mit mittelalterlichen runden Ecktürmen, einem eleganten Corps de logis von 1702 und seitlichen Flügeln im Stil Louis XIII. (Farbt. 13, Abb. 176).

Cormatin (Saône-et-Loire)

Renaissanceschloß mit ursprünglich drei Flügeln um einen Ehrenhof. Höchst bedeutende Innenausstattung im Stil Louis XIII.

Le Creusot (Saône-et-Loire)

Das Industriebecken von Le Creusot ist mit den Anfängen der Industrialisierung in Frankreich verbunden. Schon seit dem Mittelalter Eisengewinnung, im 17. Jahrhundert Entdeckung von Kohlelagern, Planung eines Kanals, der die Verbindung zur Sâone bei Chalon und zur Loire bei Digoin herstellen sollte. Erst 1794 wurde dieser ›Canal du Centre‹ eröffnet. Kurz vorher waren in der ›Fonderie royale de Montcenis‹ die ersten Hochöfen erstellt worden. Begründung des Weltruhms von Le Creusot durch die Gründung der ›Societé des Forges et Ateliers du Creusot‹ durch die Brüder Schneider 1836, den französischen Krupps. Heute beschäftigt das Werk noch etwa 10 000 Arbeiter und ist damit noch das mit Abstand größte Industrieunternehmen im burgundischen Raum.

Dijon (Côte-d'Or)

Die alte Hauptstadt Burgunds hat sich in den letzten Jahrzehnten zu einer modernen Großstadt entwickelt mit einer bedeutenden Universität, starker Industrie, großen Messen und sehr guten internationalen Verbindungen, vor allem in die Schweiz, Italien und Süddeutschland. Ihre offene Lage am Nordrand der Côte-d'Or ist durch die weit ins flache Land sich ausbreitende moderne Bebauung verunklärt, doch hat sich innerhalb der alten Stadtgrenzen die unzerstörte historische Stadt ohne größere Einbußen intakt (und z. T. sehr gut restauriert) erhalten mit einer Fülle von kirchlichen und weltlichen Bauten seit dem frühen Mittelalter bis ins 19. Jahrhundert, vor allem auch Dutzende von Hôtels und Palais (Farbt. 15, Abb.

170), die ihr das Gepräge einer sehr noblen, wohlhabenden Provinzhauptstadt geben.

Seit 1015 Residenz der burgundischen Herzöge, schon vorher durch das Kloster Saint-Bénigne geistliches Zentrum, ohne Bischofssitz zu sein (erst im 18. Jahrhundert löst sich Dijon aus dem Bistum Langres und erhält einen eigenen Bischof), erlebt Dijon seine Blütezeit unter den Großen Herzögen, vor allem unter Philipp dem Kühnen. Nach dem Tod Karls des Kühnen 1477 mit dem ganzen Herzogtum von König Ludwig XI. für Frankreich annektiert, bleibt Dijon Sitz des Gouverneurs und der Stände von Burgund bis zur Revolution. Eine reiche Bourgeoisie hat der Stadt vom 16. bis zum 18. Jahrhundert wesentliche Züge verliehen. An frühmittelalterlicher Architektur hat sich überraschend wenig in Dijon erhalten, außer den Resten von Saint-Bénigne die ehemalige Salle capitulaire des Klosters aus dem 11. Jahrhundert (heute Teil des Musée Archéologique), darüber der sehr harmonische dreischiffige Saal des ehemaligen Dormitoriums. Die Kathedrale *Saint-Bénigne* (Abb. 1) ist ein ziemlich trockener Neubau aus der Zeit 1280–1325, der wesentliche Stilmerkmale der burgundischen Gotik ins Akademische übersetzt, in der Außenansicht jedoch mit den farbigen glasierten Ziegeln seiner Dächer und der Zweiturmfassade nicht ohne malerischen Reiz ist, vor allem in seiner städtebaulichen Situation, die ihn verbindet mit der südlich, ein wenig nach Osten versetzten, anschließenden Kirche *Saint-Philibert,* die heute Ausstellungszwecken dient, und die mit den Resten ihres Narthex, einer schlichten Fassade und einem imposanten hohen Glockenturm einen glücklichen Abschluß des Platzes bietet. Der kürzlich restaurierte Innenraum verbindet cluniazensische Merkmale (Pilaster, Spitzbögen) mit dem Wölbungssystem von Vézelay. Die Kirche entstand neu nach dem verheerenden Brand, der 1137 Dijon verwüstete.

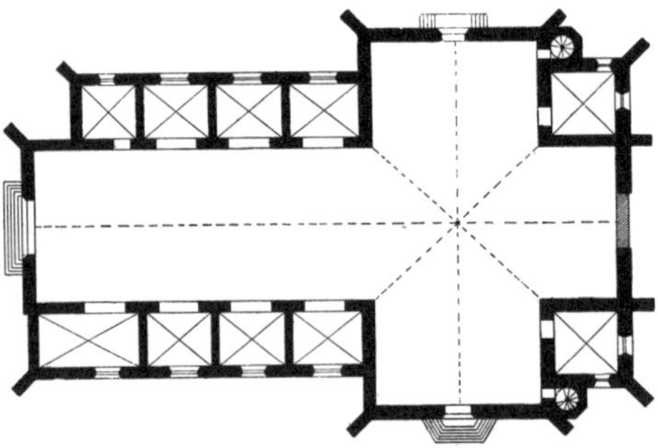

Dijon, Saint-Jean, Grundriß

Das städtebauliche Ensemble mittelalterlicher Kirchen wird hinter Saint-Philibert abgeschlossen durch die Kirche *Saint-Jean* im Flamboyant-Stil, in der 1627 Bossuet, der große Prediger unter Ludwig XIV., getauft wurde.

Ein großartiger, fast unbekannter mittelalterlicher Raum befindet sich in den ehemaligen Weinkellern, die das Zisterzienserkloster Clairvaux in Dijon unterhielt (Nähe Bd. de la Trémouille).

Aus der Neuzeit sind, außer den im Text genannten kirchlichen Bauten, erwähnenswert die *Kirche des Karmeliterklosters* (Rue V. Dumay) und die ›Chapelle des Elus‹ von 1740 im Schloß, einer der in Frankreich seltenen Rokokoräume.

Von den bedeutenden privaten Wohnhäusern des Adels und des reichen Bürgertums, die vom 15. bis zum 18. Jahrhundert in Dijon entstanden und noch heute den

Charakter der Altstadt zwischen Saint-Bénigne und Saint-Michel prägen, seien in folgender Aufstellung, alphabetisch nach Straßennamen geordnet, die wichtigsten genannt (vgl. Stadtplan S. 231):

Rue Berbisey

Nr. 3: *Hôtel Le Compasseur,* später *de Sassenay.* Der Hauptbau vom Ende des 17. Jahrhunderts, die Treppe im Stil Louis XVI.

Nr. 6: *Hôtel de Bretagne,* später *de Blancey.* Von 1660.

Nr. 21: *Hôtel Legouz de la Berchère.* Portal mit den Allegorien der Justitia und Abundantia von 1614.

Nr. 27: *Petit Hôtel Berbisey.* Von dem Architekten Nicolas Lenoir 1761 errichtet für den Marquis Jean-Philippe Fyot de la Marche, Premier Président au Parlement.

Nr. 33: *Hôtel Richard de Ruffey.* Um 1750 von Jean Caristie errichtet für den Präsidenten des Rechnungshofes, Gilles-Germain Richard de Ruffey.

Rue des Bons-Enfants

Nr. 4: *Hôtel von 1650–60 des Etienne Lantin,* Rat am Rechnungshof (heute *Musée Magnin*)

Place Bossuet

Nr. 4: *Hôtel von 1698.* Errichtet für Charles Févret de Saint-Mesmin, Rat am Parlement von Metz.

Nr. 19: *Hôtel Guyton de Morveau.* Aus der Mitte des 17. Jahrhunderts, mit einem Portal von 1778.

Nr. 21: *Hôtel de Migieu.* Spätes 17. Jahrhundert.

Nr. 27: *Hôtel Brulart.* Bau zur Straße hin von 1737 für Claude-Antoine Cortois de Quincey.

Rue Buffon

Nr. 3: *Hôtel des Pierre Jobard,* Schatzmeister am Parlement, von Nicolas Lenoir 1757.

Nr. 24: *Hôtel Buffon.* Aus dem 17. und 18. Jahrhundert, Wohnung des berühmten Botanikers.

Rue Chabot-Charny

Nr. 18: *Hôtel Lemulier de Bressey.* Hoffassade vom Ende des 16. Jahrhunderts.

Nr. 32: *Hôtel de Vienne.* Aus dem 15. Jahrhundert, mit schöner Galerie im Hof, im 17. Jahrhundert umgebaut.

Nr. 43–45: *Hôtel des Barres.* Um 1650 errichtet für Pierre des Barres, Präsident am Parlement de Bourgogne, Portal von 1783.

Nr. 62: *Hôtel de Cirey.* Um 1660.

Rue Chaudronnerie

Nr. 28: *Maison des Cariatides.* Zu Beginn des 17. Jahrhunderts gebaut für die Kaufmannsfamilie Pouffier.

Rue de la Chouette

Nr. 8: *Hôtel de Vogüé.* Errichtet um 1614 für Etienne Bouhier, Rat am Parlement de Bourgogne; das linke Portal von 1717.

Place des Cordeliers

Nr. 6: *Hôtel von 1474,* das sich Girard Travaillot, Kanonikus an der Kathedrale von Langres, bauen ließ. 1742 umgebaut für Louis-Alexandre Duport de Monplaisant, Präsident am Parlement (Eingang von der rue Charrue Nr. 15).

Nr. 8: *Hôtel des Jean Gauthier,* Rat an der königlichen Kanzlei von Burgund.

Das Palais von 1642 wird dem aus Dijon stammenden Architekten Pierre Le Muet zugeschrieben.

Place des Ducs

Nr. 16: *Hôtel de Berbis.* Erker aus dem 16. Jahrhundert

Rue des Forges

Nr. 34: *Hôtel des Henri Chambellan,* Bürgermeister von Dijon am Ende des 15. Jahrhunderts. Der Hof ist das schönste Beispiel der Spätgotik in Dijon (heute Syndicat d'Initiative).

Nr. 38: *Hôtel des Jean Maillard,* Bürgermeister von Dijon im Jahre 1560. Der Skulpturenschmuck der Fassade von Hugues Sambin 1561.

Nr. 40: *Hôtel Aubriot.* Ende 13. Jahrhundert, mit den Allegorien von Gerechtigkeit und Stärke aus dem späten 17. Jahrhundert. 1908 durchgreifend restauriert.

Nr. 52: *Hôtel des Jean Morel.* Mitte 15. Jahrhundert. Die Frau des Erbauers war seit 1433 die Amme Karls des Kühnen.

Rue des Godrans

Nr. 61: *Hôtel des Filsjean de Mimande,* Präsident am Parlement, Anfang 18. Jahrhundert.

Rue Jeannin

Nr. 1: *Hôtel Frémyot,* früher *Maison des Griffons.* Aus dem 14. Jahrhundert mit Umbauten des 17. und 18. Jahrhunderts.

Nr. 13: *Hôtel des Advokaten Jean Guillaume.* Von 1621.

Nr. 19: *Hôtel des Jean Perard de la Vesvre,* Rat am Parlement. Von 1661.

Nr. 33: *Hôtel des Jean-Baptiste Jehannin de Chamblanc,* Rat am Parlement. 1752.

Rue Lamonnoye

Nr. 2: *Hôtel des Jacques de Mucie,* Rat am Parlement. Um 1640.

Rue de la Liberté

Nr. 52: *Hôtel Millière.* Erker aus dem 16. Jahrhundert.

Nr. 68: *Hôtel de Villemeureux.* Um 1625. Der Trakt an der Straße wurde um 1735 errichtet für Jean-Pierre Burteur, Bürgermeister von Dijon.

Rue Monge

Nr. 1–3: *Hôtel des Jean Bouchu,* Erster Präsident am Parlement de Bourgogne. Ab 1641 errichtet, möglicherweise nach Plänen Pierre Le Muets, Portal 1785 erneuert.

Rue Pasteur

Nr. 11: *Hôtel Gonthier d'Auvillars.* Von 1732.

Nr. 28: *Hôtel,* das sich der Architekt Jean Caristie um 1760 für sich selbst errichtete.

Rue du Petit-Potet

Nr. 19: *Hôtel des Simon Viard.* Von 1541; mit einer Treppe, die die Familie Lamy de Samery 1731 anfügen ließ.

Nr. 22: *Hôtel Mille.* Um 1725.

Nr. 25: *Hôtel des Antoine Nicaise.* Um 1630, mit Portal und Balkons von 1739.

Rue Piron

Nr. 17: *Hôtel des Marc-Antoine Millotet,* Generaladvokat am Parlement. Um 1650, 1787 modernisiert.

Rue de la Préfecture

Nr. 38: *Hôtel des Jacques Mochot-Coppin,* Rat am Rechnungshof. 1681–84.

Nr. 40: *Hôtel des Antoine Esmonin,* Marquis de Dampierre, Rat am Parlement.

Errichtet um 1780 durch den Architekten Jacques Cellerier.

Nr. 47: *Hôtel des Bénigne III Bouhier,* Brigadier in der kgl. Armée. 1758 von dem Architekten Nicolas Lenoir begonnen, unter dem Sohn des Brigadiers, dem Marquis de Lantenay vollendet. Seit 1781 Intendantur, danach Präfektur.

Rue Amiral Roussin

Nr. 23: *Hôtel des Marc Fyot,* Seigneur de Villiers et Vanvey. 1562, mit einer Fassadendekoration im Stil des Hugues Sambin.

Place Saint-Michel

Nr. 17: *Hôtel de Laloge.* In der ersten Hälfte des 17. Jahrhunderts gebaut für die Familie de Requeleyne, mit großartiger Treppe in der Art jener im Palais des Etats.

Nr. 11: *Hôtel des Claude Fleutelot de Beneuvre,* Rat am Parlement. 1762.

Rue Vaillant

Nr. 4: *Hôtel von 1790* an der Stelle von Häusern, die als ›biens nationaux‹ verkauft worden waren. Als letztes Hôtel in der Tradition des Ancien Régimes errichtet für den Kaufmann Claude Lory.

Rue Vannerie

Nr. 35: *Hôtel des Etienne Coeurderoy,* Präsident am Parlement. Um 1700.

Nr. 39: *Portal von 1744 des Hôtels,* das sich im 18. Jahrhundert der Marquis Marc-Antoine Chartraire de Montigny, Generalschatzmeister der burgundischen Stände, hat bauen lassen.

Nr. 41: *Hôtel des Militärkommandanten der Provinz Burgund.* 1787, nach Plänen des Architekten Claude Saint-Père.

Rue Vauban

Nr. 12: *Hôtel von 1630 der Familie Bouhier de Savigny.* Um 1785 modernisiert.

Nr. 21: *Hôtel des Charles Legouz de Gerland,* ›Maître de la Garde-Robe de la Dauphine‹, nach 1690 eventuell durch den Architekten Martin de Noinville erbaut, der soeben die Place Royale vollendet hatte.

(Alle Angaben nach: Maisons et Hôtels particuliers du XVe au XVIIIe siècle à Dijon, Ed. Ville de Dijon)

Donzy (Nièvre)

Notre-Dame-du-Pré. Die Kirche eines cluniazensischen Priorats ist nur als Ruine erhalten mit den Resten eines dreischiffigen Langhauses aus dem frühen 12. Jahrhundert, einem Narthex zwischen zwei Türmen, in den ein reich dekoriertes Portal führt. Das Tympanon dieses Portals mit der thronenden Maria unter einem Architekturbogen, der das Himmlische Jerusalem symbolisiert, darüber die Hand Gottes, links ein Engel, der ein Weihrauchfaß schwang, rechts ein alter Mann mit Schriftrolle und Palme, der Prophet Isaias, gehört zu den letzten großen Leistungen der burgundischen Romanik in der Nachfolge von La Charité mit dem höchst expressiven Kopf des Propheten und dem bewegten Faltenschwung des Engels. Der Türsturz ist erneuert.

Époisses (Côte-d'Or)

Ausgedehnte *Burganlage* mit zweifachem Befestigungsring und (heute ausgetrockneten) Gräben, innerhalb derer sich das *Schloß* (Abb. 147) und eine *Prioratskirche,* um die herum sich die Nebengebäude gruppieren, befinden. Das Schloß selbst, ein heterogener Bau mit Türmen des 10., 13. und 14. Jahrhunderts und einem Renaissance-Neubau des späten 16. Jahrhunderts, ist hufeisenförmig um einen Hof gelagert. Eindrucksvolles Taubenhaus des 16. Jhs. und großartiger alter Baumbestand.

Flavigny-sur-Ozérain (Côte-d'Or)
Die am besten erhaltene (und in den letzten Jahren vorzüglich restaurierte) mittelalterliche Stadt Burgunds, in exponierter, höchst malerischer Lage auf einem Felsrücken, der auf drei Seiten steil abfällt und nur durch ein schmales Landstück mit dem übrigen Hochplateau des Auxois verbunden ist. Die alten Stadtmauern des 12. Jahrhunderts mit befestigten Toren umschließen ein Gewirr von engen Gäßchen, in denen sich die mittelalterlichen Häuser drängen (Abb. 129).

Von der alten Benediktinerabtei, die Karl der Große seinem Lehrer Alkuin geschenkt hatte, hat sich nur die *Krypta Saint-Pierre* erhalten, und, durch Ausgrabungen 1960 wiederentdeckt, eine sechsseitige Kapelle mit Umgang in der Art der Rotunde von Saint-Bénigne in Dijon. Die Krypta war der untere Teil einer Doppelkapelle, die zur Verehrung der Gebeine der hl. Reine bestimmt war. Im 12. Jahrhundert umgebaut, durch ein gotisches Langhaus erweitert, hat die Kirche die Revolution nicht überstanden. Die Klostergebäude, die im 18. Jahrhundert erneuert wurden, dienen heute als Fabrik der Herstellung der berühmten Anis-Bonbons, deren Tradition ins frühe Mittelalter zurückreicht.

In der Stadtmitte hat sich die Pfarrkirche *Saint-Genest* erhalten, ein höchst merkwürdiger gotischer Bau des 13. Jahrhunderts mit sechs Jochen, einer Vierung und einem spätgotischen Chor. Über den Seitenschiffen ziehen sich Tribünen in der ganzen Breite der Schiffe hin, die in den beiden ersten Jochen des Langhauses miteinander verbunden sind und so das Langhaus wie ein Lettner teilen. In der Kirche haben sich sehr qualitätvolles Chorgestühl im Flamboyant-Stil und ein bemerkenswerter Engel aus einer Verkündigung (15. Jh.) erhalten.

Joigny (Yonne)
Die ehemalige Residenzstadt der Grafen von Joigny wurde 1530 durch einen Brand fast vollkommen vernichtet. Ihre beiden Pfarrkirchen, *St. Jean* und *St. Thibault*, beides dreischiffige Bauten ohne Querhäuser, zeigen Merkmale des Übergangs vom Flamboyant zu Renaissance; der Chor von St. Thibault bemerkenswert durch sein kompliziertes Gewölbe mit hängenden Schlußsteinen.

Langres (Haute-Marne)
Obwohl heute zur Champagne gerechnet, ist Langres jahrhundertelang das Einfallstor nach Burgund gewesen auf der Verbindungsachse Lothringen – Provence. Seine Bischöfe waren die geistlichen Herren des nördlichen Teils von Burgund einschließlich Dijon. Die exponierte Lage der Stadt auf einem Felsrücken über dem Plateau des Langres sicherte der Stadt bis in die Neuzeit ihre verteidigungspolitische Bedeutung für ganz Frankreich. Die fast vollständig erhaltenen Stadtmauern, Wälle, Befestigungstore und -türme erinnern an diese strategische Bedeutung. Der Bischof von Langres hatte unter dem Ancien Ré-

Kathedrale von Langres, Ende 19. Jh.

gime den Rang eines Herzogs und Pairs, er trug bei der Krönung des Königs das Zepter.

Die Kathedrale *Saint-Mammès,* deren Chor 1196 geweiht wurde, ist der letzte Bau einer Entwicklungsreihe, die in Cluny beginnt. Von niedrigeren und breiteren Proportionen als Autun, gröber in den architektonische Einzelheiten, verbindet sie den Wandaufbau der Cluniazenserkirchen mit dem System der Kreuzrippengewölbe und dem Raumgefühl der Zisterzienser. Die Westfassade wurde nach 1761 durch einen mächtigen Fassadenbau nach Plänen von Claude-Louis d'Aviler ersetzt mit zwei Türmen und einem doppelgeschossigen Portikus in den strengen eleganten Formen der französischen Klassik. Ein weiteres Beispiel des Stils Louis XV., in leichterer, fast rokokohafter Formulierung findet sich im schlanken Campanile der gotischen Kirche *St. Martin.*

Langres ist der Geburtsort des Philosophen *Denis Diderot* (1713–1784), des Gründers der monumentalen ›Encyclopédie‹.

Mâcon (Saône-et-Loire)

Südlichste Stadt Burgunds am rechten Ufer der Sâone. Von der Brücke Saint-Laurent hat man den besten Blick auf die Stadt, die mit der geschlossenen Bebauung an der Uferstraße, den hohen glatten Fassaden, flachen Dächern, die mit Rundziegeln gedeckt sind, schon einen südländischen Charakter hat. Bischofsstadt bis 1790, hatte Mâcon besonders stark unter der Revolution zu leiden, die meisten Kirchen wurden zerstört, die gotische Kathedrale *Saint-Vincent* bis auf den Narthex und einige Joche abgerissen (heute Museum, Reste des romanischen Portals mit schwer beschädigtem Tympanon des Weltgerichts).

Im *Hôtel Senecé,* einem eleganten Regencebau, das Musée Lamartine, das die Erinnerung an den großen romantischen Dichter und Politiker *Alphonse Prat de Lamartine* wachhält, der 1790 in Mâcon geboren wurde und dessen Leben eng mit dem Mâconnais verbunden ist (Circuit Lamartine).

Mars-sur-Allier (Nièvre)

Kirche *Saint-Julien,* kleiner Bau des 12. Jahrhunderts in archaisierenden cluniazensischen Formen mit einem Tympanon – Christus in der Mandorla, sechs Apostel, Dämonen –, das den Figurenstil der Kapitelle von Cluny ins Volkstümlich-naive übersetzt.

Montbard (Côte-d'Or)

Heimatstadt des großen Botanikers *Georges-Louis Leclerc de Buffon,* dessen grundlegende ›Histoire naturelle‹ seit 1749 erschien. Die Burg seiner Familie in Montbard ließ er niederreißen, um an ihrer Stelle einen Garten in mehreren Terrassen anlegen zu lassen. Sein eigenes Wohnhaus, 1 place Buffon, ist ein stattliches Palais des 18. Jahrhunderts.

Montigny-sur-Aube (Côte-d'Or)

Von dem stattlichen *Renaissance-Schloß,* das sich um 1550 Jean V. d'Amoncourt als quadratische Anlage mit drei Flügeln errichten ließ, hat sich nur ein Flügel in sehr strenger klassischer Ordnung in zwei Geschossen mit einer Kapelle im Eckturm erhalten, dessen Ausstattung zu den Meisterleistungen der burgundischen Renaissance gehört unter dem Einfluß von Serlio und seinem Schloß Ancy-le-Franc.

Mont-Saint-Vincent
(Saône-et-Loire)

Die Prioratskirche *Saint-Vincent* liegt auf einem Berg von über 600 m Höhe, von dem man das gesamte Charollais überblicken kann. Dieser Bau des späten 11. Jahrhunderts ist durch die Quertonnen des Langhauses bemerkenswert, die das Beispiel von Saint-Philibert in Tournus aufnehmen, es allerdings mit einer anderen Aufrißstruktur verbinden: Kreuzpfeiler mit halbrunden Vorlagen.

Nevers (Nièvre)

Hauptstadt des Nivernais, das strenggenommen nicht mehr zu Burgund gehört, aber vielfältig mit dem alten Herzogtum verbunden ist. Die Herzöge von Burgund waren lange Zeit Besitzer der Grafschaft von Nevers, nach ihnen die Grafen von Clamecy, auf die im 15. Jahrhundert die Herzöge von Kleve folgten. Jean de Clamecy begann um 1475 mit dem Bau des Herzogspalastes, der von den Herzögen von Kleve vollendet wurde, ein eleganter spätgotischer Bau mit schlankem Treppenturm, in dem sich die Einflüsse der Feudalarchitektur des Berry mit nordischen Elementen mischen (Abb. 83). Moderne Reliefs erzählen die Geschichte des Schwanenritters (Lohengrin), Hinweis auf die Verbundenheit Nevers mit dem Hause Kleve. König Franz I. erhob die Grafschaft 1538 in den Rang eines Herzogtums und den Herzog zum Pair von Frankreich. Durch Erbschaft kam Nevers 1565 in den Besitz der Familie Gonzaga, der Herzöge von Mantua. Die Verbindung zu Italien stand am Beginn einer Glas- und Keramikindustrie, die den Ruhm von Nevers ausmacht. Ludwig Gonzaga, der erste Herzog, ließ italienische Künstler und Handwerker kommen, die um 1575 mit der Herstellung von Fayencen begannen. Um 1650 hatte Nevers zwölf Fabriken mit 1800 Arbeitern. Letzte Blüte der Fayence-Herstellung sind die berühmten ›assiettes revolutionnaires‹, Teller mit patriotischen, oft sehr witzigen Darstellungen in naiver Manier. Die Fayencen von Nevers sind immer volkstümlicher gewesen als die der anderen großen französischen Zentren wie Rouen, Marseille, Straßburg. Die Keramiksammlung im Musée de Nevers (nur teilweise geöffnet) gilt als eine der besten in Frankreich.

Nevers wurde im Zweiten Weltkrieg, 1944, schwer durch Bombardements getroffen, vor allem das Viertel um die *Porte du Croux* (Abb. 82), einem seltenen Beispiel der Befestigungsarchitektur des späten 14. Jahrhunderts mit runden Ecktürmchen, Pechnasen und einem hohen Schieferdach (im Innern das Musée archéologique mit einer bedeutenden Sammlung von romanischen Skulpturen).

Nevers ist auch die Stadt der *Bernadette Soubirous*, deren Marien-Visionen in Lourdes die größte Pilgerbewegung der Neuzeit ausgelöst haben. Sie trat 1866 in das Kloster St. Gildard ein, wo sie 1879 starb. 1933 heilig gesprochen, ist der Schrein mit ihrem Leichnam in der Kapelle des Couvent St. Gildard Ziel unzähliger Pilger.

Außer der Kirche St. Etienne (Abb. 80) und der Kathedrale (Abb. 81) weist Nevers mit der Kapelle *Sainte-Maria-de-la-Visitation,* der *Kirche des Oratoriums* und der Kirche *Saint-Pierre* drei barocke Bauten auf, deren teils italienische, teils flämische Prägung die internationalen Beziehungen dieser kleinen Hauptstadt widerspiegeln.

Noyers (Yonne)

Malerischer mittelalterlicher Ort in einer Mäanderschleife des Serein mit Stadtmauer und Befestigungstürmen und einer Fülle alter Fachwerkhäuser, zum Teil mit Arkaden. Kirche *Notre-Dame,* 1431–1515 entstanden, ist ein schlichter Bau im Flamboyant-Stil.

Ratilly (Yonne)

Bedeutende, wenig bekannte *Wasserburg* des 13. Jahrhunderts mit massiven Türmen, umgeben von schönem alten Baumbestand (nordwestlich von Clamecy in den Collines de l'Auxerrois).

Rouvres-en-Plaine (Côte-d'Or)

In der Pfarrkirche *Saint-Jean* eine Reihe von bedeutenden Skulpturen des 15. Jahrhunderts – vor allem die Madonna mit Kind, St. Johannes der Täufer und St. Johannes der Evangelist – von dem spanischen Bildhauer Juan de la Huerta, der für die burgundischen Herzöge in Dijon arbeitete. Aus der Zeit vor Sluter ein Johannes Baptist.

Rouvres war unter den Kapetinger-Herzögen bevorzugter Aufenthaltsort des burgundischen Hofes. Vom herzoglichen Schloß hat sich nichts erhalten.

Saint-Fargeau (Yonne)

Hauptstadt der Puisaye, ist St. Fargeau berühmt für sein *Schloß,* das eng verbunden ist mit dem Namen der Grande Mademoiselle, der Cousine Ludwigs XIV., die als Mlle. de Montpensier wegen ihrer Sympathie für die Fronde vom Hof in Versailles nach St. Fargeau verbannt, das Schloß durch den Pariser Architekten Louis Le Vau durchgreifend umbauen ließ. Le Vau schuf vor allem den Hof und das Innere des Schlosses neu, ließ im übrigen die älteren Partien, vor allem den Turm, den Jacques Cœur, der Bankier König Charles' VII., errichtet hatte, und die Renaissanceflügel bestehen.

Die Wirkung des Schlosses beruht auf dem Kontrast zwischen dem massiven Äußeren, das mit seinen Ecktürmen und dem Eingangstor noch den Geist der Feudalzeit atmet, und dem eleganten Innenhof mit der halbkreisförmigen Freitreppe, die in die Eingangshalle führt.

Saint-Florentin (Yonne)

Die kleine Industriestadt am Zusammenfluß von Armançon und Armance ist nicht nur für den Käse (gleichen Namens) berühmt, sondern auch wegen ihrer Pfarrkirche *Saint-Florentin,* die trotz ihrer langen Bauzeit von 1376 bis 1614 außerordentlich einheitlich wirkt wegen der Renaissanceausstattung des Innern, mit reichskulptierter Dekoration im Chor, einem Lettner von 1600 und einer Reihe von starkfarbigen Fenstern mit Szenen aus der Bibel und Heiligenlegenden, durchweg aus dem 16. Jh., unter starkem Einfluß der Renaissance-Glasmalerei in Troyes.

Saint-Père-sous-Vézelay (Yonne)
Zu Füßen des Hügels von Vézelay, auf halbem Weg zwischen Pierre-Perthuis und der Pilgerkirche der hl. Magdalena, bietet St. Père mit seiner Kirche *Notre-Dame* ein wichtiges Beispiel der burgundischen Gotik. 1240 begonnen, wurde die Kirche erst 1455 vollendet. Die Westseite mit der offenen, dreischiffigen Vorhalle des 14. Jahrhunderts, von Viollet-le-Duc restauriert, und der sich darüber aufbauenden Fassade mit reichem Figurenprogramm (nicht ohne Beziehung zu der gotischen Narthexfassade von Vézelay) und fünfgeschossigem Nordturm aus dem 13. Jh. (die Turmspitze ist modern) gehört zu den schönsten gotischen Fassaden in Burgund.

Saint-Révérien (Nièvre)
Von der Kirche des 12. Jahrhunderts hat sich nach einem Brand von 1723 nur der Chor mit Umgang und drei Radialkapellen erhalten mit reicher Ausstattung an Säulen und Halbsäulenvorlagen. Vor allem die Kapellen weisen eine Reihe von erzählenden Kapitellen auf, die in ihrer Qualität weit über das im Nivernais Übliche hinausragen. Ihre Stellung innerhalb der Entwicklung der burgundischen Skulptur ist noch ungeklärt (Abb. 91–94).

Sully (Saône-et-Loire)
Eines der wichtigsten Renaissanceschlösser Burgunds, unter dem Einfluß von Ancy-le-Franc entstanden (Abb. 175).

Taizé (Saône-et-Loire)
Der kleine Ort im Tal der Grosne ist weniger berühmt durch seine Kirche *Sainte-Marie-Madeleine*, eine einschiffige Cluniazenserkirche mit schlankem Glockenturm, als durch die protestantische Ordensgemeinschaft, der ersten seit Luther und Calvin, die Roger Schütz aus Lausanne 1944 dort gegründet hat und die alljährlich Tausende von Jugendlichen zu ökumenischen Treffen nach Burgund zieht. 1962 konnte die Gemeinschaft, mit internationaler Unterstützung, eine große moderne Kirche einrichten, die Ausdruck des Verlangens nach Versöhnung zwischen den Konfessionen ist.

Talant (Côte-d'Or)
Kirche der Geburt Mariens, charakteristischer frühgotischer Bau (1208–1212) oberhalb von Dijon, Langhaus mit sechs Jochen und sechsteiligen Gewölben, mit schönem Portal und reichem gotischen Skulpturenschmuck (Pietà, Grablegung).

Talmay (Côte-d'Or)
Von der Burg des 13. Jahrhunderts hat sich nur der mächtige Donjon erhalten, der ein sehr elegantes Schloß von 1760 flankiert (Abb. 150). Der Plan zu diesem Schloß mit leicht vorspringendem Mittelrisalit und Dreiecksgiebeln, dem schönsten des 18. Jahrhunderts in Burgund, stammt von dem Architekten d'Aviler, dem auch die Fassade der Kathedrale Saint-Mammès in Langres verdankt wird. Der schöne französische Garten hat sich ebenso erhalten wie die alte Ausstattung des Schlosses, von dem man allerdings nur die Etagen des Donjons besichtigen kann.

Thil (Côte-d'Or)
Auf einem Berg oberhalb von Précy im Tal des Serein *Burg* und *Kollegiatskirche*

von Thil, beides Ruinen und dem Verfall preisgegeben. Die Kirche wurde 1340 gestiftet von Jean II. von Thil, connétable de Bourgogne, ein sehr schöner Bau des 14. Jahrhunderts mit flachem Chor und quadratischem, seitlichem Turm.

Die Burg, einer der eindrucksvollsten Überreste der Feudalzeit mit mächtigem quadratischen Verteidigungs- und Wachtturm, von dem man aus das umliegende Land kontrollieren konnte (l'espionne d'Auxois). Die dicken Umfassungsmauern gehen bis in das 9. Jahrhundert zurück.

Tonnerre (Yonne)

In der kleinen Hauptstadt (Abb. 121) der Grafschaft gleichen Namens haben sich nach einem Großbrand im frühen 16. Jahrhundert nur wenige Zeugnisse des Mittelalters erhalten, darunter freilich das (mit dem von Angers) bedeutendste mittelalterliche *Hospital* Frankreichs, dessen Hauptraum, in der Verbindung von Krankensaal und Kapelle, die Anordnung von Beaune vorausnimmt.

Gestiftet 1293 von Marguerite von Burgund, Königin von Neapel und Sizilien – ihr Mann Karl von Anjou war der Bruder König Ludwigs des Heiligen –, hat sich der riesige Krankensaal (91 m Länge, 18,20 m Breite, mit offenem Dachstuhl ohne Mittelstütze) fast intakt erhalten. An seinem Ende befindet sich die Kapelle, so daß die Kranken von ihrem Bett aus am Gottesdienst teilnehmen konnten. In den Seitenkapellen großartige Grablegung Christi, eines der Hauptwerke burgundischer Skulptur nach Sluter, 1454 gestiftet von dem reichen Kaufmann Lancelot de Buronfosse aus Tonnerre und geschaffen von den Brüdern Michel und Georges de la Sonnette, mit acht lebensgroßen Gestalten von dramatischer Bewegtheit und intensiver Ausdrucksstärke.

In der linken Seitenkapelle das Grabmal von Louvois, der 1684 die Grafschaft Tonnerre erworben hatte, mit einer Marmorgruppe von Girardon und den Bronzeallegorien der Wachsamkeit von Desjardin und der Weisheit von Girardon.

Am Hang oberhalb der Stadt die Kirche *Saint-Pierre*, die 1556 nach dem Brand in den Formen der burgundischen Renaissance neu erbaut wurde.

In ihrer Nähe die *Fosse Dionne*, ein artesischer Brunnen, schön in Stein gefaßt, an dem bis vor einiger Zeit die Frauen von Tonnerre ihre Wäsche wuschen.

Vermenton (Yonne)

Der sehr heterogene Bau der Kirche *Notre-Dame* weist drei Bauphasen auf, die sich, nicht immer glücklich, aneinanderfügen: Fassade und zwei Joche aus der 2. Hälfte des 12. Jahrhunderts mit den Resten eines Säulenportals, mit vier, stark beschädigten lebensgroßen Gewändefiguren (Abb. 120) unter dem Einfluß von Chartres und St. Denis, ein sehr schöner Glockenturm in der Art des Turms von St. Germain in Auxerre, Seitenschiffe und Querhaus aus dem 13. Jh., Chor mit flachem Abschluß (14. Jh.).

Villeneuve-sur-Yonne (Yonne)

Kirche *Notre-Dame*, um 1250 begonnen, trotz langer Bauzeit (Glockenturm 1510, Fassade 1597, die drei ersten Joche erst 1608–12) sehr einheitlich wirkendes Langhaus mit neun Jochen, ohne Querhaus, mit Chor und Kapellen, in deren stilistischer Haltung sich die Einflüsse von Burgund und Champagne mischen.

Fachwortverzeichnis

à-jour Fast freistehende, mit dem Kern des Blockes nur an wenigen Stegen verbundene, meist dekorative Steinmetzarbeit.

Antependium Bekleidung des Altars, ursprünglich nur ein Stoffbehang, dann aber auch eine Umkleidung aus Holz oder Edelmetall.

Apsidiolen Neben- oder kleinere Apsis. In der französischen Gotik bilden die Apsidiolen den Kapellenkranz.

Apsis Halbrunder, später auch mehreckiger, mit einer Halbkuppel überwölbter Raumteil. Ursprünglich die das Ende des Chors bildende Altarnische, in der altchristlichen Basilika Platz des Bischofstuhls. Durch die Ausdehnung der Choranlage ging ihre anfängliche Bestimmung verloren (s. auch Grundriß der Basilika).

Apsis-Kalotte Viertelkuppel über der Apsis

Architrav Der auf den Säulen waagerecht aufliegende und den Oberbau tragende Hauptbalken.

Archivolte Ausgebildete Stirnseite eines Bogens. Auch der Bogenlauf über einem romanischen oder gotischen Portal.

Arkade(n) Auf Säulen oder Pfeilern ruhender Bogen. Auch die Bezeichnung für einen Bogengang, dann Gestaltungselement der Basilika, wo sie das Mittelschiff von den Seitenschiffen trennt.

Arkatur Bautechnische Bezeichnung der Verwendung von Arkaden.

Atrium Innen gelegener Hof, meist von Säulen umschlossen. Auch die Bezeichnung des Vorhofes christlicher Basiliken.

Basilika Für den christlichen Kirchenbau aus der Antike übernommene Hallenform mit wenigstens drei nebeneinander angeordneten Schiffen, die sich in Höhe und Breite unterscheiden.

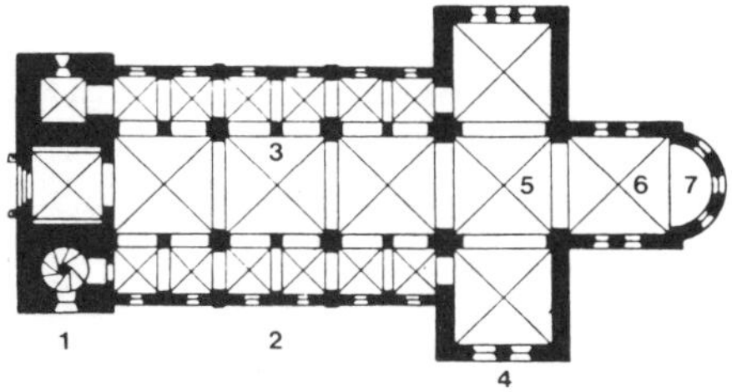

Basilika, Grundriß 1 Westwerk 2 Langhaus: Haupt- und Seitenschiffe 3 Joche 4 Querschiff 5 Vierung 6 Chor 7 Apsis

Blendarkade Einer Mauerfläche vorgelegte Arkade, die als Schmuck- oder Gliederungsmotiv dient.

Blendtriforium Im Gegensatz zum Triforium entfällt der Gang hinter den Arkaden.

Campanile (Meist freistehender) Glockenturm

Corps de logis Das auch baulich gegenüber den Seitenflügeln und Pavillons hervorgehobene Hauptgebäude eines Schlosses.

Dachreiter Schlankes Türmchen meist aus Holz, das auf dem First des Hauptdaches einer Kirche aufsitzt.

Dachgaupen In ein Dach eingebautes Fenster mit eigenem Ausbau.

diaphan durchscheinend, lichtdurchlässig, jedoch stark lichtzerstreuend.

Dienste Lange, dünne Viertel- bis Dreiviertelsäulchen. Häufig in Bündeln, stützen sie die Gewölberippen und die Quer- und Längsgurte.

Dormitorium Schlafzimmer oder -saal im Kloster. Auch Bezeichnung für den die Wohnzellen enthaltenden Klosterbau.

Empore In der kirchlichen Baukunst ein tribünenartiger Einbau, der zum Kirchenraum geöffnet ist.

Fresko Malerei auf noch feuchtem Wand- oder Deckenplatz, die mit dem Putz trocknet und abbindet – daher besonders widerstandsfähig.

Fries Meist waagerechter Streifen mit ornamentalen oder figürlichen Darstellungen für Schmuck, Gliederung oder Abschluß einer Wand.

Gratgewölbe Durchdringung zweier Gewölbe ohne Gratrippen.

Grisaille In grauen Farben ausgeführte Malerei (Graumalerei).

Gurtbogen Quer zur Längsachse eines Gewölbes laufender Verstärkungsbogen, der auch die Unterteilung in Joche verstärkt.

Horror vacui ›Scheu vor dem Leeren‹

Ikonographie Bildbeschreibung, Kunde vom Inhalt und vom Sinn bildlicher Darstellung. Erforscht die Entstehung und den Zusammenhang von Bildthemen, Symbolen und Allegorien.

Joch Gewölbeeinheit innerhalb einer Folge solcher Einheiten (s. auch Travée).

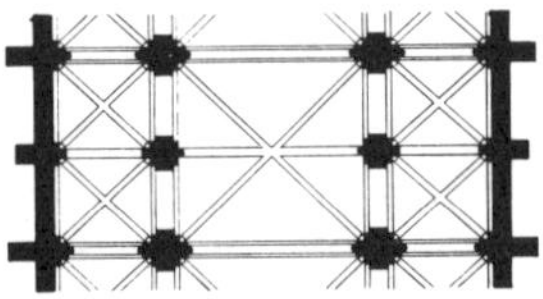

Kalotte Flache Kuppel

Kämpfer Vorspringende Platte auf Pfeilern oder Säulen, auf der Gewölbe oder Bögen aufliegen. Auch die Bezeichnung der Querunterteilung bei Fenstern oder Türen.

Kanneluren Senkrechte, konkave Auskehlungen an Säulen oder Pfeilern.

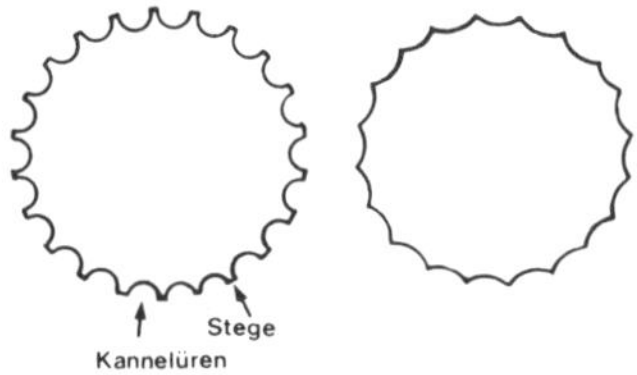

Kapitell Oberster plastisch ausladender Teil einer Säule oder eines Pfeilers, Bindeglied zwischen Stützen und tragenden Elementen eines Bauwerks, häufig reich ornamentiert.

Kartause Von Kartäusermönchen entwickelte Sonderform des Klosters, mit Einzelhäusern für Mönche um einen meist rechteckigen Gartenhof.

Karyatide Weibliche Figur, die anstelle einer Stütze das Gebälk trägt (männl. Gegenstück: Atlant).

Kassette Vertieftes, oft verziertes Feld in einer Decke oder Bogenlaibung.

Kommende Bei geistlichen Ritterorden die kleinste Einheit der Ordensverwaltung. Auch die Bezeichnung einer kirchlichen Pfründe, deren Inhaber nur das Einkommen bezieht, ohne das Kirchenamt zu verwalten.

Konverse Laienbruder des mittelalterlichen Mönchsordens.

Krypta Unterirdischer Kirchenraum.

Lanzettfenster Von schmalen hohen Spitzbögen eingefaßtes Fenster.

Lettner Die an Stelle der Chorschranken zwischen dem Chor und dem Mittelschiff eingezogene halbhohe Trennwand.

Linteau Fenster- oder Türsturz.

Lisene Flacher, senkrechter Mauerstreifen zur Wandgliederung.

Loggia Gewölbte Bogenhalle oder -gang, dem Erdgeschoß eines Hauses vorgelagert oder ein Teil dessen bildend. Auch die Bezeichnung für einen höher gelegenen Bogengang (Galerie).

Lukarne Dachfenster mit geschoßhohem Ausbau an der Hausflucht.

Mäander Rechtwinklig gebrochenes Ornamentband.

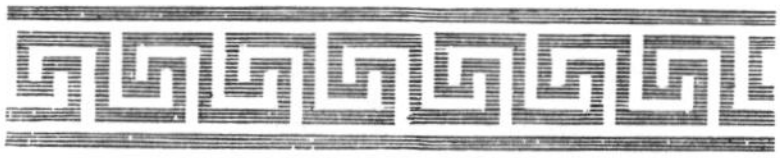

Mandorla Mandelförmiger Heiligenschein um die ganze Figur; fast nur bei Christus- oder Mariendarstellungen.

Mausoleum Prächtig ausgestattetes monumentales Grabdenkmal.

Obelisk Hoher rechteckiger Steinpfeiler, der sich nach oben verjüngt und in einer pyramidenförmigen Spitze endet.

monolithisch Aus einem Stück, zusammenhängend und fugenlos hergestellt.

mozarabisch Durchdringung von maurischen und romanischen Elementen in der Architektur, vor allem in Spanien.

Narthex Portalvorbau, Binnenhalle

Obergaden Der über der Bogenstellung des Mittelschiffes einer Basilika sich erhebende Wandabschnitt mit den Fenstern.

Oculus Kleines Rundfenster

Oratorium Kleine Kapelle, Betraum oder Chorempore.

Palmetten Palmblattähnliches Ornament

Piano nobile Hauptgeschoß eines Gebäudes

Pilaster Meist flach aus der Wand heraustretender Wandpfeiler. Dient sowohl der Verstärkung und Gliederung als auch zur Rahmung von Fenstern und Türen.

point de vue Aussichtspunkt

Polychromie Viel- oder Mehrfarbigkeit in der Architektur durch Bemalung, verschiedenfarbige Baumaterialien oder farbigen Putz. Hierdurch kann eine strukturbetonte, symbolische, dekorative oder illusionistische Wirkung erreicht werden.

Priorei Wohnung und Amtsbezirk des Ordensoberen (Prior).

Psychomachia Eigentlich Lehrgedicht des spätantiken Dichters Prudentius Clemens. Die Psychomachia (= Kampf der Seele) ist ein allegorisches Epos, das den Kampf von sieben Tugenden gegen die entsprechenden Laster darstellt.

Radialkapellen Strahlenförmig um den Chor angeordnete Reihe von Kapellen, die den Kapellenkranz bilden.

Refektorium Speisesaal eines Klosters.

Rekonquista Rückeroberung der von den Mauren besetzten iberischen Halbinsel.

Reliquiar Behälter zur Aufbewahrung der Überreste (Reliquien) eines Heiligen.

Retabel Altaraufsatz

Rippe Tragendes Konstruktionsteil einer Dekke, beim Gewölbe bilden die Rippen das Gerüst für die nichttragenden Flächen. In der Spätzeit des Gewölbebaues wurde die Rippe zur Dekoration.

Rosette Dekorativ reduzierte Blütenform als Ornamentmotiv, das sowohl flach als auch plastisch vorkommt.

Rotunde Kleiner Rundbau oder runder Raum innerhalb eines größeren Bauwerkes.

Sarkophag Aus Stein, Ton, Holz oder Metall gearbeiteter, meist kunstvoll verzierter Sarg.

Säulenportal Portal, in dessen abgestufte Öffnung Säulen eingestellt sind.

Schlußstein Der oberste, als letzter eingesetzte Stein eines Bogens oder Kreuzrippengewölbes. Häufig skulpturell ausgestaltet oder verziert.

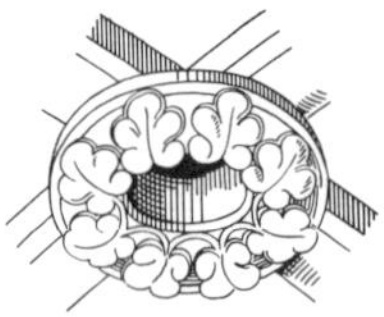

Schwibbogen Ein zwischen zwei Mauerkörpern gespannter, frei schwebender Bogen.

Seneschall Hoher Beamter mit richterlichen Funktionen.

Staffelchor Gruppe eines Hauptchores mit seinen Nebenchören, die staffelweise kleiner werden.

Stichkappe Die in der Rundfläche eines Dekkengewölbes rechtwinklig zu dessen Achse einschneidende Gewölbekappe.

Stufenportal Portal der romanischen und gotischen Baukunst, bei dem die Mauer abgestuft zurücktritt. In diese Abstufungen wurden häufig Säulen gesetzt.

Tapisserie Wandteppich

Travée In sich abgeschlossenes, meist einachsiges Fassadenfeld. Auch Bezeichnung für ein Gewölbefeld oder für den einem Gewölbeabschnitt entsprechenden Raumteil (Joch).

Triforium Ein in der Wand ausgesparter, in Bogenstellung sich öffnender Laufgang unter den Fenstern des Obergadens.

Trompe Bogen mit nischenartiger Wölbung zwischen zwei rechtwinklig aneinanderstoßenden Mauern, häufig vorgekragt zur Unterstützung einer überstehenden Ecke oder Mauerfläche.

Trumeau Ursprünglich der mittlere Steinpfosten eines Portals, später sowohl die Bezeichnung für einen steinernen Fensterpfosten als auch für einen Wandspiegel am Fensterpfeiler.

Triptychon Bezeichnung für ein dreigeteiltes Bild

Tympanon Bogenfeld über einem Portal

Vierung Der Raumteil einer Kirche, wo sich Langhaus und Querhaus durchdringen (s. auch Grundriß der Basilika).

Vierungsturm Der über der Vierung im Außenbau gesetzte Turm.

Vorlage Verstärkung oder Gliederung einer Mauer durch Pfeiler, Pilaster oder Dienste.

Westwerk Westabschluß einiger karolingischer, ottonischer und romanischer Kirchen. Meist doppelgeschossiger Hallenraum mit einem oder mehreren Türmen. Eigenkirche, häufig auch Sitz des Herrschers auf der Empore (s. auch Grundriß der Basilika).

Zwerggalerie In der Außenmauer ausgesparter Laufgang mit kleiner Bogenstellung und zierlichen Säulen.

Zwickel Dreiseitig begrenztes Flächenstück, z. B. zwischen zwei Bögen einer Arkade.

Raum für Reisenotizen

Anschriften neuer Freunde, Foto- und Filmvermerke, neuentdeckte gute Restaurants etc.

Raum für Reisenotizen

Anschriften neuer Freunde, Foto- und Filmvermerke, neuentdeckte gute Restaurants etc.

Raum für Reisenotizen

Anschriften neuer Freunde, Foto- und Filmvermerke, neuentdeckte gute Restaurants etc.

Literaturverzeichnis

I Allgemeine Literatur zu Burgund

Laetitia Boehm, *Geschichte Burgunds.* Stuttgart 1971

Jean Bonnerot, *Bourgogne – Les albums des Guides Bleus*

Patrice Boussel, *Guide de la Bourgogne et du Lyonnais mystérieux.* Paris 1974

Yvan Christ, *Promenades en Bourgogne,* Ed. André Balland

Albert Colombet, *Bourgogne et Morvan.* Paris 1975

Florens Deuchler, *Burgund.* Königstein 1970

Helmut Domke, *Burgund.* München 1974

Edition Horizons de France, *Visages de la Bourgogne.* 1963

Léopold Génicot, *Les lignes de faîte du Moyen Age.* Paris 1962

Charles Oursel *L'art en Bourgogne.* Paris 1953

Dominique Paladilhe, *Les très riches heures de Bourgogne.* Paris 1971

Pierre Poupon, *Toute la Bourgogne,* Presses Universitaires de France, Paris

Jean Richard, *Histoire de la Bourgogne,* Coll. ›Que sais-je?‹

Max Rieple, *Goldenes Burgund.* Bern 1972

Conrad Streit, *Burgund, das Land zwischen Jura und Loire.*.Olten 1972

Außerdem sind von größtem Nutzen der sehr praktisch angelegte, übersichtliche, wenn auch knappe ›Grüne Führer‹ von Michelin *Bourgogne, Morvan* und der sehr ausführliche, etwas langatmige und umständliche ›Blaue Führer‹ von Hachette: *Les Guides Bleus – Bourgogne, Morvan, Nivernais, Lyonnais,* Ed. Librairie Hachette, 79, Bd. Saint-Germain Paris, beide Führer möglichst in ihrer jeweils letzten Auflage.

II Literatur zur Kunstgeschichte Burgunds

Marcel Aubert (Hrsg.), *L'art roman en France.* Paris 1961

Charles-H. Baudé, *Découvrir la Bourgogne romana.* Verviers 1974

Jean Baudry (Hrsg.), *Bourgogne romane.* Zodiaque, 3. Aufl. 1958

Anthony Blunt, *Art and architecture in France 1500–1700.* Pelican History of Art, Harmondsworth, 2. Aufl. 1970

Robert Branner, *Burgundian Gothic architecture.* London 1960

Wolfgang Braunfels, *Abendländische Klosterbaukunst.* Köln 1969

Kenneth J. Conant, *Carolingian and romanesque architecture 800–1200.* Pelican History of Art, Harmondsworth 2. Aufl. 1966

Henri David, *De Sluter à Sambin. Essai critique sur la sculpture et le décor monumental en Bourgogne au XV et XVI siècle.* Paris 1933

Marie-Madeleine Davy, *Initiation à la symbolique romane. XII siècle.* Paris 1964

Otto Demus, *Romanische Wandmalerei.* München 1968

Dictionnaire des Eglises de France II A, *Bourgogne – Nivernais – Lyonnais.* Paris 1966

Hans Eckstein, *Die romanische Architektur.* Köln 1975

Jean Gimpel, *La révolution industrielle du Moyen Age.* Paris 1975

Martin Gosebruch, *Über die Bildmacht der burgundischen Skulptur des frühen 12. Jahrhunderts.* Phil. Diss. München 1950

Jan Huizinga, *Herbst des Mittelalters.* Stuttgart 1938

Hans Jantzen, *Burgundische Gotik.* München 1949

Hans Jantzen, *Die Gotik des Abendlandes,* Köln 1962

Bernhard Kerber, *Burgund und die Entwicklung der französischen Kathedralskulptur im 12. Jahrhundert.* Recklinghausen 1966
Wilhelm Messerer, *Romanische Plastik in Frankreich.* Köln 1964
Gottfried Richter, *Romanisches Burgund. Zur Geschichte des christlichen Abendlandes.* Stuttgart 1962
Hans Rose, *Die Baukunst der Cistercienser.* München 1916
Bernhard Rupprecht, *Romanische Skulptur in Frankreich.* München 1975
Willibald Sauerländer, *Gotische Skulptur in Frankreich 1140–1270.* München 1970
Wilhelm Schlink, *Zwischen Cluny und Clairvaux.* Berlin 1970
Ambrosius Schneider, Karl Wienand (Hrsg.), *Die Cistercienser. Geschichte, Geist, Kunst.* Köln 1974
Victor Terret, *La sculpture bourguignonne aux XII et XIII siècles.* Autun 1925
Georg Troescher, *Claus Sluter und die burgundische Plastik um die Wende des 14. Jahrhunderts.* Freiburg 1932

III Spezialliteratur zu den im Text behandelten Kunstwerken

Anonym, *Saint-Bénigne de Dijon.* Lyon o. J.
Pierre Beaussart, *La Charité-sur-Loire, Eglises et prieuré.* 1971
Yves Beauvalot, *Dijon, Palais des Etats.* Lyon 1965
Antoine Bonin, *Charlieu-ville d'art.* Lyon o. J.
Joseph Calmette, *Les grands Ducs de Bourgogne.* Paris 1949
Albert Colombet, *Saint-Thibault-en-Auxois.* Dijon o. J.
Kenneth J. Conant, *Cluny. Les églises et la maison du chef d'ordre.* Mâcon 1956
Victor H. Debidour (Hrsg.), *Vézelay.* Paris 1962
Jean Dupont, *La basilique Saint-Andoche de Saulieu.* Moisenay-le-Petit o. J.
Jean Dupont, *Saulieu.* Autun o. J.
Henriette de Ganay, *La route des Ducs de Bourgogne.* Paris o. J.
B. de Gaulejac, *Nevers, Saint-Cyr.* Lyon o. J.
Denis Grivot, *Autun.* Lyon 1967
Denis Grivot und George Zarnecki, *Gislebertus, Meister von Autun.* Wiesbaden 1962
Jacques Leviste, *La cathédrale de Sens.* Lyon 1962
Emile Magnien, *Cluny.* Mâcon 1975
Emile Magnien, *Les églises romanes de la Bourgogne du sud.* Mâcon 1973
Emile Magnien, *Les peintures murales clunisiennes de Berzé-la-Ville.* 1973
Jean Marilier, *Saint-Seine l'Abbaye.* Colmar 1970
Raymond Oursel, *Hostel Dieu de Beaune 1443.* Lyon 1968
Raymond Oursel, *Tournus.* Zodiaque 1971
Pierre Quarré, *Claux de Werve, imagier des Ducs de Bourgogne.* Dijon 1976
Pierre Quarré, *Dijon.* Paris 1961
Pierre Quarré, *La Chartreuse de Champmol, foyer d'art au temps des Ducs valois.* Dijon 1960
Pierre Quarré, *Le musée de Dijon.* Dijon 1966
Regula Raeber, *La Charité-sur-Loire.* Phil. Diss. Basel, Bern 1964
Francis Salet, *La Madeleine de Vézelay.* Melun 1948
Wilhelm Schlink, *Saint-Bénigne in Dijon, Untersuchungen zur Abteikirche Wilhelms von Volpiano (962–1031).* Berlin 1978
Liliane Schneiter, *Le Brionnais, églises romanes.* Genf 1967
Elizabeth Read Sunderland, *The history and architecture of the church of St. Fortunatus at Charlieu in Burgundy.* Art Bulletin 21, 1939, p. 61–88
R. Turlure, *Eglises de Langres.* Langres 1975
Jean Virey, *Paray-le-Monial et les Eglises du Brionnais.* Paris 1962
Helmut Wolff, *Die Chronologie der Kapitelle von Saint-Lazare in Autun.* Phil. Diss. München 1953

Fotonachweis

Farbtafeln und Schwarzweiß-Abbildungen

Amtliches Französisches Verkehrsbüro, Frankfurt/M. Farbt. 6
Auguste Allemand, Orsay Umschlagvorderseite, Umschlaginnenklappe hinten, Farbt. 7, 30, 31, Abb. 33–42, 44, 45, 48–50, 61, 64–78, 86, 88, 89, 91–94, 102, 105–115
Bildarchiv Foto Marburg Abb. 24, 160, 163, 164
Caisse Nationale des Monuments Historiques, Paris Abb. 19–21
CiM, Macon Abb. 6, 8, 12, 46, 51, 53, 57, 97
Edition Gaud, Moisenay Abb. 22, 95, 96, 98
Fratelli-Fabri Abb. 52
Photographie Giraudon, Paris Farbt. 17
Robert Häusser, Mannheim Farbt. 18, 21
Heinz Held, Köln Abb. 129, 137
Hirmer-Verlag, München Abb. 54
P. L. Lefevre, Auxerre Abb. 123–125
Les Edition Nivernaisses, Cosne-sur-Loire Abb. 134
Musée Archélogique, Dijon Abb. 2–4, 156
Musée de Dijon Abb. 165–167
Werner Neumeister, München Umschlagrückseite, Farbt. 1, 11–14, 16, 19, 26, 29, 32, Abb. 1, 5, 7, 9–11, 16, 23, 25, 28, 30, 47, 55, 62, 63, 79–85, 87, 90, 99–101, 103, 116, 121, 122, 135, 136, 139–144, 146, 149, 150, 152, 155, 159, 161, 162, 169, 172, 175, 177, 179, 181, 182
Fritz Prenzel, Gröbenzell b. München Farbt. 9, 23, 24, 28
RAPHO, Paris Farbt. 8, 20, 25
Ronald Sheridan, London Farbt. 2–5, 15
Werner Stuhler, Hergensweiler Farbt. 10, 22, 27

Der Autor stellte folgende Aufnahmen zur Verfügung Abb. 13–15, 17, 18, 26, 27, 29, 31, 32, 43, 56, 104, 117–120, 126–128, 130 bis 133, 138, 145, 147, 148, 151, 153, 154, 157, 158, 168, 170, 171, 173, 174, 176, 178, 180

Zeichnungen und Pläne im Text

(die Zahlen bezeichnen die Seiten im Buch)

M. Aubert, L'Architecture Cistercienne 190
Bourgogne, Zodiaque 151
W. Braunfels, Abendländische Klosterbaukunst, Köln 1969 44, 55, 76/77, 184, 185, 249
K. J. Conant, Carolingian and romanesque architecture 800–1200, Harmondsworth 1966 42, 47, 87
G. Dehio / G. von Bezold, Die Kirchliche Baukunst des Abendlandes, Bd. 2 u. 4, Stuttgart 1888 43, 46, 74, 83, 84, 85, 107, 109, 113, 114, 119, 138, 172, 173, 175, 194, 195, 217, 221, 224, 225, 227, 274, 279
D. Grivot / G. Zarnecki, Gislebertus, Meister von Autun, Wiesbaden 1967 140, 141, 143, 146, 149
H. Jantzen, Die Gotik des Abendlandes, Köln 1962 200, 226
Bernd Köster, Münster 179,
W. Messerer, Karolingische Kunst, Köln 1973 218
Michelin: Bourgogne, Paris 1974 177, 271
Ch. Oursel, L'art en Bourgogne, Paris 1953 108
Werner Preuß, Köln 13, 262
P. Quarré / J. Boulas, Dijon, Paris 1961 231
R. Raeber, La Charité-sur-Loire, Bern 1964 117, 118
W. Schlink, Saint-Bénigne in Dijon, Untersuchungen zur Abteikirche Wilhelms von Volpiano (962–1031), Berlin 1978 15

Register

Personen und Völker

Orte und Länder

Praktische Reisehinweise

Auskünfte

Informationen für eine Reise nach Burgund, Prospektmaterial, Hotelverzeichnisse etc. liefert in Deutschland

das **Amtliche Französische Verkehrsbüro**
4 Düsseldorf, Berliner Allee 26, ✆ 02 11 / 8 03 75
6 Frankfurt, Kaiserstr. 12, ✆ 069 / 74 05 51

Österreich
Französisches Verkehrsamt
Hilton Center, Nr. 259
Landstraßer Hauptstr. 2
1030 Wien
✆ 02 22 / 75 70 62

Schweiz
Französisches Verkehrsamt
Bahnhofstr. 16
8022 Zürich
✆ 01 / 211 / 30 85
und
2, rue Thalberg
1201 Genève
✆ 022 / 32 86 10

In Frankreich gibt Auskunft
in *Dijon, 34, rue des Forges,* ✆ 80 30 35 39
4, rue Montmartre, ✆ 80 41 61 35
das **Office de Tourisme et Accueil de France**
Dijon, Place Darcy, ✆ 80 43 56 05
und das Verkehrsamt (Syndicat d'Initiative) jeder größeren Stadt in Burgund.

Anreise

Der Aufbau des vorliegenden Buches folgt der chronologischen Entwicklung der Kunst in Burgund, vorgestellt in ihren wichtigsten Zeugnissen, doch entspricht er auch einer Idealroute, auf der der Reisende in etwa zehn Tagen die interessantesten Stationen burgundischer Kunst, Geschichte und Landschaft kennenlernen kann.

Ausgangspunkt ist *Dijon,* die Hauptstadt des alten Herzogtums, das über die Autobahn Paris–Lyon mit dem Abstecher bei Pouilly-en-Auxois leicht zu erreichen ist (Paris–Dijon ca. 320 km). Von Westdeutschland kann man auch über die Autobahn Saarbrücken–Nancy und dann über die N 74 Neufchâteau–Langres nach Dijon gelangen, während sich für den aus Süddeutschland und der Schweiz Anreisenden der Weg durch das Elsaß, Straßburg–Colmar–Mulhouse oder Basel–Belfort–Vesoul–Gray–Dijon empfiehlt, falls er es nicht vorzieht, von Belfort einen Abstecher durch die burgundische Franche-Comté über Besançon und Dôle zu machen über die neue Autobahn Mulhouse – Besançon – Beaune.

Die *Eisenbahnverbindungen* nach Dijon sind sehr gut. Es liegt an der Hauptstrecke Paris–Midi (Abfahrt Paris, Gare de Lyon), direkte Verbindungen gibt es außerdem nach Saarbrücken, Basel und Lausanne.

Es empfiehlt sich freilich eine Fahrt mit eigenem *Auto,* da viele Sehenswürdigkeiten mit öffentlichen Verkehrsmitteln nur umständlich zu erreichen sind. *Radtouren* lohnen sich entlang der Côte-d'Or, in den Flußtälern und am alten Canal de Bourgogne, auf dessen Leinpfad man halb Burgund durchqueren kann.

Erholung und Sport

Burgund ist nicht nur eine der wichtigsten Kunstlandschaften Frankreichs, es ist auch, begünstigt durch seine Geographie, ein hervorragendes Ferien- und Erholungsgebiet mit einer sehr guten Ausstattung an Freizeiteinrichtungen, vom riesigen Naturpark des Morvan bis zu den ausgezeichneten Wassersportmöglichkeiten auf den Seen, Flüssen und Kanälen. Es empfiehlt sich, vom zuständigen Verkehrsamt das reichliche Prospektmaterial zu den verschiedenen Erholungsmöglichkeiten schicken zu lassen. Im Rahmen dieses Buches müssen einige Hinweise auf die wichtigsten Angebote genügen:

Der *Naturpark des Morvan,* auf halber Strecke zwischen Paris und Lyon gelegen, bietet hervorragende Möglichkeiten zum Wandern, Schwimmen, Segeln, Wasserski; Kanu und Kajak sind möglich auf den Seen von *Crescent, Chaumeçon, Saint-Aignan, Pannecière* und *Settons.* Im gesamten Gebiet sind Reitsportzentren mit Reitwegen angelegt. – Information: *Bureau du Tourisme,* 6 bis, rue Bocquillot, 89200 Avallon, ✆ (86) 34 09 12.

Wandern

Burgund wird von mehreren der *großen nationalen Wanderwege* durchzogen:

GR 7 Vogesen – Pyrenäen
GR 76 Plateau de Langres – Mâconnais
GR 3 Loiretal von Puy-en-Velay bis St. Nazaire
Eine Reihe von *Rundwanderwegen* sind in den letzten Jahren eingerichtet worden, vor allem im Morvan und im Hügelland zwischen Dijon und Beaune. Vorschläge für Wandertouren finden sich in dem Buch ›Sentiers et Randonnées – Bourgogne‹, das ebenso wie Wanderkarten und genauere Informationen erhältlich ist bei:
G. R. Comité national des Sentiers de Grande Randonnée
92, rue de Clignancourt
75883 Paris, ✆ 42 55 86 73

Bergsteigen und Klettern

Gute Möglichkeiten bietet das hügelige *Hinterland von Dijon* mit den Steilhängen von Saffres bei Vitteaux und Cormont bei Nolay sowie den Schluchten der Côte und Arrière-Côte, von Fixin, Brochon, Lavaux.

Von Pariser Bergsteigern als Übungsgelände geschätzt werden die Felsen des *Saussois* und des ›Parc‹, etwa 25 km südlich von Auxerre über der Yonne. Im Dep. Saône-et-Loire schließlich der berühmte Felsen von *Solutré*.

Fahrt über die Kanäle

Von besonderem Reiz ist eine Fahrt durch Burgund auf einem Boot oder Schleppkahn. Ausleihmöglichkeiten für Boote verschiedener Größe bestehen in *Auxerre, Baye-la-Collancelle* und *Verdun-sur-Doubs*.

Befahren werden können folgende Kanäle:
Canal de Bourgogne, Canal du Nivernais, Canal latéral à la Loire, Canal du Centre.

Die Kanäle, die z. T. aus dem 17. und 18. Jahrhundert stammen, mit unzähligen alten Schleusen und malerischen Wärterhäuschen, sind durch ihre Einbindung in die Natur und den alten Baumbestand von hohem landschaftlichen Reiz, teils aber auch von höchstem technikgeschichtlichen Interesse.

Reiserouten

Für eine **Rundfahrt zu den wichtigsten Kunststätten Burgunds** bietet sich folgende Route an:

Dijon – N 74 oder A 37 bis *Beaune*, dort Autobahn A 6 bis *Tournus* über die D 14 und die N 481 nach *Cluny*, die N 79 führt von dort nach *Paray-le-Monial*. Die D 352 B und die N 482 sind die kürzeste Verbindung von *Paray* über *Pouilly-sur-Loire* nach *Charlieu*. Von *Paray* führen die N 79 (bis *Digoin*) und die N 494 nach *Autun*. Man kann von dort über die N 78 nach *Nevers* und über die N 7 weiter nach *La Charité-sur-*

Loire, oder von *Autun* direkt über die N 80 *(Saulieu)*, N 6 *(Avallon)* und die N 457 nach *Vézelay* fahren. Die N 6 oder die Autobahn A 6 führen weiter nach *Auxerre* und *Sens*, von wo die N 5 zurückführt über *Saint-Florentin* (Abstecher N 77 nach *Pontigny*), *Tonnerre*, *Ancy-le-Franc*, *Montbard (Fontenay)* nach *Dijon*.

Wer sich ein wenig mehr Zeit nehmen kann, sollte auf die Hauptstraßen weitgehend verzichten und die sehr gut ausgebauten *Departementsstraßen* benutzen. Unerläßlich sind für Tagesausflüge von den Zentren aus die gelben *Michelinkarten N. 65* und *69*, außerdem für den *Nordwesten (Sens)* die *Nr. 61* und für das südliche *Brionnais* die *Nr. 73*.

Jeder Reisende wird sich seine Rundfahrten nach seinem Geschmack zusammenstellen wollen, doch seien einige *Vorschläge für Routen* gemacht, die kunsthistorische Sehenswürdigkeiten und reizvolle Landschaften verbinden:

1 Dijon – Côte-d'Or

Man verläßt *Dijon* über die Avenue Jean Jaurès, nimmt jedoch nicht die N 74, sondern die D 122 nach *Chenôve*, die auf halber Höhe des Hanges durch die Weinberge und die malerischen Winzerorte – *Marsannay-Fixin* – *Gevrey-Chambertin* – *Morey* – zum *Clos de Vougeot* führt, von wo man über die N 74 *Nuits-St.-Georges* erreichen kann, oder über Gilly und Villebichot einen Abstecher zur ehemaligen Abtei von *Cîteaux* machen kann.

Reizvoll ist von Nuits aus der Umweg über *Marey*, *Fussey* und *Aloxe-Corton* nach *Beaune*, von wo die N 73 über Pommard, Volnay, an Meursault vorbei zum *Schloß von Rochepot* führt. Es lohnt sich, die N 73 bis *Nolay* weiterzufahren, oder auf der N 6 bis *Ivry-en-Montagne*, dort abzubiegen auf die D 17 nach *Bligny-sur-Ouche* und zum *Canal de Bourgogne* beim *Pont d'Ouche* (D 33). Hier hat man die Wahl zwischen einer höchst malerischen Fahrt am verträumten Canal entlang bis zum *Pont-de-Pany* über die D 33, oder einem Abstecher zur *Burg von Châteauneuf* und zum *Schloß von Commarin* über die N 77. Man erreicht die Hauptstraße N 5 bei *Sombernon* und kann über die autobahnähnliche Nationalstraße durch das Tal des Ouche wieder Dijon erreichen.

Für Freunde mühsamer und kurvenreicher Gebirgsfahrten empfieht sich vom Pont-de-Pany aus eine Querfahrt über die D 35 am *Schloß von Montculot* vorbei, von wo man einen sehr schönen Blick auf den *Mont Afrique* und in der Ferne die Stadt Dijon in der Ebene hat. Querstraßen führen von hier durch das Gebirge zur Côte hinunter.

2 Nördliches Mâconnais

Von *Tournus* aus folgt man der D 14 nach Westen, über Ozenay nach *Brancion* und *Chapaize*, wo ein Abstecher nach Norden zur D 215 führt, über die man *Ougy* und

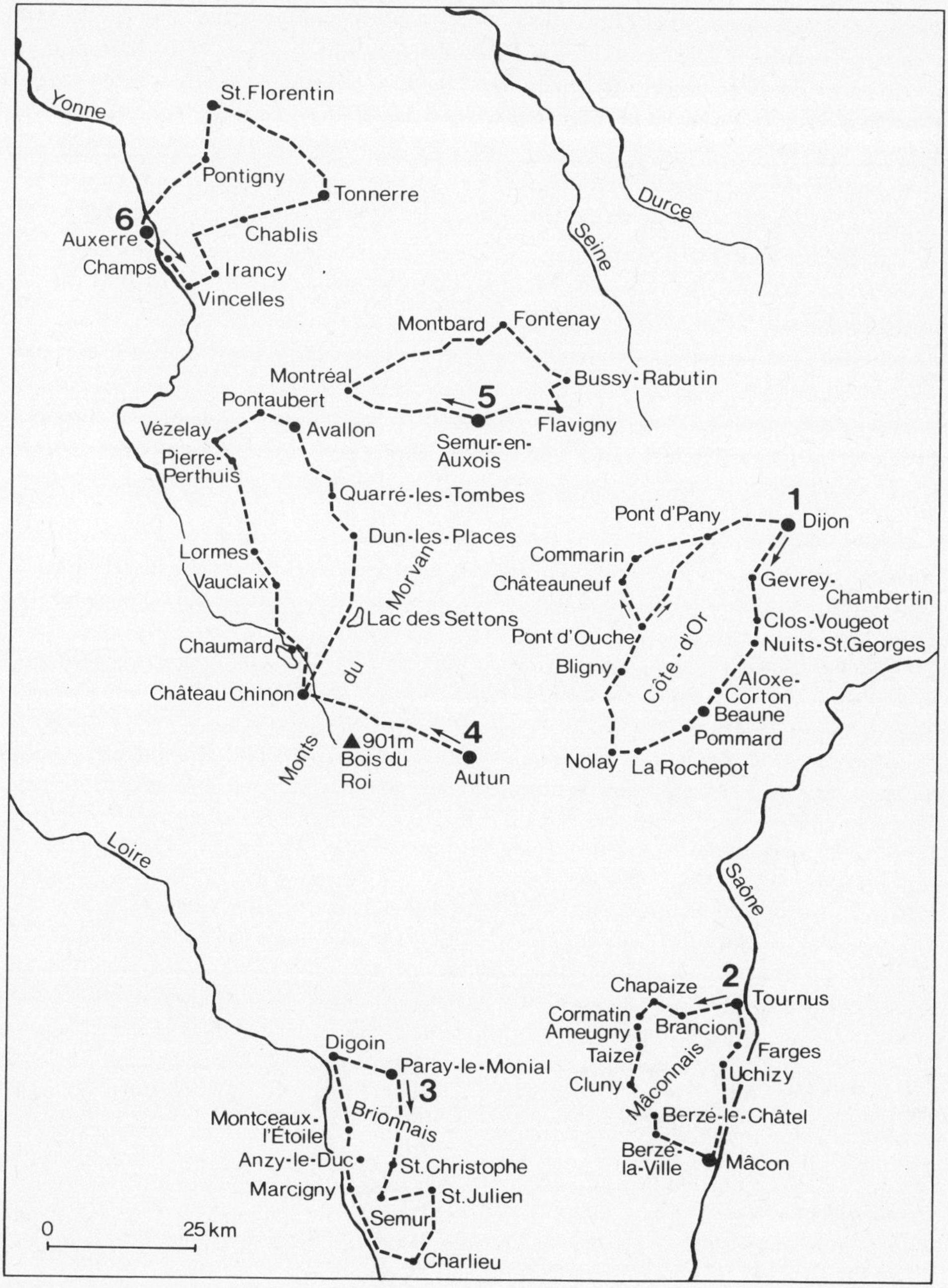

Yonne
St. Florentin
Pontigny
Tonnerre
6
Auxerre
Chablis
Champs
Irancy
Vincelles
Durce
Seine
Montbard
Fontenay
Montréal
Bussy-Rabutin
5
Pontaubert
Flavigny
Vézelay
Avallon
Semur-en-Auxois
Pierre-Perthuis
Quarré-les-Tombes
1
Pont d'Pany
Dijon
Dun-les-Places
Commarin
Lormes
Morvan
Châteauneuf
Gevrey-Chambertin
Vauclaix
Lac des Settons
Clos-Vougeot
Pont d'Ouche
Nuits-St.Georges
Chaumard
Côte-d'Or
Bligny
du
Aloxe-Corton
Château Chinon
Beaune
4
Pommard
901m
Bois du Roi
Monts
Autun
Nolay
La Rochepot
Loire
Saône
2
Chapaize
Tournus
Cormatin
Ameugny
Brancion
Digoin
Taize
Farges
Paray-le-Monial
Cluny
Uchizy
3
Mâconnais
Brionnais
Montceaux-l'Étoile
Berzé-le-Châtel
Berzé-la-Ville
Mâcon
Anzy-le-Duc
St. Christophe
Marcigny
St. Julien
Semur
0
25 km
Charlieu

Malay erreichen kann. Hinter *Cormatin* empfiehlt es sich, die kleine Straße nach *Ameugny* und *Taizé* zu nehmen, von dort wieder hinab in das Tal der Grosne über die N 481 nach *Cluny* zu fahren. Die N 80 und N 79 führt weiter nach *Berzé-la-Ville* und *Berzé-le-Châtel,* von dort kann man entweder direkt über die N 79 nach *Mâcon* und über die A 6 oder N 6 nach Tournus zurück, oder quer durch die Gebirgslandschaft der Mâconnais auf reizvollen, aber kurvenreichen Straßen über *Donzy, Blanot,* am *Mont Saint-Romain* vorbei, über *Lugny* nach *Uchizy* und *Farges,* von wo man über die N 6 nach Tournus zurückkehren kann.

3 Brionnais

Als Ausgangspunkt für eine Fahrt durch das Brionnais empfiehlt sich *Paray-le-Monial.* Von Cluny erreicht man Paray über die sehr schöne N 79, von Mâcon aus kann man auf kleinen, kurvenreichen Straßen über *Charnay, Fuissé-Pouilly, Solutré* dem *Circuit Lamartine* folgen oder über die D 45 unterhalb des Signal de la Mère Boitier nach *Tramayes,* von dort über Matour nach *Bois-Sainte-Marie,* am Schloß von *Dreé* vorbei nach *La Clayette,* über *Vareilles* und *Varenne-l'Arconce* nach *Paray.*

Beginnt man die Rundfahrt in Paray, so empfiehlt sich ebenfalls die D 34 nach *Varenne,* dann bei Saint-Christophe die N 489 nach *Semur,* von dort die D 9 nach *Saint-Julien-de Joncy.* Die D 20 führt weiter nach *Charlieu,* dem südlichsten Punkt der Reise, schon im Forez gelegen.

Über die D 227 kommt man nach *Iguerande* oberhalb der Loire, an der die N 482 entlangführt nach *Marcigny.* Die schmale D 10 führt nach *Anzy-le-Duc,* von wo man über *Montceaux L'Etoile* (D 174) einen Abstecher ins Departement Allier machen kann nach *Neuilly-le-Donjon.* Über die D 266 erreicht man die Hauptstraße N 494, auf der man über Digoin nach Paray zurückkehrt.

4 Morvan

Von größtem landschaftlichen Reiz ist eine Fahrt von *Autun* durch den *Morvan* nach *Vézelay.* Von Autun folgt man der N 78 bis *Château-Chinon,* dort kann man über die D 37 und die D 501 den *Lac de Settons* erreichen, den ältesten der Stauseen des Morvan (Staudamm von 1861) im Tal der Cure, weiter der D 977 folgen bis *Champeau,* von dort durch das Tal des Cousin zum *Lac de Saint-Agnan* oder über die D 6 nach *Dun-les-Places* und durch den Fôret au Duc nach *Quarré-les-Tombes,* von dort über die D 10 am Schloß von *Marrault* vorbei nach *Avallon.* Die Fahrt von Avallon durch das Tal des Cousin über Pontaubert und die D 957 nach Vézelay gehört zu den berühmtesten Routen Burgunds.

Eine Variante führt von *Château-Chinon* über die D 37 und die D 12 am Stausee von *Pannecère-Chaumard* entlang über *Vauclaux, Lormes,* an den Schlössern von *Vauban* und *Bazoches* vorbei nach *Pierre-Perthuis* mit seiner schönen mittelalterlichen Brücke, oberhalb der man einen wundervollen Blick auf Vézelay hat.

Bei Brassy im Morvan

5 Auxois

Vom Ausgangspunkt *Semur-en-Auxois* aus die N 454 Richtung Avallon, am Schloß *Epoisses* vorbei bis *Toutry*, über Guillon nach *Montréal*. Die D 957 bis *Bierry-les-Belles-Fontaines*, dann die D 103 und die D 4 bis *St. Remy*. Am Armançon entlang die N 5 durch Montbard hindurch bis *Marmagne*, links ab über die D 32 nach *Fontenay*. Durch den Forêt de Millon oder über die N 5 nach *Bussy-Rabutin*, von dort über *Alise-Ste-Reine* nach *Flavigny-sur-Ozerain*. Die D 9 führt zurück nach Semur.

Für die Fahrt von Semur nach *Dijon* empfiehlt sich die N 80 bis *Précy-sous-Thil*, dort die N 70, bei Pont-Royal ein Abstecher über die N 470 nach *St. Thibault*, von wo die D 26 zurück auf die N 70 führt bis *Vitteaux* (mit einigen gotischen Häusern), dort die D 26 nach *Saint-Seine-l'Abbaye*. Die N 71 führt über Val-Suzon nach Dijon.

6 Auxerrois

Von *Auxerre* über die D 163 an der Yonne entlang bis *Champs*, die D 362 bis *Vincelles*, durch die Weinberge nach *Irancy*, über *St. Bris-le-Vineux*, *Quenne* auf die D 965 nach *Chablis* und *Tonnerre*. Am Armançon entlang über die D 905 nach *St. Florentin*, die N 77 führt über *Pontigny* nach Auxerre zurück. Zwischen Tonnerre und Montbard liegen die Schlösser *Tanlay* und *Ancy-le-Franc*.

Chailly-sur-Armançon

Gastronomie

Dem Weltruhm des burgundischen Weines steht der Ruhm seiner Küche nur wenig nach. Der natürliche Reichtum des Landes – die Rinder des Charolais, des Auxois und des Bazois, hervorragender Wildbestand, Fische in Loire und Saône, Forellen und Krebse in den Wildbächen des Morvan, Weinbergschnecken, Pilze aller Art und schließlich eine hochstehende Gemüsekultur –, und die Besonderheit des Weines haben die burgundische Küche geprägt. So liebt man schwere Weinsaucen – meurettes – in Verbindung mit Fischen, Eiern, Rind (boeuf bourgignon), Hähnchen (coq au vin).

Burgund hat den Vorzug, zu jedem Gericht und zu jedem Gang einen passenden Wein sehr guter Qualität anbieten zu können:

- Hors-d'œuvre: *Mâcon*
- Austern: *Pouilly* oder *Chablis*
- Fische, Meerestiere: *Meursault, Montrachet*
- Entrée: *Santenay, Savigny*
- Geflügel, Fleisch mit weißer Sauce: *Volnay, Beaune, Aloxe-Corton* (feine, aber schon kräftige Rotweine)
- Braten, Wild: *Nuits, Pommard, Corton* (schwere Rotweine)
- Käse: die sehr schweren, tiefroten ›Grands crus‹ vom Clos de Vougeot bis zum *Chambertin* und *Romanée*
- Süßspeisen: *weißer* oder *Rosé-Schaumwein*
- zum Café: *Marc de Bourgogne, Fine Bourgogne, Cassis.*

Weinproben (dégustations) bietet jeder Winzer an sowie die großen Händler vor allem in Beaune; den umfassendsten Überblick über die burgundischen Weine erhält man jedoch im *Marché au Vin* in Beaune, rue Nicolas-Rolin neben dem Hospiz, wo man für 15 FF fast vierzig Sorten der verschiedenen Lagen durchprobieren kann. Öffnungszeiten: Tägl. 9.30–12 Uhr und 14.30–18.30 Uhr. Bei größeren Gruppen empfiehlt sich Voranmeldung: ✆ 80222769.

Von unzähligen **Spezialitäten** seien hier einige genannt, die man nicht nur in den großen Restaurants findet:

Pauchouse: Fischsuppe mit Weißwein
escargots de Bourgogne: Weinbergschnekken
cochons de laits farcis: gefülltes Spanferkel
filet de boeuf und tête de boeuf à la bourgignonne: Rinderfilet und Rindskopf in Weinsauce
Coq au Chambertin: Hähnchen in Weinsauce, aber meistens nicht in Chambertin gekocht
jambon persillés à la bourgignonne: Petersilienschinken
boudin bourgignon: burgundische Wurst

Restaurants

Trotz seiner großen gastronomischen Tradition weist Burgund *nur ein Drei-Sterne-Restaurant* auf (in Chagny s. S. 313), aber eine Fülle erstklassiger, oft allerdings nicht sehr billiger ›tables‹, von denen die wichtigsten im folgenden genannt seien:

Jenseits der Grenzen Burgunds, nahe bei Charlieu, findet sich allerdings einer der Wallfahrtsorte der Freunde der neuen französischen Küche, das *Hôtel des Frères Troisgros* in *Roanne*, Place de la Gare, ✆ 77 71 66 97.

Auch die Hauptstadt der französischen Gastronomie, *Lyon*, ist nicht weit mit *Paul Bocuses Restaurant* an der Brücke von *Collonges-au-Mont-d'Or*, ✆ 78 22 01 40, doch gibt es auch in Burgund einige *Zwei-Sterne-Lokale*, die die Konkurrenz mit dem Lyonnais aufnehmen können:

Avallon La Poste, 13, pl. Vauban, ✆ 86 34 06 12

Chagny Lameloise, pl. d'Armes, ✆ 87 08 85 (Drei-Sterne Restaurant)

Digoin Hôtel de la Gare, 79, av. du Général De Gaulle, ✆ 85 53 03 04

Joigny A la Côte St. Jacques, 14, faubourg de Paris, ✆ 86 62 09 70

Saulieu Côte d'Or, 2, rue Argentine, ✆ 80 64 07 66

Tournus Le Greuze, 5, rue A. Thibaudet, ✆ 85 40 77 77

Vézelay Espérance, in Saint-Père-sous-Vézelay, ✆ 86 33 20 45

Ein-Sterne-Restaurants

Auxerre La Petite Auberge, in Vaux, ✆ 86 53 80 08
La Chamaille, in Chevannes, ✆ 86 41 24 80

Avallon Le Morvan, 7, route de Paris, ✆ 86 34 18 20
Le Moulin des Ruats, im Tal des Cousin, ✆ 86 34 07 14

Beaune Ermitage de Corton, an der N 74 nach Dijon, ✆ 80 22 05 28

Chalon Hôtel St. Georges et Terminus, 32, av. Jean-Jaurès, ✆ 85 48 27 05

Charolles Hotel Moderne, av. de la Gare, ✆ 85 24 07 02

Cluny Hôtel Moderne, ✆ 85 59 05 65

Digoin Diligences et Commerce 14, rue Nationale, ✆ 85 53 06 31

Dijon Le Chapeau Rouge, 5, rue Michelet, ✆ 80 30 28 10
La Chouette, 1, rue la Chouette, ✆ 80 30 18 10
Le Rallye, 39 rue Chabot-Charny, ✆ 80 67 11 55

Gevrey-Chambertin La Rotisserie du Chambertin, ✆ 80 34 33 20

Joigny Modern' Hôtel, av. Robert-Petit, ✆ 86 62 16 28

Mercurey Hotellerie du Val d'Or, ✆ 85 45 13 70

Nuits-St-Georges Côte d'Or, 1, rue Thurot, ✆ 80 61 06 10

Pouilly-sur-Loire L'Espérance, ✆ 86 39 10 68

Sens Hôtel de Paris et de la Poste, 97, rue de la République, ✆ 86 65 17 43

Tonnerre Abbaye St. Michel, rue St. Michel, ✆ 86 55 05 99

Velars-sur-Ouche L'Auberge gourmande, ✆ 80 33 62 51

Empfehlenswerte Hotels

(Besonders schöne Lage oder hoher Komfort)

Autun Hostellerie du Vieux Moulin, ✆ 85 52 10 90

Chagny Hostellerie de Bellecroix, ✆ 85 87 13 86

Châtillon-sur-Seine Côte d'Or, ✆ 80 91 13 29

Cousin (Vallée du) Moulin des Ruats, ✆ 86 34 07 14

Pouilly-sur-Loire Le Relais Fleuri, ✆ 86 39 12 99

Verdun-sur-le-Doubs Hostellerie Bourguignonne, ✆ 85 91 51 45

Schlösser

(hier sind nur die Schlösser aufgeführt, die man tatsächlich besichtigen kann)

Ancy-le-Franc (Yonne)
1. März bis 30. November, Führungen 10, 11, 15, 16, 17 und 18 Uhr. Ohne Führungen können Hof und Erdgeschoß besichtigt werden (Abb. 174)

Brancion (Saône-et-Loire)
Ostern bis 11. November täglich, im Winter nur sonntags von 8–19 Uhr

Bussy-Rabutin (Côte-d'Or)
Im Sommer von 9–11 Uhr und 14–18 Uhr, im Winter von 10–11 Uhr und 14–16 Uhr. Dienstags und mittwochs geschlossen

Châteauneuf (Côte-d'Or)
Ganzjährig geöffnet von 10–11 Uhr und 14–17 Uhr, im Winter nur bis 16 Uhr, außer dienstags (Abb. 149)

Clos de Vougeot (Côte-d'Or)
Vom 16. März bis 30. November 9–11.45 Uhr und 14–17.45 Uhr (Abb. 180, Fig. S. 13)

Commarin (Côte-d'Or)
Ostern bis 30. September täglich, außer dienstags, von 10–12 Uhr und 14–18 Uhr (Farbt. 13, Abb. 176)

Cormatin (Saône-et-Loire)
Von Ostern bis 30. September täglich, außer montags, von 9–11 Uhr und 14–17 Uhr

Epoisses (Côte-d'Or)
Von Ostern bis 30. September täglich von 10–18 Uhr (Abb. 147)

Fontenay (Côte-d'Or)
Täglich von 9–12 Uhr und 14–18.30 Uhr

Ratilly (Yonne)
15. Juli bis 15. September von 9–13 Uhr und 15–20 Uhr

La Rochepot (Côte-d'Or)
Täglich von 10–12 Uhr und 14–18 Uhr (im Winter bis 17 Uhr) außer dienstags. Im Dezember geschlossen (Farbt. 20, Abb. 182)

Saint-Fargeau (Yonne)
Ganzjährig von 9–11.30 und 14–18 Uhr, dienstags geschlossen

Semur-en Brionnais (Saône-et-Loire)
Von Juli bis 15. September täglich, außer dienstags, von 9–12 Uhr und 15–19 Uhr. Von Ostern bis 30. Juni und 16. September bis Allerheiligen nur sonntags

Sully (Saône-et-Loire)
Außenbesichtigung täglich vom 1. Juli bis 31. August, von Ostern bis Ende Juni und im September nur an Samstagen, Sonn- und Feiertagen (Abb. 175)

Talmay (Côte-d'Or)
Ostern bis Allerheiligen geöffnet, an Wochenenden von 14–18 Uhr, vom 1. Juli bis 10. September täglich, außer montags (Abb. 150)

Tanlay (Yonne)
Von Ostern bis Allerheiligen täglich, außer dienstags, von 9.30–11.30 und 14–17.30 Uhr (Abb. 148)

Bei fast allen Schloßbesuchen ist man verpflichtet, sich einer Führung anzuschließen. Der Eintrittspreis beträgt in der Regel 4 NF, Trinkgeld von mindestens 1 NF wird erwartet.

Museen

Die Öffnungszeiten der kleineren Museen wechseln häufig; es ist in jedem Fall empfehlenswert, sich vor einem Besuch telefonisch zu vergewissern, ob das Museum auch tatsächlich geöffnet ist. Im allgemeinen ist zwischen Ostern und Allerheiligen mit geringen Schwierigkeiten zu rechnen, während im Winter viele Museen trotz angegebener Öffnungszeiten schließen. Der allgemeine Ruhetag der französischen Museen, der Dienstag, wird übrigens auch nicht immer eingehalten.

Alise-Sainte-Reine
Musée municipal: Keltische und gallo-römische Zeugnisse.
Musée Alésia: Antike Grabungsfunde vom Mont Auxois. (Ostern bis November täglich 9–11.45 Uhr und 14–17.45 Uhr)
Autun
Musée Rolin: Antike Funde; Skulpturen des Meisters Gislebertus (Eva); Fragmente vom Grab des hl. Lazarus, Madonnen des 14. und 15. Jahrhunderts; ›Die Geburt Christi‹ des Meisters von Moulins. (Vom 15. März bis 30. September 9.30 Uhr – 12 Uhr und 14.30–19 Uhr, am 1. Mai geschlossen; vom 1. Oktober bis 14. März 10–12 Uhr und 14–16 Uhr, sonntags 14.30–17 Uhr, dienstags und an Feiertagen geschlossen (Umschlagvorderseite, hintere Umschlagklappe, Abb. 72–78)
Musée lapidaire (ehem. Kapelle St. Nicolas): Antike und mittelalterliche Bauskulptur.
Auxerre
Musée municipal (in der ehem. Abtei St. Germain): Archäologische und volkskundliche Sammlung, z. Z. im Aufbau; Gemäldesammlung. (14–17 Uhr vom 15. 4. – 15. 6., 13.30–18 Uhr vom 16. 6. bis 30. 9., außer dienstags, vom 1. 10. bis 14. 4. nur samstags 14–17 Uhr)
Musée Leblanc-Duvernoy: Tapisserien aus Beauvais; Fayencen aus dem Auxerrois. (Vom 1. Oktober – 15. Juni 14–17 Uhr, vom 16. Juni – 30. September 13.30–18 Uhr, täglich außer dienstags)

Trésor de la Cathédrale (Domschatz): Limoger Emaillearbeiten des 13. Jahrhunderts, Elfenbeinarbeiten, Miniaturen und Manuskripte vom 14. bis 18. Jahrhundert. (9–12 Uhr u. 13.45 Uhr – 19 Uhr, im Winter 18 Uhr)

Auxonne

Musée Bonaparte: Erinnerungen an Napoléons Aufenthalt in Auxonne (1788–1791 zu Beginn seiner militärischen Laufbahn). (Täglich von 10–12 Uhr und 15–17 Uhr, sonntags 15–18 Uhr)

Beaune

Musée de l'Hôtel-Dieu: Architektur; Inneneinrichtung (Apotheke); Tapisserien; ›Jüngstes Gericht‹ von Roger van der Weyden. (Täglich von 9–11.15 Uhr und 14–17 Uhr; Farbt. 18, 19, Abb. 163, 164)

Musée municipal und *Musée Marey:* Antike Funde; mittelalterliche Skulpturen und Tafelmalerei; Bilder des aus Beaune gebürtigen Malers Ziem.

Das Musée Marey ist dem Lebenswerk Etienne Mareys gewidmet, dem Erfinder der Chronophotographie. (Täglich 10–12 Uhr und 14–17 Uhr, außer dienstags)

Musée du vin de Bourgogne (im alten Herzogspalast): Beste Einführung in Geschichte und Entstehung des burgundischen Weines. (Täglich von 9–11 Uhr und 14–17 Uhr)

Châlon-sur-Saône

Musée Denon: Hochbedeutende prähistorische und archäologische Sammlung; Malerei der klassischen Epoche; Dokumentation zum Lebenswerk von Hilaire de Chardonnet, dem Erfinder der Kunstseide. (9.30–11.30 Uhr und 14.30–17.30 Uhr, dienstags geschlossen)

Musée Nicéphore Niépce: 28 quai des Messageries, Abteilung des Musée Denon, dem Lebenswerk von Nicéphore Niépce gewidmet, dem Erfinder der Photographie (Öffnungszeiten wie Musée Denon). Eines der modernsten und bedeutendsten Museen zur Geschichte der Photographie in Europa.

Charlieu

Musée lapidaire (in der ehemaligen Abtei Saint-Fortunat): Mittelalterliche Skulpturen. (Im Sommer: 9–12 Uhr und 14–19 Uhr, im Winter: 9–12 Uhr und 14–17 Uhr. Montags geschlossen)

Châtillon-sur-Seine

Musée Archéologique (im Maison Philandrier): Antike Grabungsfunde vom Mont Lassois; Schatz von Vix und von Vertault; mittelalterliche Skulptur und Kunsthandwerk. (Im Sommer: 9.30–12 Uhr und 14–18 Uhr, im Winter: 14–17 Uhr)

Cluny

Musée Ochier (im ehem. Palais abbatial des Jean de Bourbon): Skulpturenfragmente der Abteikirche und von Profanbauten; Modelle der Cluniazenserkirchen; Abb. 17, 18; Arbeiten des aus Cluny gebürtigen Malers Pierre-Paul Prud'hon.

Musée du Farinier: Chorkapitelle von Cluny III, Rekonstruktionsmodelle, Fragmente der Bauskulptur. (Beide Museen: 9–12 Uhr und 14–18 Uhr von Ostern bis 31. 10., 10–12 Uhr und 14–16 Uhr vom 1. 11.–Ostern; Abb 19–22)

Dijon

Musée des Beaux-Arts (Herzogspalast) – Salles des Gardes: Die Gräber der Herzöge Philippe le Hardi und Jean sans Peur; die herzogliche Küche; mittelalterliche Skulpturen; Schnitzaltäre aus der Kartause von Champmol; gotische Tafelmalerei aus Frankreich, den Niederlanden und Deutschland; Kunsthandwerk vom Mittelalter bis zum 19. Jahrhundert; Skulpturen von Pompon; moderne Abteilung. (9–12 Uhr und 14–18 Uhr, dienstags und mittwochs nur die Hauptsäle geöffnet; Farbt. 17, Abb. 160–162, 165–167)

Musée Archéologique (Dormitorium der Abtei Saint-Bénigne): Gallo-römische Funde; romanische Tympana und Kapitelle aus Saint-Bénigne; ›Christus‹ aus der Kartause von Champmol von Claus Sluter; Kunsthandwerk. (9–12 Uhr und 14–17 Uhr, dienstags geschlossen; Abb. 2–4)

Musée Rude: Gipsmodelle der Werke dieses aus Dijon gebürtigen Bildhauers der Französischen Revolution (Skulpturen am Arc de Triomphe in Paris).

Musée Magnin: Sammlung französischer Malerei der klassischen Zeit. (9–12 Uhr und 14–17 Uhr, dienstags geschlossen)

Musée Perrin de Puycousin: Burgundisches Volkskundemuseum mit Innenräumen burgundischer Bauern- und Winzerhäuser, Trachten, Gerät und Möbeln vorwiegend aus der Gegend der Bresse (z. Z. Neuordnung).

La-Charité-sur-Loire

Musée municipal: Volkskundliche Sammlung, Fayencen. (10–12 Uhr und 15–18 Uhr vom 1. 6 – 15. 10., dienstags geschlossen)

Langres

Musée du Breuil de Saint-Germain: Kunsthandwerk; Skulpturen von Edmé Bouchardon; Saal für Denis Diderot, der 1713 in Langres geboren wurde, und für den Lehrer Watteaus, Claude Gillot aus Langres. (10–12 und 14–17 Uhr, dienstags geschlossen)

Musée Saint-Didier: Archäologische Sammlung; Skulpturen aus Mittelalter und Renaissance. (10–12 Uhr und 14–17 Uhr, dienstags geschlossen)

Le Creusot

Musée de l'homme et de l'industrie: Hochinteressantes Technologie-Museum mit Dokumentation zum Beginn der Industrialisierung in Frankreich (15–19 Uhr, außer dienstags)

Mâcon

Musée des Beaux-Arts (im ehem. Konvent der Ursulinen aus dem 17. Jh.): Prähistorische Sammlung (Solutré-Epoche); Malerei und Kunsthandwerk seit dem Mittelalter. (10–12 Uhr und 14–18 Uhr, außer dienstags)

Musée Lamartine (im Hotel Senecé): Leben und Werk des Politikers und romantischen Dichters Alphonse Prat de Lamartine, der 1790 in Mâcon geboren wurde. (10–12 Uhr und 14–18 Uhr von Palmsonntag bis Allerheiligen, außer dienstags)

Montbard

Musée municipal: Französische Malerei. (9–11 Uhr und 14–17 Uhr, außer mittwochs)

Nevers

Musée (teilweise wegen Neuordnung geschlossen): Hervorragende Sammlung von Fayencen aus Nevers und anderen französischen Manufakturen. (10–12 Uhr und 14–18 Uhr, außer dienstags, im Januar geschlossen)

Musée archéologique (in der Porte du Croux): Antike und mittelalterliche Skulpturen. (14–18 Uhr von Palmsonntag bis 30. 9., im Winter mittwochs und sonntags geöffnet)

Paray-le-Monial

Musée du Hiéron: Tympanon von Anzy-le-Duc; Sammlung zum Thema der Eucharistie. (9–12 Uhr, 14–18 Uhr, von Ostern bis 17. 10.)

Saint-Père-sous-Vézelay

Musée gallo-romain: Grabungsfunde aus Fontaines-Salées. (9–12 Uhr und 14–19 Uhr, außer mittwochs)

Saulieu

Musée: Volkskunde für die Gegend des Morvan; kirchliche Kunst des Mittelalters; Werke von dem aus Saulieu gebürtigen Tierbildhauer François Pompon. (9–12 Uhr und 14–18 Uhr, außer sonntags)

Semur

Musée municipal (im ehemaligen Jakobinerkonvent): Geologische und paläontologische Sammlung; bedeutende Bibliothek mit Inkunabeln und Buchmalerei vom 10. bis zum 16. Jahrhundert (Besuch nach Voranmeldung)

Sens

Musée municipal: Archäologische Sammlung; Gemälde des 17. und 18. Jahrhunderts. (9–12 Uhr und 14–16 Uhr, außer dienstags, in der Saison bis 18 Uhr geöffnet)

Palais Synodal-Officialité: Gallo-römische Mosaiken; Tapisserien; Skulpturen der Kathedrale; Gemälde von Le Moine. (9–12 Uhr und 14–18 Uhr, außer dienstags)

Trésor de la Cathédrale (Domschatz): Der reichste Kirchenschatz Frankreichs neben dem der Pilgerkirche von Conques. Einzigartige Sammlung alter Stoffe des 5. bis 14. Jahrhunderts. Liturgische Gewänder der Hll. Ebbon, Thomas Becket und Edmund. Frühe Meisterwerke der Goldschmiedekunst, Elfenbeine und Emaillen, kostbare Bildteppiche des 15. und 16. Jahrhunderts. (Öffnungszeiten wie Musée Municipal)

Tonnerre

Vieil Hôpital (Führungen vom Syndicat d'Initiative aus, 1 rue du Collège, tägl. von 10–12 Uhr und 14–18 Uhr, außer dienstags. Anmeldung für Gruppen: ✆ 55 14 48)

Tournus

Musée Greuze: Werke des Malers Jean-Baptiste Greuze, der 1725 in Tournus geboren wurde; prähistorische und archäologische Sammlung. (9–12 Uhr und 14–18 Uhr von Palmsonntag bis Allerheiligen, dienstags und sonntagmorgens geschlossen)

Musée Perrin-du-Puycousin: Volkskundliches Wachsfigurenkabinett mit Szenen burgundischen Alltaglebens. (9–12 Uhr und 14–18 Uhr von Palmsonntag bis Allerheiligen, dienstags geschlossen)

Musée de l'Hôtel-Dieu: Inneneinrichtung des 17. Jahrhunderts, Apotheke mit alten Fayencen. (9.30–11 Uhr und 15.30–17 Uhr)

Wichtige Feste

Samstag vor dem 22. Januar: *Fest des Hl. Vinzens, Umzug an der Côte*

27. Februar: *Foire froide de Sauvagines in Chalon-sur-Saône*

Mardi gras: *Karnevalswoche zwischen den Sonntagen um Aschermittwoch in Chalon*

1. Sonntag im Mai: *Cavalcade in Saulieu*

2. Hälfte Mai: *Nationaler Französischer Weinmarkt in Mâcon*

31. Mai: *Fête de la Bague in Semur-en-Auxois – Pferderennen*

1. Juni bis 10. Juli: *Festival des Nuits de Bourgogne in vielen Orten – Theater, Ballett, Musik*

Pfingstmontag: *Fest des Hl. Edmund in Pontigny*

Donnerstag nach Fronleichnam: *Prozession in Beaune*

2. Freitag nach Fronleichnam und 17. Oktober: *Pilgerfahrt zum hl. Herzen Jesu nach Paray-le-Monial*

Sonntag zum 24. Juni: *Keltische Johannesfeuer in Brancion und am Mont-Saint-Vincent*

25. Juni: *Foire chaude des Sauvagines in Chalon-sur-Saône*

22. Juli: *Fest der Hl. Magdalena in Vézelay*

Letzter Sonntag im Juli: *Fest des Hl. Germain in Auxerre*

Erstes Wochenende im September: *Weinfest in Dijon*

Wochenende zum 7. September: *Fest der Hl. Reine, Prozession in historischen Kostümen*

1. Hälfte November: *Gastronomische Messe in Dijon*

Wochenende auf den 11. November: *Les Trois Glorieuses: Weinfest in Clos Vougeot und Meursault; Versteigerung des Weines vom Hospice in der Cuverie des Hôtel-Dieu in Beaune*

4. Sonntag im November: *Weinmarkt in Chablis*

24. Dezember: *Mitternachtsmesse der Winzer in Brancion*

DuMont Kunst-Reiseführer

- Ägypten und Sinai
- Algerien
- Belgien
- Brasilien (Frühjahr '87)
- Bulgarien

Bundesrepublik Deutschland
- Das Allgäu
- Das Bergische Land
- Bodensee und Oberschwaben
- Bremen, Bremerhaven und das nördliche Niedersachsen
- Die Eifel
- Franken
- Hessen
- Kölns romanische Kirchen
- Die Mosel
- München
- Münster und das Münsterland
- Zwischen Neckar und Donau
- Der Niederrhein
- Oberbayern
- Oberpfalz, Bayerischer Wald, Niederbayern
- Ostfriesland
- Die Pfalz
- Der Rhein von Mainz bis Köln
- Das Ruhrgebiet
- Sauerland
- Schleswig-Holstein
- Der Schwarzwald und das Oberrheinland
- Sylt, Helgoland, Amrum, Föhr
- Der Westerwald
- Östliches Westfalen
- Württemberg-Hohenzollern

- Volksrepublik China
- DDR
- Dänemark

Frankreich
- Auvergne und Zentralmassiv
- Die Bretagne
- Burgund
- Côte d'Azur
- Das Elsaß
- Frankreich für Pferdefreunde
- Frankreichs gotische Kathedralen
- Korsika
- Languedoc-Roussillon
- Das Tal der Loire
- Lothringen
- Die Normandie
- Paris und die Ile de France
- Périgord und Atlantikküste
- Das Poitou
- Die Provence
- Savoyen
- Südwest-Frankreich

Griechenland
- Athen
- Die griechischen Inseln
- Alte Kirchen und Klöster Griechenlands
- Tempel und Stätten der Götter Griechenlands
- Korfu
- Kreta
- Rhodos

Großbritannien
- Englische Kathedralen
- Die Kanalinseln und die Insel Wight
- London
- Schottland
- Süd-England
- Wales

- Guatemala
- Das Heilige Land
- Holland

Indien
- Ladakh und Zanskar

Indonesien
- Bali

- Iran
- Irland

Italien
- Apulien (Frühjahr '87)
- Elba
- Das etruskische Italien
- Florenz
- Gardasee, Verona, Trentino
- Die Marken
- Ober-Italien
- Die italienische Riviera
- Von Pavia nach Rom
- Das antike Rom
- Rom – Ein Reisebegleiter
- Rom in 1000 Bildern
- Sardinien
- Sizilien
- Südtirol
- Toscana
- Umbrien
- Venedig
- Die Villen im Veneto

- Japan
- Der Jemen
- Jordanien
- Jugoslawien
- Karibische Inseln
- Kenya
- Luxemburg
- Malta und Gozo
- Marokko
- Mexiko
- Unbekanntes Mexiko
- Nepal

Österreich
- Kärnten und Steiermark
- Salzburg, Salzkammergut, Oberösterreich
- Tirol
- Wien und Umgebung

- Pakistan
- Papua-Neuguinea
- Portugal
- Madeira
- Rumänien
- Die Sahara
- Sahel: Senegal, Mauretanien, Mali, Niger
- Die Schweiz
- Tessin
- Das Wallis
- Skandinavien

Sowjetunion
- Rußland
- Sowjetischer Orient

Spanien
- Die Kanarischen Inseln
- Katalonien
- Mallorca – Menorca
- Südspanien für Pferdefreunde
- Zentral-Spanien

- Sudan
- Südamerika
- Südkorea
- Syrien
- Thailand und Burma
- Tunesien
- USA – Der Südwesten

»Richtig reisen«

- Ägypten
- Algerische Sahara
- Amsterdam
- Arabische Halbinsel
- Australien
- Bahamas
- Von Bangkok nach Bali
- Berlin
- Budapest
- Cuba
- Elsaß
- Ferner Osten
- Finnland
- Florida
- Friaul-Triest-Venetien
- Graz und die Steiermark (Sommer '87)
- Griechenland
- Griechische Inseln
- Großbritannien
- Hawaii
- Holland
- Hongkong
- Ibiza/Formentera
- Irland
- Istanbul
- Jamaica
- Kairo
- Kalifornien
- Kanada/Alaska
- West-Kanada und Alaska
- Kreta
- Kykladen (Frühjahr '87)
- London
- Los Angeles
- Madagaskar
- Malediven
- Marokko
- Mauritius
- Moskau
- München
- Nepal
- Neu-England
- Neuseeland
- New Mexico
- New Orleans
- New York
- Nord-Indien
- Norwegen
- Paris
- Paris für Feinschmecker
- Philippinen
- Portugal (Frühjahr '87)
- Rhodos
- Rom
- San Francisco
- Die Schweiz und ihre Städte
- Seychellen
- Sizilien
- Sri Lanka
- Südamerika 1, 2, 3
- Süd-Indien
- Texas
- Thailand
- Toscana
- Toscana und Latium
- Türkei (Sommer '87)
- Tunesien
- Venedig
- Wallis
- Wien
- Zypern